Der Donner bringt den Tod

Hans Compter wurde 1959 in Ulm an der Donau geboren. Er studierte Medizin in Heidelberg und Ulm und lebt heute als niedergelassener Arzt am Rande des Allgäus in Oberschwaben. Die Alpen sind neben den schottischen Highlands für ihn als Bergwanderer, Skiläufer, Mountainbiker und Kanutrainer seine große Leidenschaft. „Der Donner bringt den Tod“ ist sein erster Roman, der im Rother Bergverlag erscheint.

Hans Compter

Der Donner bringt den Tod

Alpenthriller

Rother Bergverlag

Covergestaltung: Stefan Hilden, hildendesign.de
Covermotiv: ©HildenDesign unter Verwendung eines Fotos von Eberhard Grossgasteiger/Pexels.com
Lektorat: Carlos Westerkamp, Berlin; Barbara Wickenburg, Murnau
Druck und Bindung: Litotipografia Alcione srl., Trento
Originalausgabe

1. Auflage 2021

ISBN 978-3-7633-7083-2

FSC www.fsc.org
MIX
Papier aus verantwortungsvollen Quellen
FSC® C021956

Für meinen Vater Wolf Compter,
ohne den ich vermutlich nie ein Buch geschrieben hätte,
und
für die Ärztinnen Anni, Sigrid und Uli,
die für Katharina Pate standen.

PROLOG

18 Monate zuvor
Chulumani / Bolivien

Sie fühlte den Staub auf jedem Quadratzentimeter ihres Körpers. Mit dem heißen Fahrtwind war er durch das Gebläse und die defekte Seitenscheibe ins Innere des Überlandbusses eingedrungen. Sechs Stunden hatte sie auf dem klapprigen Notsitz im Einstieg neben dem Coca kauenden Fahrer verbracht. Sechs Stunden, in denen ihr mehr als ein Dutzend Mal das Herz fast stehen geblieben war, wenn er in Formel-1-Manier die engen Kurven geschnitten und langsamere Verkehrsteilnehmer überholt hatte.

Der Indio, der sich anscheinend für einen Rennfahrer hielt, hatte ihr am frühen Morgen in Villa de la Independencia die Mitfahrgelegenheit im voll besetzten Bus angeboten. Zu einem Spottpreis, schwarz in seine Tasche. Sechs Stunden hatte sie seine lüsternen Blicke auf ihre Beine und die gelegentlichen Berührungen beim Schalten der Gänge ertragen, aber die Gegenwart der anderen Fahrgäste hatte sie vermutlich vor weiteren Zudringlichkeiten bewahrt. Mehrfach hatte sie mit dem Gedanken gespielt, an der nächsten Haltestelle wieder auszusteigen. Aber der Bus hatte bislang erst zwei Stopps eingelegt, und die Ortschaften hatten aus gerade einmal einer Handvoll Häuser bestanden. Sie hatte bezweifelt, von dort irgendwie weiterzukommen. Also hatte sie die Fahrt ertragen. Zumindest hatte sie die Kosten für ein teures Ticket gespart. Und ihr Name war auf keiner Passagierliste verzeichnet.

Der Bus verließ in einer Spitzkehre die Ruta Nacional 25 und rollte auf einem holprigen Parkplatz aus.

„Chulumani. Veinte minutos de descanso", verkündete der Fahrer.

Ihre Spanischkenntnisse waren rudimentär. Das erste Wort war vermutlich der Ortsname, die zwanzig Minuten bezogen sich wahrscheinlich auf den Aufenthalt. Was ihr egal war, denn sie nutzte die Gelegenheit, den Bus mit ihren Habseligkeiten, die in einen kleinen Rucksack passten, zu verlassen. Die Ansiedlung war deutlich größer als alle, die sie in den letzten Stunden gesehen hatte. Hier würde sie bestimmt eine bessere Mitfahrgelegenheit finden.

Der Ort machte den Eindruck eines Straßendorfs, das sich an der Flanke eines Hügels erstreckte. An den trockenen Hängen oberhalb und unterhalb wuchsen hellgrüne Sträucher. Ausgedehnte Coca-Plantagen, wie sie inzwischen gelernt hatte.

Sie blickte sich auf dem staubigen Platz um, der von mehrgeschossigen Häusern begrenzt wurde. Manche von ihnen waren ordentlich verputzt und in überwiegend rötlichen und gelblichen Tönen gestrichen. Andere dagegen waren offenbar vor langer Zeit begonnen und nie fertiggestellt worden. Ein Gewirr an elektrischen Leitungen zog sich von Gebäude zu Gebäude und überspannte die Straße wie ein glänzendes Spinnennetz.

Der Bus hinter ihr roch penetrant nach Diesel, abgefahrenen Bremsbelägen und einer heißen Kupplung. Sie ging ein paar Schritte nach Süden, wo sich an den Platz eine schlaglochübersäte Straße anschloss, die vermutlich zum Zentrum führte. In der Ferne konnte sie die goldüberzogenen Doppelkuppeln einer Kirche sehen. Der Verkehr war chaotisch und scheinbar ohne Regeln. Ihr fiel auf, dass keines der Fahrzeuge vorne ein Nummernschild hatte. Nach dem Benzingestank zu urteilen, hatte vermutlich auch keines einen Katalysator.

Ihre Mitreisenden standen in mehreren Gruppen rauchend beisammen. Sie hatte kein Verlangen nach Zigaretten, aber ihr Mund war ausgetrocknet. Aus den Augenwinkeln sah sie, dass der Fahrer auf sie zusteuerte. Nichts wie weg hier, dachte sie.

Ein Coca-Cola-Reklameschild und der goldene Bär der Biermarke Teds Cervecería schräg gegenüber wiesen auf eine Art von Markt hin. Der Mittagshitze und dem Busfahrer entfliehend, eilte sie im Schatten der angrenzenden Häuser in diese Richtung.

Sie wusste inzwischen längst, dass die Läden in Bolivien nicht mit europäischen Lebensmittelgeschäften zu vergleichen waren.

Diese Ansammlung hier erinnerte mehr an einen Flohmarkt. Nebeneinander befanden sich etwa ein Dutzend garagengroße Boxen mit jeweils einer Markise und einem Rolltor. Verschiedene Händler verkauften Artikel für den täglichen Bedarf. Der bunte Markt war für das Dorf überraschend groß und gut besucht.

Die erste Markise war beschriftet mit „tienda de alimentos para mascotas“. Ihr Handy übersetzte die Aufschrift in „Shop für Tierfutter“.

Die benachbarte Box mit der Coca-Cola-Reklame, die ihr aufgefallen war, enthielt mehrere überdimensionierte Kühlschränke: „tienda de alimentos y bebidas“ – der Lebensmittel- und Getränkemarkt. Sie drängte sich durch eine Gruppe schwatzender Latinos und Indios in dreckiger Arbeitskleidung, die offenbar gerade Mittagspause machten. Dabei spürte sie die Blicke der Männer und hörte ihren lauter werdenden Redeschwall. Mit ihren eins fünfundsiebzig und den wallenden blonden Haaren war sie eben nicht nur in Deutschland, sondern auch hier in den Anden eine Erscheinung, der die Männer gerne einen zweiten Blick und gelegentlich anzügliche Kommentare zuwarfen. Die Haut, die das Tanktop und die knappen Hotpants freiließen, war von der intensiven Sonne der letzten Wochen tief gebräunt.

Der Lebensmittelladen war schmuddeliger als die Tierfutterhandlung, aber die Cola war eiskalt und spottbillig.

Nebenan gab es in großen Säcken „cereales y fertilizantes“. Sie schlenderte weiter über das holprige Kopfsteinpflaster auf der Suche nach einer Art Drogeriemarkt. Vor einem Laden waren Kisten mit bunten, exotischen Früchten aufgebaut, von denen sie nicht einmal den Namen kannte. Der Boden aus gestampftem Lehm fiel zur einen Seite hin deutlich ab. Daneben befand sich eine Metzgerei. Eine Gruppe indigener Frauen stand laut debattierend an einer Theke, wo ein gedrungener Mann mit einem scharfen Messer große Stücke von einem an den Hinterbeinen aufgehängten Lamm abschnitt. Der intensive Geruch des nicht mehr ganz frischen Fleischs waberte zu ihr herüber und ließ sie schaudern.

Farbenfrohe Decken und Ponchos aus Lamawolle füllten die Regale im vorderen Teil des nächsten Ladens.

Der „supermercado y especialidades internacionales" auf der gegenüberliegenden Straßenseite war deutlich größer und wirkte in der ärmlichen Umgebung nahezu luxuriös. Sie wusste, ein Supermarkt war hier in Südamerika den wohlhabenden Kunden vorbehalten, die es edler und teurer liebten. Dort war auch ein mit Europa vergleichbares Sortiment erhältlich.

Sie überquerte rasch die unebene Straße und betrat den klimatisierten Laden. Internationale Getränke und Spirituosen nahmen im Eingangsbereich die halbe Seitenwand ein. Süßigkeiten und Backwaren mit teilweise deutscher Beschriftung beanspruchten eine ähnlich große Fläche. Im hinteren Teil fand sie ein Regal mit Kosmetikartikeln, die auch in jedem größeren europäischen Drogeriemarkt zu kaufen gewesen wären. Sehr gut. Sie wollte endlich den Staub und das schmutzige Gefühl loswerden. Auf den angenehm kühlen Bodenfliesen kniend, fand sie in der untersten Reihe ein Päckchen Feuchtigkeitstücher.

„Ich glaub's nicht! Schau mal, Ann, hier gibt's Erdinger Hefeweizen!"

Deutsch mit einem Akzent, den sie nicht einordnen konnte, auch wenn die tiefe Stimme den weiblichen Vornamen überraschenderweise amerikanisch aussprach.

„Wie viel sind denn fünfundzwanzig Boliviano? Über drei Euro, oder? Egal, wir nehmen eine Flasche mit."

Sie richtete sich auf und strich mit einer lässigen Bewegung die blonde Mähne aus ihrem Gesicht.

Vor ihr stand ein großgewachsener, vielleicht fünfundzwanzigjähriger braungebrannter Mann mit einem gepflegten Dreitagebart und hielt ihr die typische braune Pfandflasche entgegen. Amüsiert verfolgte sie seine Reaktion, als er die Verwechslung bemerkte. Sein Gesicht lief trotz der Sonnenbräune rot an. „Ups, sorry! Verdammt, wie heißt das auf Spanisch? Excuse me, I mistook you for my wife."

Ihr spöttisches Lächeln wich einem gutturalen Lachen.

„Coole Anmache. Die kannte ich noch nicht. Aber bitte kein Weizenbier. Ich stehe da mehr auf Kölsch oder Jever. Übrigens,

Deutsch passt schon. Spanisch kann ich auch nicht." Sie streckte dem verdatterten Mann ihre Hand entgegen. „Christina Müller aus Oldenburg."

Sowohl der Name als auch die Heimatstadt waren erlogen. Sie hatte die Erfahrung gemacht, dass der Name „Müller" bei Südamerikanern positive Assoziationen mit Deutschen weckte. Mehrfach war sie schon nach ihrem Verwandtschaftsverhältnis mit Gerd Müller gefragt worden. Mein Onkel, pflegte sie zu sagen. Ein wenig Smalltalk über Fußball verhinderte unbequeme Fragen nach dem Grund ihres Aufenthalts in Südamerika.

Der Mann ergriff ihre Hand.

„Florian Huber aus dem Allgäu. Wenn du weißt, wo das ist. Süddeutschland, Bayern." Er schüttelte ungläubig den Kopf. „Aber im Ernst: Das war keine Anmache. Du siehst meiner Ann wirklich total ähnlich!"

„Wer soll mir ähnlich sehen?"

Eine attraktive junge Frau kam um den Ständer herum, in dem verblasste Postkarten und veraltete ausländische Zeitungen angeboten wurden. Sie stutzte.

„Wow! Ich glaube, ich weiß, was du meinst, Schatz." Sie stellte den Einkaufskorb auf den Boden und legte ihren Arm um Florians Taille. Dabei musterte sie die Frau, die sich Christina Müller genannt hatte, unverhohlen. „Ich habe zwar keine Schwester, aber wenn ich eine hätte, würde sie wahrscheinlich so aussehen wie du. Also hallo, ich bin Annemarie Möckel. Nein, Quatsch. Annemarie Huber natürlich."

Die Blondine warf Florian einen verliebten Blick zu und fuhr fort: „Wir haben erst vor drei Wochen geheiratet, und so ganz drauf habe ich meinen neuen Namen noch nicht." Sie streckte ihr die Hand entgegen. „Sag einfach Anne. Nur Flo macht auf Amerikanisch."

„Christina Müller. Tine für meine Freunde." Sie ließ Florians Hand los und ergriff Annemaries.

Verlegen schob sie das Päckchen mit den feuchten Tüchern von einer Hand in die andere. „Entschuldigt, ich bin furchtbar verschwitzt und verdreckt." Ihr helles Top und die ausgebleichten, blauen Hotpants waren tatsächlich noch von der Staubschicht der Landstraße überzogen, während Annes Kleidung einen frischen Eindruck machte. Annes Haar floss in anmutigen Wellen über die Schultern, als sie den Kopf bewegte. Tine schämte sich für ihr Aussehen. Frisch gewaschen hätte sie einen ähnlichen Hairstyle gehabt, aber augenblicklich hatte sie das Gefühl, als ob jedes einzelne Haar an ihrem Kopf kleben würde. Wie hatte Florian Huber sie beide nur verwechseln können? Typisch Mann!

Sie wollte den beiden ihr schlampiges Äußeres erklären, ohne dabei zu viel von sich preiszugeben, und suchte noch nach den passenden Worten, als Florian ihr zuvorkam.

„Warum stehen wir eigentlich in dem Laden herum? Ich find's klasse, hier am Ende der Welt jemand zu treffen, mit dem man sich auf Deutsch unterhalten kann. Mädels, wie wäre es mit einem Kaffee oder einem Cappuccino?"

Tine hatte aus alter Gewohnheit bereits vom Bus aus die Umgebung gemustert: „Gute Idee! An der Ecke gibt es eine Cafetería. Statt Kaffee würde ich aber lieber eine Cola aus der Flasche nehmen. Der letzte vor ein paar Tagen in Goiânia ist mir nämlich nicht gut bekommen."

Das Lokal war überraschenderweise recht ordentlich. Selbst die Klimaanlage funktionierte einwandfrei und kühlte den Raum auf nahezu winterliche Temperaturen. Mehrere Tische waren belegt mit laut palavernden Einheimischen, die offenbar ihr Mittagessen zu sich nahmen. Schlagartig wurde es still, als Florian, der jeden der anwesenden Männer um Haupteslänge überragte, mit den beiden blonden Schönheiten das Lokal betrat.

„Eine Arbeiterkneipe, keine Cafetería", stellte Anne treffend fest. „Verhaltet euch einfach völlig normal. Fremde, insbesondere Weiße, sind hier eine Seltenheit. Wenn sie uns ausreichend gemustert haben, gehen sie wieder zur Tagesordnung über."

„Kommt mir bekannt vor. Ist bei uns im Allgäu auch so." Florian schien völlig unbeeindruckt.

Tatsächlich verloren die Einheimischen rasch ihr Interesse, und der Raum füllte sich wieder mit Stimmengewirr.

„Du warst in Brasilien?"

Tine erschrak. „Woher weißt du das?"

„Du hast vorhin Goiânia erwähnt", erwiderte Anne.

„Ach so, ja. Ich mache eine Südamerikarundreise. Wollen wir gleich bestellen?", wechselte Tine rasch das Thema. „Ich bin ziemlich durstig."

Anne nickte und musterte die Teller auf den Tischen. „Sieht ganz passabel aus. Ich denke, wir können hier auch was essen. Die Speisekarte ist natürlich anders, als ihr es aus Europa gewohnt seid. Wie wäre es mit Humitas?"

Sie lachte, als sie die verständnislosen Blicke ihrer Begleiter sah. „Humitas sind mit Maisbrei gefüllte und gedämpfte Maisblätter. So was wie die Nationalspeise hier in Bolivien. Wird von allen fast jeden Tag gegessen." Anne deutete mit dem Kinn auf eine Reihe von Schälchen in der Nachbarschaft. Sie enthielten kleine Päckchen, die Florian an Kohlrouladen erinnerten.

Florian, der nicht auf vegetarische Küche stand, entschied sich für Anticuchos. Nach Annes Klarstellung, dass er nicht Schaschlik, sondern am Spieß gegrillte Rinderherzen gewählt habe, schloss er sich reumütig der Bestellung der beiden Frauen an.

Als sie an einem Tisch Platz genommen hatten, fragte Tine: „Du kennst dich erstaunlich gut aus, Anne. Wie kommt das?"

„Ich bin in Kolumbien aufgewachsen. Meine Eltern sind ... waren Deutsche. Deshalb spreche ich Deutsch und habe einen deutschen Pass." Annes Augen waren feucht geworden. „Vor drei Jahren sind sie bei einem Flugzeugabsturz in den Anden ums Leben gekommen. Ich hatte gerade ein Studium in den USA begonnen. Dort habe ich auch Flo kennengelernt. Das war natürlich viel später."

„Sorry. Tut mir leid, dass ich so taktlos gefragt habe."

„Kein Problem. Konntest du nicht wissen. Außerdem bin ich inzwischen darüber hinweg. Weitgehend, zumindest. Seit der Beerdigung war ich jedenfalls nicht mehr in Südamerika. Weißt du, es gab keinen Grund dafür. Gute Freunde hatten wir leider nie. Als Europäer gehörst du in Südamerika nicht richtig dazu. Und Verwandtschaft gibt es weder in Kolumbien noch in

Deutschland. Ich bin sozusagen der letzte kümmerliche Ast unseres Familienbaums. Aber jetzt habe ich ja Flo. Wir werden den Baum schon wieder zum Blühen bringen."

Sie ergriff lächelnd die Hand ihres Mannes. „Wir haben nämlich vor drei Wochen in den USA geheiratet. Oder sagte ich das schon? Las Vegas!"

„Herzlichen Glückwunsch!", sagte Tine. „Und was macht ihr jetzt? Geht es nach Kolumbien?"

„Nein." Anne berichtete, dass sie sich am Aeropuerto Internacional Jorge Wilstermann in Cochabamba einen Mietwagen genommen hatten. Sie hatten rasch bemerkt, dass der Geländewagen seine besten Zeiten längst hinter sich hatte. Dabei war es dem Augenschein nach noch das passabelste Fahrzeug gewesen, das der schmierige Vermieter anzubieten gehabt hatte.

„Ich wollte meinem Schatz Südamerika zeigen", erklärte Anne, „deshalb sind wir hier in den Flitterwochen. Danach gehen wir wieder nach Deutschland zurück. Na ja, in meinem Fall ist ‚zurück' ja nicht ganz zutreffend. Flos Familie besitzt einen Gasthof in Bayern. Wir werden dann erst mal dort wohnen. Ich bin so gespannt auf die Alpen und natürlich vor allem auf seine Familie. Die kenne ich ja noch gar nicht. Es wird bestimmt schön, wieder eine Familie zu haben." Sie lächelte.

Florian hatte amüsiert dem Redeschwall seiner jungen Ehefrau zugehört. „Genug von uns. Tine, erzähl uns doch mal was von dir. Was machst du beruflich, und was führt dich nach Bolivien?"

Tine zögerte und rutschte nervös auf ihrem Stuhl herum. Was sollte sie sagen? Zumindest nicht die Wahrheit. Eine dicke Latina brachte das Essen und verschaffte ihr Zeit zum Überlegen.

„Ich habe Sozialpädagogik studiert und arbeite mit kriminellen Jugendlichen." Das war sicheres Terrain. Einen Hörsaal hatte sie zwar nie gesehen, aber mit kriminellen Jugendlichen kannte sie sich aus. „Mein Freund hat vor vier Monaten mit mir Schluss gemacht. Ich bin in ein Loch gefallen und habe eine Auszeit genommen. Deshalb bin ich jetzt hier. Nichts Besonderes also."

Was Tine da erzählte, war freilich nicht ihre eigene Lebensgeschichte, sondern die ihrer Sandkastenfreundin Christina, von der sie sich auch den Vornamen geborgt hatte. „Und, was habt ihr beiden in euren Flitterwochen noch vor?"

Anne lachte. „Das Einzige, was feststeht, ist der Flug von Bogota nach Frankfurt in vier Wochen. Bis dahin lassen wir uns einfach treiben. Vermutlich werden wir uns nicht mehr so bald einen so langen Urlaub leisten können. Das nächste Ziel ist der Titicaca-See und vorher natürlich La Paz. Ich freue mich schon auf den ‚Mercado de Hechicería', den Hexenmarkt. Hast du von dem schon gehört?"

Tine schüttelte den Kopf, aber irgendwie klang das interessant. „Gibt es da Hexen zu kaufen? Drei zum Preis für zwei?", scherzte sie.

„Nein, die Hexen verkaufen da alles Mögliche. Wenn du einen knackigen Po brauchst oder glatte Haare, gibt's dafür ein Pulver oder eine Seife. Gegen eine lästige Nebenbuhlerin haben sie die passenden Knochen oder auch einen mumifizierten Lama-Fötus. Witzig, nicht wahr?"

Tine fielen spontan zwei oder drei Personen ein, gegen die sie einen wirksamen Zauber gut gebrauchen könnte.

Anne quasselte währenddessen munter weiter. „Flo freut sich ja vor allem auf die Autofahrt. Die Route von hier nach La Paz, die südliche Yungas-Straße, soll absolut spektakulär sein. Ich habe allerdings ein kleines bisschen Schiss. Die Strecke führt brutal steil am Abgrund entlang. Im Reiseführer steht, sie sei fast genauso gefährlich wie der berüchtigte Camino de la Muerte nördlich von hier."

Tine bemerkte Florians Blick, der ihr vergnügt zuzwinkerte und dabei seiner Frau beruhigend über den Kopf strich. „Du kannst ja hinterher auf deinem Hexenmarkt in La Paz eine Dankeskerze kaufen, wenn die alten Frauen uns heil heruntergebracht haben."

Tine ergriff die Gelegenheit. „Wie schön für euch. Das klingt alles echt spannend. Nach La Paz will ich auch. Sagt mal, könntet ihr mich vielleicht mitnehmen?"

Anne schaute skeptisch. „Tut mir leid, aber unser Auto ist eigentlich randvoll. Ich glaube, wir haben keinen Platz mehr. Oder was meinst du, Schatz?"

„Das passt schon." Florian nickte bekräftigend.

„Das sagt er immer!" Anne verdrehte die Augen. „Er behauptet, das sei die typische Allgäuer Lebenseinstellung." Sie blickte Tine verschwörerisch an. „Weißt du, erst neulich. Die Tankanzeige im Auto leuchtet schon seit fünfzig Kilometern, wir kurven durch die Pampa und mein Florian meint bloß: ‚Das passt schon.'"

Tine musste lachen. „Und? Seid ihr liegen geblieben?"

Kleinlaut gab Anne zu: „Nee, hinter dem nächsten Hügel kommt doch tatsächlich so ein Kaff. Zwei Häuser, zehn Hunde und eine Tanke!"

Florian grinste breit.

„Lach nicht! Mir war da wirklich unwohl", fuhr sie ihren Ehemann übertrieben streng an. „Aber im Ernst, wie sollen wir Tine denn mitnehmen?"

An Tine gewandt, fuhr sie fort: „Wir haben nämlich unseren gesamten Besitz dabei, weil wir nicht mehr in die USA zurückkehren werden."

„Das Auto ist doch groß. Tine sitzt dort, wo bisher Zelt und Schlafsäcke liegen. Notfalls nimmt sie das Zeug einfach auf den Schoß. Sind doch nur vierundsechzig Kilometer."

„Geht es einigermaßen?"

Tine war fast unter den Gepäckstücken begraben, allerdings saß auch Anne auf dem Beifahrersitz vermutlich nicht wirklich bequem, denn ihr Fußraum wurde zum größten Teil von einem dicken Rucksack beansprucht. Florian hatte etliche Minuten damit verbracht, das Gepäck im Auto umzuräumen und die letzten noch freien Lücken auszufüllen.

Tine nickte und zeigte mit dem Daumen nach oben. Sie saß eingezwängt neben einem großen Koffer hinter dem Fahrersitz, der wegen Florians Größe ganz zurückgeschoben war. Zwei Schlafsäcke, ein Zelt und die Tüte mit den zuvor getätigten Einkäufen ruhten auf ihrem Schoß.

„Alles gut", sagte sie. „Wenn ihr wüsstet, wie ich schon gereist bin. Dagegen ist der Platz hier luxuriös. Außerdem ist es so auch viel sicherer. Ich habe zwei Airbags auf meinem Schoß."

Wie zur Bestätigung wurden sie kräftig nach vorne gepresst, als Florian hart auf die Bremse stieg. Die Räder rutschten auf dem losen Schotter.

„Flo, bitte fahr vorsichtig! Links ist eine Felswand und da geht es verdammt steil runter."

„Passt schon! Wer das Autofahren im Namloser Tal zwischen Stanzach und Berwang gelernt hat, kommt auch hier heil runter."

Trotzdem reduzierte Florian das Tempo.

Vor ein paar Stunden war Tine noch der Ansicht gewesen, die Busfahrt von Villa de la Independencia nach Chulumani sei die schlimmste Reise ihres Lebens. Jetzt änderte sie ihre Meinung. Im Bus hätte sie beim Zusammenstoß mit einem Kleinwagen wenigstens eine gute Überlebenschance gehabt. Hier, auf dem „Segundo Camino de los Yungas", wie er auf einem handgeschriebenen Hinweisschild bezeichnet worden war, wäre ein Unfall tödlich. Die einspurige Straße führte überwiegend ohne Leitplanken an steilen Abhängen entlang. Der inzwischen einsetzende Sprühregen und Nebelschwaden sowie matschiger, morastartiger Untergrund sorgten für einen schlechten Straßenzustand und eine miserable Sicht.

Sie bemerkte, dass Anne ängstlich durch die Windschutzscheibe starrte, und überlegte, dass sie selbst vermutlich nicht viel zuversichtlicher aussah. Die uralten Wischblätter erzeugten nur feuchte Schlieren auf der Scheibe. Mit der rechten Hand klammerte Anne sich an den Griff neben dem Türholm, ihre Fingerknöchel traten weiß hervor. Ein verstohlener Blick über Florians Schulter zeigte Tine, dass ihr Fahrer eine nur unwesentlich bessere Sicht hatte. Trotzdem schien er total entspannt. Mit der linken Hand steuerte er das Fahrzeug, während die rechte den Schalthebel umfasste. Anne warf ihm einen Blick zu.

„Entspanne dich, Ann." Er hatte ihn offenbar bemerkt.

Anne wischte sich ihre Hand an ihrer kurzen Hose ab. „Nimm doch bitte beide Hände ans Lenkrad", flehte sie.

Florian sah sie grinsend an.

„Und schau nach vorne!"

Das Grinsen wurde breiter.

Aus den Augenwinkeln nahm Tine eine Bewegung wahr. Sie drehte den Kopf nach rechts. Die Sicht durch das Seitenfenster war deutlich besser als durch die Frontscheibe. Ein Felsblock hatte sich am Hang gelöst und stürzte auf die Straße zu.

Ungläubig starrte sie den waschmaschinengroßen Block an, der genau auf ihr Fahrzeug zurollte.

Schließlich fand sie ihre Stimme wieder. „Achtung, Florian, da kommt ein Stein! Gib Gas!"

Florian reagierte sofort. Der Geländewagen machte einen Satz nach vorne.

Der Fels traf die Karosserie mit einem lauten Schlag im hinteren rechten Drittel. Das Metall knirschte hässlich, als das Heck herumgerissen wurde und die Hinterräder den Halt verloren. Der schwere Geländewagen rutschte auf die steile Flanke neben der Straße zu.

Tine schrie entsetzt, als sie durch das Seitenfenster in die gähnende Tiefe blickte. Der Motor heulte auf, Florian hatte das Gaspedal geistesgegenwärtig bis zum Anschlag durchgetreten. Steine wurden von den durchdrehenden Vorderrädern losgerissen und prasselten wie ein Kugelhagel gegen das Bodenblech. Das Fahrzeug setzte auf und kippte auf den steil abfallenden Randstreifen neben der Straße. Die Hinterräder berührten wieder den Boden und gruben sich in den Schotter. Der Motor heulte weiter. Der Lärm im Fahrzeug war ohrenbetäubend. Quälend lange Augenblicke kämpften die Kraft des Allradantriebs und die Schwerkraft gegeneinander.

Tine starrte wie hypnotisiert in den Abgrund, der immer näher rückte. Irgendjemand – vermutlich Anne – kreischte hysterisch. Während sie ihre Hände in die Rückenlehne des Fahrersitzes krallte, konnte sie sehen, wie Schweißtropfen Florians Nacken herunterliefen.

Langsam gewann der starke Motor des Geländewagens die Oberhand und das Fahrzeug kroch im Zeitlupentempo zurück auf die ramponierte Straße.

Zwei Wochen zuvor
Füssen / Allgäu

Die Hände des kräftigen Mannes in dem Kapuzenshirt hielten Katharinas Oberarme eisern umklammert. Sie konnte seinen stoßweisen Atem hören, während sein Gesicht sich dem ihren näherte. Er war mindestens einen halben Kopf größer und dreißig Kilo schwerer als sie. Schweißperlen standen auf ihrer Stirn, und sie versuchte hektisch, sich der Umklammerung zu entziehen. Sie schrie laut um Hilfe. Ihr Blick glitt zur Seite. Die ungefähr zehn Gaffer, die sie vorher noch umringt hatten, waren ängstlich ein paar Schritte zurückgewichen. Mit angehaltenem Atem verfolgten sie, wie der Mann einen Arm losließ und nach ihrer Brust griff.

Sie erkannte seinen Fehler sofort. Kaum war ihr linker Arm frei, schlug sie mit dem Handballen von unten gegen die Nase des Angreifers. Der Kopf zuckte zurück und die Kapuze glitt herunter. Schweiß glitzerte auch auf seinem glattrasierten Schädel. Dem Mann traten Tränen in die Augen und er machte einen stolpernden Schritt rückwärts, wodurch ihr zweiter Arm freikam. Sofort setzte sie nach und trat mit dem rechten Fuß gegen seine Kniescheibe. Er stieß einen Schmerzschrei aus und griff sich mit beiden Händen ans Knie. Dabei ließ er seinen Unterkörper ungeschützt, und sie rammte ihm ihr linkes Knie in die Weichteile. Mit einem Grunzen klappte sein Oberkörper nach vorn und sie versetzte ihm mit dem Ellenbogen einen Stoß gegen die Schläfe. Der Angreifer fiel wie eine Schaufensterpuppe um und blieb liegen.

Beifall brandete auf und die Zuschauerinnen zogen den Kreis wieder enger. Plötzlich redeten alle gleichzeitig.

Katharina strich sich eine ihrer rotbraunen Locken aus der Stirn und hob eine Hand. Das Gemurmel verstummte.

„Ihr habt es gesehen. Jürgen“, sie blickte nach unten, wo sich der Angreifer gerade stöhnend aufsetzte, „hat einen Fehler gemacht, als er nach meiner Brust greifen wollte. Behaltet also den Gegner immer im Auge, damit nicht er euch, sondern ihr

ihn überrascht. Achtet bei Handgreiflichkeiten auf einen stabilen Stand, um das Gleichgewicht zu halten und ausreichend Kraft für einen Schlag aufbringen zu können. Und bedenkt: Die vorhin trainierten Übungen zur Selbstverteidigung dienen dazu, die Bewegungsabläufe zu automatisieren – zum Nachdenken habt ihr im Ernstfall keine Zeit. Kommt gut nach Hause, und wir sehen uns zum nächsten Training in zwei Wochen wieder. Servus."

Nach etlichen Umarmungen und Küsschen auf die Wangen zogen sich die Kursteilnehmerinnen plappernd in die Umkleide der Sporthalle zurück. Jürgen saß auf der Trainingsmatte und hatte sich der Polster am Rumpf, im Schritt und an den Armen entledigt. Nun sah er bei Weitem nicht mehr so muskulös aus.

„So heftig hättest du nicht zuschlagen müssen, Kathi", maulte er. „Ich dachte schon, du brichst mir das Nasenbein, weil ich den Kopf gar nicht so schnell zurückziehen konnte."

„Entschuldige. Du hast deine Rolle so überzeugend gespielt, dass… Na ja, irgendwie sind da tatsächlich alte Erinnerungen wieder hochgekommen."

Jürgen, der im realen Leben kein Vergewaltiger, sondern Fortbildungsbeauftragter der Ortsgruppe Füssen beim Deutschen Roten Kreuz war, schaute sie fragend an.

„Gab es da mal etwas?"

Katharina zögerte einen Augenblick und nickte dann. Jürgen hatte ein Recht darauf, die Wahrheit zu erfahren. Schließlich führte er mit ihr zusammen die Kurse durch.

„Wenn du noch Zeit hast, erzähle ich es dir. Aber nicht hier. Hast du Lust auf ein Glas Wein beim Italiener?"

Die Pizzeria war nur schwach besucht und sie bekamen einen Tisch in einer Nische. Der Kellner zündete eine Kerze an und empfahl einen Prosecco.

Katharina war die Situation peinlich. Dies war kein Date und Jürgen nur ein Kollege.

„Danke, nein. Für mich einen Chianti. Und was nimmst du?"

Jürgen entschied sich für ein alkoholfreies Weißbier und ein Mineralwasser. Der Kellner zog sich enttäuscht zurück.

Katharina war versucht, das heikle Thema durch Smalltalk hinauszuzögern. Sie entschied sich dagegen.

„Hast du dich nie gewundert, warum ich von München hierher gezogen bin?"

„Weil dein Onkel gestorben ist und du seine Allgemeinpraxis in Wertach übernommen hast", antwortete Jürgen verwundert.

„Ja, auch. Aber es war ein glücklicher Zufall." Sie zögerte, als ihr klar wurde, dass ihre Aussage missverstanden werden konnte. „Nein, so war das nicht gemeint. Versteh mich bitte nicht falsch. Natürlich war es kein Glück, dass mein Onkel gestorben ist."

Jürgen nickte, obwohl er bislang offenbar wenig verstanden hatte.

„Tatsache ist, dass ich aus München geflüchtet bin. Ich habe es dort nicht mehr ausgehalten."

„Schwer zu glauben. Ich würde viel darum geben, wenn ich in München leben könnte", entgegnete Jürgen. Gerüchten zufolge schlief er in Bettwäsche aus dem Fanshop des FC Bayern München.

„München ist schon okay. Unter anderen Umständen wäre ich vielleicht dort an der Klinik geblieben."

„Also, was war dann der Grund?"

„Ich habe in München in einer WG gewohnt. Zusammen mit zwei Jungs und einem weiteren Mädchen. Außer Julie waren wir alle Medizinstudenten. Wir sind während des Studiums zusammengezogen und auch später noch in unserer WG geblieben, als wir im Berufsleben anfingen. War bequem, einfach und günstig. Du weißt, die Mieten sind schweineteuer in München."

Katharina zögerte, um ihre Gedanken zu ordnen.

„Wir waren Freunde. Zumindest anfangs. Dann hatten Julie und Lars was miteinander, was unsere WG belastet hat. Durch den Stress in der Klinik wurde es zusätzlich schlimmer. Irgendwann begannen die Jungs, Drogen zu nehmen. Du weißt schon, erst Amphetamine gegen den Stress und dann härtere Sachen."

Jürgen nickte. Als medizinischer Profi kannte er die Abwärtsspirale.

„Jedenfalls wurden die Spannungen in unserer WG immer unerträglicher. Eines Abends wollten wir uns zu einer Aussprache

treffen. Anfangs waren nur Julie und ich da. Lars und Christian hatten sich verspätet – sie waren zugedröhnt."

Katharina musste schlucken, bevor sie fortfahren konnte.

„Ich mache es kurz. Es kam zum Streit. Julie gab Chris die Schuld an unseren Spannungen. Lars verteidigte seinen Kumpel, und mit einem Mal gifteten sich die beiden an. Julie hat ihren Freund fertiggemacht. Rhetorisch war sie ihm immer überlegen."

Katharina wischte sich verstohlen über die Augenwinkel und redete weiter. „Heute weiß ich, dass ich zu diesem Zeitpunkt hätte dazwischengehen müssen. Vielleicht wäre es dann nicht so weit gekommen. Irgendwann wurde Lars jedenfalls handgreiflich und schlug auf sie ein. Der Drogenrausch hatte ihn vollkommen verändert. Selbst als Julie schon am Boden lag, hörte er nicht auf, sondern trat sie sogar noch. Ich wollte ihr helfen, aber Chris hielt mich fest. Ich konnte mich nicht aus seiner Umklammerung befreien."

Katharina schauderte bei der Erinnerung und schlang die Arme um ihren Körper.

Jürgen hatte betroffen der Schilderung gelauscht. Tröstend legte er seine Hand auf Katharinas Unterarm. Katharina zog den Arm weg.

„Irgendwann kamen die beiden Jungs zur Besinnung. Aber es war zu spät. Wir haben den Notarzt gerufen, doch Julie ist zwei Tage später gestorben. Hirnblutung. Lars hat fünf Jahre wegen Totschlags bekommen, drei davon hat er abgesessen. Als ich ihn im Starbucks wiedergesehen habe, wusste ich, dass ich nicht in München bleiben kann."

Sie zuckte mit den Achseln und trank ihr Weinglas, das der Kellner soeben hingestellt hatte, in einem Zug leer.

„Jedenfalls hat es mich zwei Dinge gelehrt: Ich weiß seither, was Drogen aus Menschen machen können, und ich weiß, wie hilflos man als Frau ist, wenn ein Mann dir Gewalt antut. Deshalb habe ich null Toleranz gegenüber Drogen und Drogenkriminellen. Und ich habe damals bei einem Münchner Sportverein einen Selbstverteidigungskurs für Frauen besucht. Dem Kampfsport bin ich, wie du weißt, treu geblieben."

Sie setzte das Glas erneut an und merkte, dass es schon leer war. Der Kellner schaute sie fragend an. Sie nickte.

„Tut mir echt leid, Jürgen. Als du mich vorhin so festgehalten hast, war die Erinnerung mit einem Schlag wieder da. Ich wollte dir echt nicht fest auf die Nase hauen." Plötzlich grinste sie spöttisch. „Die Nase hätte ich dir natürlich wieder repariert. Wäre bestimmt hinterher schöner geworden."

Mit den beiden letzten Sätzen hatte Katharina die beklemmende Stimmung wieder gelöst. Jürgen wusste, dass sie während der Facharztweiterbildung mehrere Jahre chirurgisch tätig gewesen war. Irgendwann hatte sie ihm während der Fahrt zu einem Notarzteinsatz erzählt, dass sie sich eine Karriere in der Schönheitschirurgie hätte vorstellen können.

„Bloß nicht!" Jürgen verdrehte die Augen in gespielter Verzweiflung.

Der Kellner brachte ein weiteres Glas Wein, und Jürgen bestellte einen doppelten Grappa.

EINS

Dienstag, 10.29 Uhr

Karl Borek kniff die Augen zusammen. Trotz der verspiegelten Sonnenbrille war es gleißend hell, denn das Sonnenlicht hier oben am Grat wurde unbarmherzig vom weißen Gestein reflektiert. Die Hitze flimmerte über den Latschenkiefern, kein Windstoß bewegte die schwülen Luftmassen. Wie ein feuchtes Tuch legte sie sich auf die Schultern der Wanderer auf 1700 Metern. Nicht dass zurzeit viele unterwegs gewesen wären. Dienstag war üblicherweise der ruhigste Tag, deshalb hatte er ihn ausgewählt.

Der Wetterbericht hatte vereinzelte Gewitter zum Abend angekündigt. Aber eine solche Hitze hatten Karl und seine beiden Begleiter, die noch in einiger Entfernung hintereinander den Kammweg entlangstapften, noch nicht erlebt. Es war merkwürdig still, selbst das Konzert der Kuhglocken, das üblicherweise von den Wiesen des Breitenbergs nach hier oben hallte, war verstummt. Vermutlich hatten die Kühe Schatten gesucht oder sich zum Wiederkäuen niedergelegt.

Als geprüfter Bergführer und Skilehrer hatte Karl, wie schon einige Male zuvor, den Auftrag erhalten, zu zweit mit schweren Rucksäcken vom Lechtal aus die Grenze nach Deutschland zu überqueren. Der Startpunkt war stets unterschiedlich gewesen. Matthias, ein junger Salzburger, und das Ziel, ein Gasthof am Fuße des Aggensteins, waren unverändert geblieben. Bis heute jedenfalls, dachte er bedauernd, denn heute Morgen war ein weiterer Mann aus dem Van mit Wiener Kennzeichen gestiegen. Der Fahrer, der Karl jeweils mit kurzen Befehlen instruierte, hatte ihm zu verstehen gegeben, dass die Lieferung heute größer ausfalle und er deshalb einen weiteren Mann mitschicken werde. Karl hatte den dunkelhäutigen, schwergewichtigen Typ mit dem Bürstenhaarschnitt skeptisch gemustert. Er machte auf ihn nicht den Eindruck eines fähigen Bergwanderers, aber er wusste, dass Widerspruch zwecklos gewesen wäre. Hulk, wie Karl ihn für sich getauft hatte, da ihm kein Name genannt worden war, hatte bislang kein Wort gesprochen. Was aber vielleicht auch daran lag, dass er fortwährend mit großem Abstand hinter Karl und Matthias zurücklag.

Am Morgen war die kleine Gruppe am Wanderparkplatz Roßschläg im Lechtal aufgebrochen. Zu spät nach Karls Geschmack, denn der Wetterbericht hatte drückend heiße Temperaturen vorhergesagt. Aber der Van war mit fast einstündiger Verspätung auf den Parkplatz gerollt. Karls Unruhe hatte während des quälend langen Wartens immer mehr zugenommen, denn die aufgehende Sonne hatte den Himmel über den Bergen des Ammergebirges blutrot gefärbt. Touristen wären davon begeistert gewesen, aber die waren um fünf Uhr noch in ihren Betten gelegen. Karl dagegen hatte das Schauspiel der Natur zusätzliche Sorgen bereitet, denn es versprach Regen zum Abend.

Er wendete seinen Blick nach oben. Über ihm erstreckte sich ein azurblauer Himmel. Lediglich ganz im Westen waren ein Pileus und die Spitze eines Cumulonimbus zu sehen. Er kontrollierte seine Trekkinguhr. Sie waren viel zu spät dran, und die Wolkenformation machte ihm Sorgen. Sollte tatsächlich ein Gewitter aufziehen, wollte er nicht am Gipfel des Aggensteins überrascht werden. Schutz in der Bad Kissinger Hütte zu suchen, kam aus naheliegenden Gründen natürlich auch nicht in Frage.

Sein Blick schwenkte weiter nach Norden. Über den „Bösen Tritt“ stieg durch die Backofenhitze eine einzelne Person auf. Soweit Karl erkennen konnte, handelte es sich um eine jüngere Frau. Bei dem Tempo, das sie vorlegte, würde sie in spätestens fünf Minuten hier oben bei seiner Gruppe sein. Karl versuchte stets, mit möglichst wenigen Menschen zusammenzutreffen. Einzelne Wanderer waren immer schlechter als Gruppen, weil Letztere meist mit sich beschäftigt waren. Einzelpersonen – und noch dazu Frauen – beobachteten dagegen viel aufmerksamer ihre Umgebung.

Karl stieß einen gellenden Pfiff aus, um seine müden Kameraden zu einem schnelleren Schritt anzutreiben. Erst jetzt bemerkte er, dass nur Matthias in Sichtweite war.

„Wo ist Hulk schon wieder?“, fragte er, als Matthias zu ihm aufgeschlossen hatte.

Fragend starrte Matthias ihn an.

Karl korrigierte sich. „Der Neue."

„Ach so, der. Wird wieder eine Wasserpfütze gefunden haben. Der sauft aus jedem Loch, weil der so schwitzt wie a Sau." Matthias klang verächtlich. „Aber er weiß, wo es langgeht."

In diesem Augenblick sahen sie ihn in etwa dreihundert Metern Entfernung um eine Ecke biegen. Vom „Bösen Tritt" hörten sie schon Schritte. Karl gab das Zeichen zum Aufbruch.

***

Fünfzig Höhenmeter tiefer zog Sina Holzenberger an der Bergstation des Aggensteinlifts ihren rechten Schuh aus, um den Fuß zu betrachten. Nach den Schmerzen zu urteilen, hatte sie bestimmt eine riesige Blase. Es war nichts Auffälliges zu sehen, aber die Sohle der blau-weißen Chucks wies schon einige Einrisse auf. Zähneknirschend gestand sie sich ein, dass ihr Schuhwerk absolut unpassend für die Bergtour war.

Shit, beklagte sie sich im Stillen, ich sollte einfach nicht hier auf diesem verdammten Berg sein. Der Alte war so ein Vollpfosten!

Für einen lauten Wutausbruch fehlten schlicht die Zuhörer. Und im Übrigen musste sie lernen, ihr Temperament etwas zu zügeln. Der letzte Ausbruch hatte ihr schließlich diesen Berg eingebracht.

Sie verfluchte ihren Job, den sie eigentlich nie hatte haben wollen. Irgendetwas mit Mode oder Design wäre cool gewesen. Oder Zahnärztin. Aber dafür hätte sie ein gutes Abitur gebraucht, nicht nur einen mit Mühe bestandenen Realschulabschluss. Letztlich war ihr deshalb bloß die Wahl geblieben zwischen einem Ausbildungsplatz bei der Verwaltungsgemeinschaft Roßhaupten oder bei der Allgäuer Neuen Presse. Sie hatte sich für das regionale Provinzblatt der Landkreise Oberallgäu, Unterallgäu und Ostallgäu entschieden, weil der Abteilungsleiter im Rathaus Roßhaupten beim Vorstellungsgespräch ein Arsch gewesen war. Nun ja, ihr jetziger Chef war auch nicht astrein. Er hatte es sich nicht nehmen lassen, sie persönlich einzuarbeiten, und sich dabei voll zum Horst gemacht. Megapeinlich, wie der Knacker sie zugetextet und angegraben hatte.

Aber inzwischen hatte der Alte – Herausgeber und Chefredakteur in einem – sie auf dem Kieker. Vermutlich, weil sie sich bislang gesträubt hatte, mit ihm in die Kiste zu springen. In der vergangenen Woche hatte er sie abgepasst, als sie wieder einmal zu spät zur Arbeit gekommen war.

Sie hatte ihn mit großen Augen angesehen und mit den sorgfältig getuschten Wimpern geklimpert. Die Masche klappte fast immer. Sina hatte schon vor langer Zeit erkannt, dass sie sich mit ihrer zarten Statur, den langen, tiefschwarzen Haaren und den vollen Lippen, die sie gekonnt zu einem Schmollmund zusammenziehen konnte, die Beschützerinstinkte der Männer zunutze machen konnte.

Aber nun klappte es nicht mehr. Vermutlich hatte sie diese Karte inzwischen zu oft ausgespielt.

Der Wutausbruch des Herausgebers fiel so heftig aus, dass Sina später eine halbe Stunde brauchte, um ihr verheultes Make-up wieder in Ordnung zu bringen.

Am schlimmsten war allerdings, dass er ihr das Konzert entzog und die Aufgaben neu verteilte. Statt vom Auftritt von *Seiler und Speer* in Kempten zu berichten, sollte sie eine Reportage über Berghütten im Allgäu verfassen. Deshalb war sie jetzt auf dem Weg zu diesem bescheuerten Gasthaus Seekopf.

Der weiße Wegweiser verkündete: „GH Seekopf ¾ h“. Sinas Blick folgte dem holprigen Fahrweg, der hinter dem Grat, an dem sie ihren Schuh ausgezogen hatte, sanft in ein flaches Tal abfiel. Sie stöhnte, als sie daran dachte, dass sie auf dem Rückweg wieder aufsteigen musste.

Auf halbem Weg zeichnete sich ein tief eingeschnittener Schlitz ab, der von einer schmalen Brücke überspannt wurde. Danach folgte nochmals ein steiler Anstieg, bevor der Weg auf einer großen, gekiesten Fläche endete, um die sich mehrere Gebäude gruppierten. Sina hatte die Homepage gegoogelt, aber der Gasthof war auch so unschwer zu identifizieren. Das dreistöckige Gebäude war im Erdgeschoss aus grob behauenen Steinen errichtet worden, während Ober- und Dachgeschoss aus dicken Holzbalken bestanden, die mit den Jahrzehnten eine dunkle Farbe angenommen hatten. Aus dem Internet wusste Sina, dass im Obergeschoss mehrere Gästezimmer vermietet wurden, während sich im Dachgeschoss ein Matratzenlager mit dreißig Plätzen befand. Beim Gedanken an eine Nacht in dem voll belegten Lager schauderte sie unwillkürlich.

Vor dem Gasthaus war eine mit Steinplatten belegte Terrasse, auf der ein halbes Dutzend Tische standen. Die dazu gehörenden Sonnenschirme waren zusammengeklappt.

Schräg gegenüber sah Sina ein lang gestrecktes, flaches Gebäude. Vermutlich der ehemalige Kuhstall. Rechts davon befanden sich zwei Scheuern mit luftdurchlässigen Wänden. In einer davon parkte ein großer Geländewagen. Sina schöpfte wieder Hoffnung. Wenn sie dem Hüttenwirt schöne Augen machte, würde der sie vielleicht nach Pfronten zurückbringen.

Ein Windstoß wirbelte Staub auf. Sina blickte zum Himmel und sah, wie sich eine Reihe dunkler Wolken vor die Sonne schob. Endlich ein wenig Schatten! Seufzend zog sie ihren Schuh wieder an und schulterte ihren kleinen Matchpack.

Das Handy piepste. Krass, hier oben, am Arsch der Welt, gab es tatsächlich ein 4G-Netz. Ihre beste Freundin schickte ihr Bilder von den abgefahrenen Klamotten, die sie soeben im Primark in München gefunden hatte.

Der bekackte Gasthof konnte warten. Sie drückte Tanjas Kurzwahltaste.

***

Bernhard Momsen wischte sich mit dem Handrücken über die Stirn. Ganz ohne Unterstützung war es auch bei ihm nicht gegangen. Er war eben doch nicht mehr der Jüngste, hatte seine Leistungsgrenze erkennen müssen und nach der zweiten Kehre den Motor seines E-Bikes eingeschaltet. Im Eco-Modus hatte er trotzdem seine Frau aus den Augen verloren, die spielerisch leicht davongezogen war. Was allerdings nicht an deren Fitness, sondern an den 250 zusätzlichen Watt des Boschmotors im höchsten Unterstützungsmodus lag.

An einer Wegegabelung wartete Andrea auf ihn. Ihrer korpulenten Figur standen das figurbetonte Fahrradtrikot und die pinkfarbenen Leggins aus Lycra nur bedingt, wie Bernhard sich eingestehen musste.

„Wo got's jetzt weiter?", fragte sie, obwohl ein Wegweiser mit einem stilisierten Mountainbike nach links zeigte. Ohne eine Antwort abzuwarten, fuhr sie begeistert fort: „Du, Berni, des Fahrrad isch echt kähl!"

„Kähl" war, wie Andrea ihm einmal erklärt hatte, in den Siebzigern und Achtzigern das Modewort der schwäbischen Jugend gewesen. Heute verwendete niemand mehr diesen Ausdruck.

Bernhard war zufrieden. Er hatte das Elektromountainbike seiner Frau Andrea zum sechzigsten Geburtstag geschenkt. Sie schien glücklich mit dem Rad zu sein. Bernhard machte sich allerdings Sorgen, weil Andrea nach den wenigen Kilometern schon übermütig wurde.

„Guck amol, Berni, wie steil i da nufffahren kann!" Andrea versuchte, mit ihrem Bike den abzweigenden, steil nach oben verlaufenden Wanderpfad zu erklimmen. Der pinkfarbene Helm saß weit auf dem Hinterkopf, um die Frisur über der Stirn nicht plattzudrücken.

Das Vorderrad begann schon abzuheben.

„Pass auf, Andrea! Du bist noch nicht so sicher auf dem Fahrrad! Wir wollen gar nicht hier hoch. Schau doch, das ist der Wanderweg. Wir müssen links dem Fahrweg unter der Gondelbahn durch folgen."

Von Pfronten kommend, wo Andrea am Vortag im Radsportgeschäft das Geburtstagsgeschenk ausgesucht und gleich mitgenommen hatte, waren sie durch Steinach bis an die österreichische Grenze geradelt. Viel zu schnell für ihr augenblickliches Können, aber glücklicherweise war an einem Dienstag wenig Verkehr auf dem Radweg, und der Motor erlaubte maximal fünfundzwanzig Stundenkilometer. An der Grenze waren sie rechts auf den Fahrweg abgebogen; ein Weg, der sie – wie der Fahrradhändler behauptet hatte – zur Hochfläche des Breitenbergs bringen würde. Voll easy mit den E-Bikes, nach seiner Aussage.

Sie folgten dem Fahrweg, der im Winter die Talabfahrt für Skifahrer darstellte, in engen Serpentinen aufwärts. Die Steigung war heftig und der Untergrund lose, eine Kombination, die eine Gruppe durchtrainierter Biker in einheitlichen Trikots an ihre Leistungsgrenze brachte. Doch ihre 250 Watt erleichterten die Belastung erheblich, und mit einem Lächeln überholten sie die Gruppe.

Drei Kilometer nachdem sie den Radweg verlassen hatten, wurde der Fahrweg wieder flacher. Bernhard schaltete zwei Unterstützungsstufen zurück, während Andrea mit fünfundzwanzig Stundenkilometern zum Breitenberg hochrauschte. Nach wenigen Augenblicken hatte Bernhard sie aus den Augen verloren. Die Bikergruppe überholte ihn wieder.

Der letzte Anstieg hatte es nochmals in sich. Resigniert rief Bernhard erneut die volle Motorleistung ab. Der Fahrradhändler hatte behauptet, dass der Maximalmodus sehr viel Energie benötige, aber zu seiner Erleichterung zeigte sein Fahrraddisplay immer noch sechzig Prozent Restkapazität.

Andreas Bike lehnte schon an der Bergstation der Breitenbergbahn. Seine Frau hatte vergessen, die Elektronik abzuschalten. Das Batteriesymbol in ihrer Anzeige wies nur noch zwei Striche auf. Bernhard drückte den Ausschaltknopf und gesellte sich zu Andrea, die bereits mit zwei Stück Kuchen und einem Kaffee auf der Terrasse der Hochalphütte saß.„Des hat so saumäßig Spaß gemacht, und i hab immer noch zwei Balken. Jetzt demmer was essen, und na fahren mir noch weiter nuff zum Gasthaus Seekopf."

Bernhard war zufrieden, dass sein Geburtstagsgeschenk so gut angekommen war. Aber warum bezeichnete seine Frau jetzt Kuchenstücke als „Balken"? Schwäbisch war schon eine seltsame Sprache.

ZWEI

Dienstag, 10.33 Uhr

Katharina Schiller hatte einen Pfiff gehört und nach oben geblickt. Am Grat stand ein Wanderer mit einem riesigen Rucksack. Gegen den hellen Himmel konnte sie ihn nicht genau erkennen, aber er machte einen sportlichen Eindruck. Ein Sportler musste er wohl auch sein, wenn er einen solchen Rucksack herumschleppte. Nicht mehr ganz jung, was vermutlich den Pfiff erklärte. Katharina war es gewohnt, dass immer wieder Männer vor allem mittleren Alters ihr hinterherpfiffen. Früher hatte sie die Pfiffe als sexistisch gehasst, inzwischen interpretierte sie sie als Kompliment – was Stress und manches Wortgefecht ersparte.

Im Augenblick allerdings betrachtete sie selbst ihr Äußeres als wenig vorteilhaft, denn als sie den Grat erreichte, klebten T-Shirt und Haare feucht am Körper. Eigentlich war sie zu der Wanderung zu spät aufgebrochen. Der Wetterbericht hatte hochsommerliche Werte über sechsunddreißig Grad und einzelne Gewitter am Nachmittag angekündigt. Zumindest waren jetzt im Juli die Tage so lang, dass sie nicht Gefahr lief, beim Abstieg in die Dunkelheit zu geraten.

Die Vorhersage der Temperatur traf leider zu. Die ersten vierhundert Höhenmeter am Reichenbach entlang durch die Klamm waren noch kein Problem gewesen. An der Talstation des Aggensteinlifts war die frische Kühle der drückenden Schwüle gewichen. Als auf Höhe der Grenzhütte schließlich die letzten Schatten verschwunden waren, hatte die Hitze sie wie ein Faustschlag getroffen. Schwer atmend blieb sie am Kammweg stehen und setzte den kleinen Tagesrucksack ab. Ihre Trinkflasche enthielt nur noch einen kümmerlichen Rest.

Macht nichts, dachte sie. In zehn Minuten würde sie drüben auf der Bad Kissinger Hütte eine kühle Apfelsaftschorle bekommen. Ihr Blick folgte dem Kammweg nach oben, wo eine Fahne die Position der Hütte, die sich hinter einer Kuppe verbarg, verriet. Der Pfeifer war schon außer Sicht, er musste trotz des Rucksacks ein zügiges Tempo angeschlagen haben.

In diesem Augenblick erhielt sie von hinten einen Stoß, der sie fast über die Kante geschleudert hätte. Ein massiger, dunkelhäutiger Mann mit einem sehr großen Rucksack hatte sich rücksichtslos an ihr vorbeigedrängt.

„Hey, Mann, geht's noch? Pass doch auf!"

„Mirëmëngjes. Justifikim!"

Katharina runzelte die Stirn. Sie hatte kein Wort verstanden.

„Excuse me, I cannot understand you."

Der kräftige Mann blieb stehen und drehte sich schwer atmend um. Schweiß tropfte von seiner Stirn. Sein Shirt war vollständig durchnässt. Er verzog das Gesicht zu einem gequälten Grinsen und präsentierte eine Reihe goldener Schneidezähne.

„Nuk keni burrë?"

Slawisch, vermutete Katharina. „Kasachstan?", riet sie.

Goldbeißer reagierte nicht auf den Landesnamen und redete weiter. „A është gjithmonë kaq e nxehtë në Gjermani?"

Katharina breitete bedauernd die Hände aus.

Der Mann rückte seine schwere Last zurecht, nickte ihr grüßend zu und setzte stöhnend seinen Weg fort. Ausrüstung und Kondition verrieten, dass er kein geübter Bergsteiger war. Und die Dentalarbeit an den vermutlich ausgeschlagenen Schneidezähnen war eindeutig osteuropäisch. Ein russischer Schläger? Aber was tat der Mann hier in den Bergen? Kopfschüttelnd folgte Katharina ihm mit den Augen, während der penetrante Schweißgeruch, den er verströmte, in der unbewegten Luft noch lange nachwaberte.

Wenige Minuten später erreichte sie die Bad Kissinger Hütte. Das graue Steingebäude mit dem modernen, holzverkleideten Anbau lag auf einer kleinen Ebene auf knapp 1800 Metern über dem Meeresspiegel und fügte sich perfekt in die Landschaft ein. Lediglich der schlichte Schuppen der Materialseilbahn irritierte Katharina – wie jedes Mal, wenn sie hierher kam. Aber die Seilbahn war einfach eine Notwendigkeit, denn die Hütte hatte keine Zufahrt. Hinter dem Gebäude konnte sie im Flimmern der Hitze über den steilen Aggensteinwiesen den weiteren Verlauf des Bergpfads zum Aggensteingipfel erkennen, dessen Kreuz sich fast zum Greifen nahe über dem braunen Dach der Hütte gegen den tiefblauen Himmel abzeichnete. Von früheren Touren wusste sie allerdings, dass schweißtreibende und kräftezehrende zweihundert Höhenmeter und eine Kletterpartie an Stahlseilen und Ketten vor ihr lagen, sollte sie wirklich noch die letzten Meter zum Gipfel nehmen wollen.

Schau'n mer mal, zitierte sie in Gedanken den letzten bayerischen „Kaiser", als sie die Terrasse betrat, die die Hütte auf der Ost- und Südseite umgab. Lediglich eine Handvoll Wanderer hatte sich an den Tischen verteilt. Jeder an einem eigenen; offenbar alles Solotourengänger wie sie selbst. Weder der Pfeifer noch der Stinker, wie sie die beiden für sich getauft hatte, waren unter den Gästen. Wohin die beiden wohl mit ihren schweren Rucksäcken unterwegs waren?

„Was schau'n mer?"

Die Frage des alten Mannes mit vollen, schlohweißen Haaren und tiefen Fältchen im Gesicht riss Katharina aus ihren Gedanken. Offenbar hatte sie tatsächlich laut gedacht.

Sehnige Oberschenkel und kräftige Waden ragten aus einer kurzen, blauen Radlerhose. Mit einem Weißbierglas in der Hand lehnte er an der Brüstung und nickte ihr grüßend zu.

„Grieß di, Frau Doktor!"

Natürlich, einer von ihren Patienten. Der aus Steinach, der immer mit dem Fahrrad zu ihr in die Praxis nach Wertach kam und jedes Jahr noch fünftausend Kilometer herunterspulte. Wie hieß er noch mal? Weiser? Weißner? Nein... Niederweiser? Auch nicht, aber so ähnlich. Katharina hatte ein ausgezeichnetes Gedächtnis, auch für nutzloses Wissen. Sie konnte fast alle Schlager der neunziger Jahre mitsingen, kannte die Namen aller Mitschülerinnen von Hanni und Nanni und wusste noch die meisten Sprüche aus ihrem Poesiealbum. Aber sie konnte sich partout keine Patientennamen merken.

Der Mann hatte inzwischen weitergeredet. „Ham S' heit frei? 's war ja au a so a scheener Morgen heit. Sind Sie von Pfronten aus aufgestiegen? Die Bergbahn haben Sie ja sicher net genommen?"

Unmerklich war er vom Allgäuer Dialekt ins Hochdeutsche gewechselt. Ein Phänomen, das sie immer wieder amüsierte. Aufgewachsen im Unterallgäu, sprach Katharina selbst keineswegs Hochdeutsch, aber die Patienten meinten häufig, mit der Ärztin halbwegs nach der Schrift reden zu müssen, was bisweilen zu recht komischen Sätzen führte.

„Grieß di au. A bisserl z' heiß vielleicht." Sie beherrschte den Dialekt auch.

Die Hüttenwirtin kam vorbei und Katharina bestellte eine große Apfelschorle.

Der Weißhaarige deutete entschuldigend auf sein Bierglas. „Alkoholfrei."

„Passt schon."

Patienten hatten häufig das Bedürfnis, jeden Alkoholgenuss vor der Ärztin zu rechtfertigen. Dabei interessierte sie das außerhalb der Praxis kaum.

Sie setzten sich an einen freien Tisch. Der Alte zeigte mit ausgestrecktem Arm nach Süden. Dort unten lag das Dorf Grän und dahinter erstreckte sich das Tannheimer Tal, begrenzt von Rohnenspitze, Gaishorn, Neunerköpfle und Krinnenspitze. In der Ferne konnte Katharina das Seitental des traumhaft schönen Vilsalpsees erkennen.

„Da unten, in Grän, bin i geboren. War no a andere Zeit. Keine Touristen. Die sin erscht in den fünfziger Jahren kommen. Engländer hauptsächlich. Die Leut hier ham damals no von der Landwirtschaft glebt."

Er hatte offenbar das Bedürfnis, ihr von früher zu erzählen.

Die Wirtin brachte die Apfelsaftschorle.

Katharina ermutigte ihn zum Weiterreden. „Sie sind also eigentlich Österreicher?"

Der Alte zuckte mit den Achseln. „Österreicher? Deutscher? Was weiß i? Scho mei Großvadder ond mei Vadder send da donda aufgwachsen, aber mei Muadder isch von Nesselwang gwea. War ja früher net wirklich a Grenze. Wie jetzt au wieder."

Hoffentlich bleibt's auch so, dachte sie. Die derzeitigen politischen Strömungen ängstigten sie.

„Sigst da unten, das Engetal", fuhr er fort. „Neunzehn fünfavierzg hams einen erbitterten Kampf um des popelige Tal gführt. Die Amis ham Grän in Brand gschossen und fünfzehn Häuser sin abbrannt. I bin als kleiner Bub dagstanden und hab plärred, wie die Flammen den Hof von meim Doddi zerstört ham. So sieht's in der Hölle aus, hab i dacht."

Der Blick des alten Mannes ruhte irgendwo drüben am Einstein. Katharina sah die Tränen in seinen Augenwinkeln. Er nahm einen Schluck aus seinem Bierglas und erzählte, wie der Wiederaufbau der Gemeinde erst fünf Jahre später mit einer großen Feier abgeschlossen und weitere drei Jahre danach der erste Skilift gebaut wurde. Erinnerungen an längst vergangene Schneekatastrophen und Lawinenabgänge sprudelten aus ihm heraus. Geschichten aus dem bäuerlichen Alltag in den Kleinbetrieben im abgeschiedenen Außerfern erschienen Katharina vor den Augen. Sie war fasziniert von seinen plastischen Beschreibungen. Ob solche Erzählungen wohl irgendwo niedergeschrieben waren oder ob sie für immer vergessen sein würden, wenn die letzten Zeitzeugen nicht mehr lebten?

Ihr Gesprächspartner trank sein Weißbierglas aus, drehte sich um und blickte nach Westen.

„Gewitterwolken. I glaub, heit wird no a Wetter aufziehen. I mach mal, dass i wieder runterkomm. Rate i Ihnen auch, Frau Doktor. Ma sieht sich in der Praxis. Pfied di."

Damit ließ er sie mit dem Rest ihres Getränks sitzen.

Katharina nickte der Wirtin zu. „Zahlen, bitte."

Die Wirtin setzte sich auf den Stuhl, den der Alte eben freigemacht hatte. „Drei fünfzig." Dabei schaute sie Katharina neugierig an. „Der Wolfi hat dich ja ganz schön vollgequatscht. Bist du auch hier aus der Gegend?"

Na, die ist ja ganz schön direkt, dachte Katharina.

„Ich bin Allgemeinärztin in Wertach. Herr Dings, also Wolfi eben, ist Patient in meiner Praxis." So viel an Information würde er hoffentlich tolerieren, auch wenn sie damit genau genommen bereits gegen ihre ärztliche Schweigepflicht verstoßen hatte.

Die Wirtin bekam große Augen. „Ach so. Du bist das! Der Wolfi hat kürzlich mit dir angegeben. Er habe eine Hausärztin, die schon auf dem Mount Everest gewesen sei."

„Cho Oyu."

„Bitte?“

„Ich war auf dem Cho Oyu.“

„Nie gehört.“ Die Wirtin schien ein wenig enttäuscht. „Wo ist der überhaupt?“

Katharina lächelte nachsichtig. „Auch im Himalaya. Nicht weit weg vom Everest, direkt auf der Grenze zwischen Tibet und Nepal. Mit knapp 8200 Metern ist er immerhin der sechsthöchste der vierzehn Achttausender.“

„Wow!“ Die Wirtin war jetzt doch wieder beeindruckt. „Das würde ich auch gerne mal machen. War die Besteigung denn schwierig? Wie lange hat die Expedition gedauert?“

Katharina warf einen Blick nach oben. Noch immer war der Himmel fast wolkenlos blau. Sie konnte wohl noch ein paar Minuten sitzen bleiben.

„Ist schon ein paar Jahre her. Ich war damals echt fit und vor allem gut akklimatisiert. Der Anstieg bis zum Advanced Base Camp auf 5600 Metern, nein, eigentlich sogar bis zum Lager eins, ist reines Gehgelände. Danach wird es heftiger, denn ab da ist der Nordwestgrat, über den wir damals aufgestiegen sind, vergletschert. Die Schlüsselstelle liegt in einem steilen Eisbruch.“

Sie beschrieb, wie ihr sechsköpfiges Team mit einem Dutzend Sherpas den Steilaufschwung mithilfe von Fixseilen gemeistert hatte und über Firnhänge und weitere Felsstufen zum letzten Lager auf 7400 Metern aufgestiegen war.

„Für den Gipfel sind wir vom Camp drei morgens in der Dunkelheit aufgebrochen und waren kurz vor Mittag oben.“

„Das klingt so spannend! An was denkt man am Gipfel seines ersten Achttausenders?“

Katharina grinste schief. „Ehrlich gesagt an nichts. Ich war fix und fertig und habe dort oben höchstens an den weiten und harten Abstieg gedacht. Das Glücksgefühl kam erst später.“

Die Wirtin hatte einen sehnsuchtsvollen Blick. „Ich kann dir gar nicht sagen, wie gerne ich auch mal einen Achttausender machen würde. Aber die Anbieter verlangen ja umgerechnet bis zu siebzigtausend Euro. Das kann ich mir nicht leisten. Wie viel hast du denn damals bezahlt?“

Verschämt gestand Katharina ein, dass sie das Bergabenteuer zwar vier Monate und ein zusätzliches Semester, aber keinen Cent gekostet hatte. Sie berichtete ihrer gebannt lauschenden Zuhörerin, dass sie als Studentin ihre Doktorarbeit am Institut für Höhenmedizin an der Uni München geschrieben hatte. Ihr Professor hatte eine internationale Arbeitsgruppe geleitet, die im Basislager auf 4900 Metern die Wirksamkeit von Medikamenten zur Verbesserung der Sauerstoffsättigung untersuchen sollte.

„Wir haben Sildenafil getestet. Du kennst es bestimmt unter dem Namen Viagra. Hat übrigens gut funktioniert. Für die Lunge, meine ich. An das andere haben die Jungs in der Höhe nicht mal gedacht." Dabei lächelte sie spöttisch.

„Mir wurde der Job als wissenschaftliche Hilfskraft angeboten, weil ich gut englisch spreche. Meine Mutter ist nämlich aus Schottland. Geld gab es für die Arbeit nicht, und den Flug nach Kathmandu musste ich auch selbst bezahlen. Aber als Bonus haben die, die Interesse hatten, den Gipfel sozusagen geschenkt bekommen."

Sie blickte erneut zum Himmel, wo sich inzwischen ein paar Wolken gesammelt hatten.

„Schätze, ich mach mich lieber auf den Rückweg, bevor mich das Gewitter erwischt." Sie legte einen Fünf-Euro-Schein hin. „Passt so."

Die Wirtin hob abwehrend die Hände. „Vergiss es. Das geht aufs Haus. Wäre schön, wenn du bald mal wieder vorbeischaust. Ich würde gerne noch mehr hören. Und übrigens: Du lässt dich doch nicht vom Wolfi einschüchtern? Glaub ihm nicht alles. Früher war er ein verrückter Hund, aber seit er einmal hautnah miterlebt hat, wie sein Begleiter drüben an der Steinkarspitze vom Blitz getroffen wurde, hat er richtig Panik vor Gewittern. Irgendwie verständlich, natürlich. Aber mach dir keine Sorgen. Wenn überhaupt was kommt, dann erst in der Nacht."

Das klang gut. Katharina beschloss, die Wanderung wie geplant über den Aggenstein fortzusetzen.

Vierzig Minuten später zögerte sie unschlüssig an einer Weggabelung. Geradeaus ging es in steilen Serpentinen zur Bergstation des Aggensteinlifts und weiter nach Pfronten. Links schlängelte sich der Bergpfad zum Gasthof Seekopf, dessen Gebäude sie dreihundert Höhenmeter unter sich erkennen konnte.

Den letzten Anstieg von der Bad Kissinger Hütte bis zum Sattel am Aggenstein hatte sie in knapp dreißig Minuten hinter sich gebracht. An der Abzweigung zum Gipfel hatte sie gezögert. Die Vorstellung, die wenigen Höhenmeter noch zurückzulegen, war verlockend. Vom Gipfel hatte man eine grandiose Aussicht in alle Richtungen. Aber die dunkle Wolke von Westen war innerhalb der kurzen Zeit schon weit vorgerückt. Katharina hatte deshalb auf den Abstecher verzichtet.

Eine kluge Entscheidung, wie sie inzwischen feststellen musste. Während des steilen Abstiegs hatten Wolken die Sonne verdunkelt. Zunächst hatte sie dies als angenehm empfunden, denn die Hitze im aufgeheizten Geröll war unerträglich gewesen.

Ein Blitz zuckte über den Himmel.

„Einundzwanzig, zweiundzwanzig, dreiundzwanzig, vierundzwanzig…“ Unwillkürlich begann sie, laut mitzuzählen.

Bei „neununddreißig“ setzte das Donnergrollen ein. Achtzehn Sekunden. Das Gewitter war also nur noch sechs Kilometer entfernt und rasch näher kommend. Sehr schlecht! Sie dachte an die Dreißig-dreißig-Regel. Ein Gewitter am Berg war immer gefährlich. Da zwischen Blitz und Donner weniger als dreißig Sekunden lagen, wurde es Zeit, rasch abzusteigen. Erst dreißig Minuten nach dem letzten Blitz oder letzten Donner würde sie im Gebirge wieder sicher sein. Wolfi hatte also doch recht gehabt.

Katharina beschloss, den kürzeren Weg zum Gasthof zu nehmen. Dort konnte sie während des Regens einkehren und am Nachmittag nach Pfronten zurückkehren. Auf ihren früheren Touren hatte sie zwar noch nie dort Rast gemacht, aber sie kannte die tragische Geschichte der Hüttenwirtin. Nahezu jeder in Pfronten und Umgebung kannte sie. Der frisch angetraute Ehemann der jungen Frau war in den Flitterwochen in Südamerika bei einem Verkehrsunfall ums Leben gekommen. Sie versuchte, sich vorzustellen, wie grausam es war, wenige Tage nach der Hochzeit schon zur Witwe zu werden.

Zehn Minuten später hatten blau-schwarze Wolken, aus denen ununterbrochen Blitze zuckten, den Himmel verdunkelt. Das Grollen der wiederholten Donnerschläge war zu einem kontinuierlichen, bedrohlichen Brummen angeschwollen. Das hörte sich gar nicht gut an. Sie beschleunigte ihre Schritte immer mehr und erreichte fast im Dauerlauf das Hochplateau.

Die Fahne mit der Werbung für Zötler Bier aus Rettenberg wehte auf einem Hügel. Dahinter musste der Gasthof liegen. Katharina atmete erleichtert auf. Sie hatte es gerade noch vor dem zu erwartenden heftigen Regenschauer geschafft.

Die Windböen, die das Gewitter ankündigten, setzten ein, als sie den gekiesten Hof überquerte.

Schräg vor ihr lag der Gasthof, dahinter stand ein lang gestrecktes, flaches Gebäude. Vermutlich der Kuhstall. Links sah sie zwei Scheuern, in einer parkte ein verstaubter Mitsubishi Pajero. Die Böen wirbelten den Staub vom Hof auf.

Eine Tafel an einer der Scheuern begrüßte sie:

„Willkommen im Gasthof Seekopf – Genießen auf der schönsten Seite des Aggensteins".

Die schönste Seite konnte Katharina augenblicklich nicht nachempfinden. Aber zurzeit war es wohl nirgendwo am Aggenstein wirklich schön. Ihr reichte, willkommen zu sein und ein festes Dach über dem Kopf zu haben. Eilends legte sie die letzten Schritte zur Eingangstür des Gasthofs zurück.

Sie war abgeschlossen.

Nanu? Jemand musste doch anwesend sein, wenn der Geländewagen in einem der Schuppen stand! Katharina betätigte erneut die Klinke und drückte mit der Schulter gegen das Türblatt. Dann entdeckte sie das Schild: „Gasthof heute geschlossen. Geschlossene Gesellschaft". Mist.

„Entschuldigung, wohnen Sie hier? Wir brauchen dringend Hilfe."

Katharina drehte sich überrascht um. Bei dem Lärm des Gewitters hatte sie die Schritte auf dem Kies überhört.

Hinter ihr stand ein älteres Paar in Radlerkleidung. Der hagere Mann stützte schwer atmend eine übergewichtige Frau mit einem schmerzverzerrten Gesicht.

DREI

Dienstag, 11.14 Uhr

Maria Huber klopfte ein zweites Mal energisch an und trat unaufgefordert durch die Tür, deren Rahmen selbst für ihre ein Meter siebzig Körpergröße zu niedrig war.

Die Kammer war, wie sie erwartet hatte, trotz des späten Vormittags düster und stickig. Ihr Vater hatte die Fenster wieder einmal dicht verschlossen und die dunklen Vorhänge zugezogen. Der Raum war klein und spärlich möbliert. An der linken Wand standen ein Nachtkästchen und ein einfaches Bett, auf dem sich Kopfkissen und Bettdecke in einem unordentlichen Haufen ballten. Über dem Bett hing Jesus am Kreuz und wachte über den Schlaf ihres Vaters, seit Maria sich erinnern konnte. Direkt neben der Tür, die sie inzwischen hinter sich geschlossen hatte, stand ein aus unbehandeltem Holz geschreinerter Schrank. Im Spalt zur Wand lehnte die Schrotflinte, die Maria zunehmendes Unbehagen bereitete.

Ihr Vater saß in dem schweren Ohrensessel – neben dem Kruzifix das einzige Möbelstück, das den Umzug aus Unterjoch mitgemacht hatte, als Josef Ramsauer nach dem Tod seiner Frau zu seiner einzigen Tochter auf die ehemalige Sennalpe am Fuß des Aggensteins gezogen war.

Er hatte offensichtlich weder ihr Klopfen noch ihr Eintreten bemerkt. Maria betrachtete ihn mit einer Mischung aus Zärtlichkeit und Sorge. Es war unverkennbar, dass er in den letzten neun Monaten körperlich und vor allem mental abgebaut hatte. Beim Anziehen seines karierten Flanellhemds hatte er sich verknöpft. Der lange Zipfel hing aus seiner Bundhose, die von Hosenträgern mit Jagdmotiven gehalten wurde. Noch vor einem Jahr hatte die Hose wie maßgeschneidert gepasst, inzwischen aber hing sie wie ein Sack an seinem ausgezehrten Körper. Darüber trug er auch jetzt im Hochsommer ein längst aus der Mode gekommenes Sakko.

Josef Ramsauer hielt wieder das abgegriffene Bild in den Händen, das Florian am Tag seines Abiturs zeigte. Sein Enkel hatte es ihm vor einigen Jahren geschenkt, nachdem er das Leuchten in den Augen des alten Mannes bemerkt hatte. Josef Ramsauer war tatsächlich fast geplatzt vor Stolz, als Florian ihm das Foto und sein Abiturzeugnis gezeigt hatte. Endlich gab es auch in seiner Familie jemanden, der das Gymnasium abgeschlossen hatte und studieren würde.

Maria strich ihrem Vater zärtlich über die linke Wange. Das Kratzen der grauen Bartstoppeln zeigte ihr, dass er sich wohl seit zwei Tagen nicht rasiert hatte. Josef schrak aus seinen Gedanken auf und legte rasch das Foto zur Seite, als ob er beim Betrachten anstößiger Bilder ertappt worden sei.

Maria biss sich auf die Unterlippe. Sie wusste, warum ihr Vater sich in seiner Kammer verkrochen hatte. Heute war wieder so ein Tag, der die Spannungen im Haus knistern lassen und alte Wunden aufreißen würde. Gleich würde er mit den unvermeidlichen Sätzen kommen, doch sie wollte nicht schon wieder die Fragen hören, auf die sie selbst keine Antwort wusste.

„Draußen riecht es nach Sommer“, sagte sie, „aber du hockst hier im abgestandenen Mief!“

Noch während sie es aussprach und dabei Gardinen und Fenster aufriss, wusste sie, dass sie den schlechtesten Gesprächsbeginn gewählt hatte. Aber ihre eigene Ohnmacht machte sie wütend und aggressiv.

„Du könntest wenigstens rausgehen und die Tische und Schirme wegräumen. Die ‚Gäste‘ werden sicher wieder ihren dicken Schlitten direkt auf der Terrasse parken wollen.“ Sie hatte „Gäste“ ironisch betont.

„Soll doch *sie* das machen.“ Josef hatte trotzig die Arme vor der Brust gekreuzt.

Das Gespräch lief wieder in die falsche Richtung. Maria versuchte einzulenken.

„Lass uns die Übergabe einfach in Ruhe abwickeln. Je glatter es abläuft, desto schneller sind wir die Leute wieder los.“ Zumindest die im Auto, fügte sie im Stillen hinzu. Die mit den Rucksäcken würden natürlich wieder hier übernachten. Aber zumindest der Kärntner war ihr eigentlich ganz sympathisch.

Josef ließ sich nur schwerlich besänftigen. „Warum machen wir das überhaupt mit?"

„Fang nicht wieder damit an, Vater. Das haben wir schon so oft besprochen. Wenn wir zur Polizei gehen, wird sie alles auf Flo schieben. Willst du das?"

„Ich glaube einfach nicht, dass der Bub das getan hat. Bestimmt hat sie ihn da hineingezogen."

Maria zuckte resigniert mit den Schultern. „Kann schon sein. Ich kann es, nein, ich will es auch nicht glauben. Aber sie würde ihm die Schuld geben. Selbst wenn sie ins Gefängnis kommt, etwas würde an Flo hängen bleiben. Das lasse ich nicht zu."

„Wir könnten mit Albert reden. Er ist bei der Polizei."

Maria schnaubte verächtlich. „Streifenpolizist in Füssen. Was willst du ihm sagen? Dass Florian zu Unrecht verdächtigt wird, wir aber natürlich sicher wissen, dass er unschuldig ist?"

„Der Junge war kein Krimineller!"

„Wie sollen wir das beweisen, wenn selbst seine Ehefrau ihn beschuldigen würde?"

Josef strich sich verlegen durch die schütteren Haare. „Und wenn wir…"

„Vergiss es", fiel Maria ihm ins Wort. „Selbst wenn Albert uns glauben würde, könnte er uns nicht helfen. Das ist drei Nummern zu groß für ihn. Und im Übrigen hängen wir sowieso schon mit drin. Oder glaubst du, dass der Staatsanwalt in Kempten bei uns beide Augen zudrücken würde? Schließlich wissen wir seit Wochen davon und beherbergen die Leute sogar."

Plötzlich wurde die Tür hinter Maria mit einem Ruck geöffnet.

„Ganz richtig erkannt, liebe Schwiegermutter. Ihr seid genauso kriminell wie euer Florian." Anne musste schon eine Weile an der Tür gelauscht haben. „Wenn ihr nicht weiter mitmachen wollt, kann ich schon dafür sorgen, dass das ganze Allgäu von den bösen Hubers vom Gasthaus Seekopf erfährt, die die arme, unschuldige und ach so früh verwitwete Schwiegertochter in ihre üblen Geschäfte verwickelt haben."

„Raus aus meinem Zimmer!" In Josefs Augen stand der blanke Hass.

„Vorsicht, alter Mann. Der Hof hat meinem Mann gehört, und jetzt gehört er mir. Sei nett zu mir, sonst schmeiße ich dich raus."

Ihr Vater machte Anstalten, sich auf die spöttisch lächelnde junge Frau zu stürzen. Maria legte ihm rasch einen Arm um die Schultern.

„Hört auf, ihr beiden. Wir müssen den heutigen Tag wieder mit Anstand über die Bühne bringen. Ich werde die Zimmer herrichten, und du, Anne, sorgst dafür, dass das Personal rechtzeitig aus dem Haus ist. Vater kümmert sich darum, dass keine anderen Gäste hier auftauchen. In Ordnung?"

Fragend schaute Maria von einen zum anderen. Josef hatte sich in seinem Sessel umgedreht und blickte aus dem Fenster. Anne warf mit einer lässigen Geste ihre blonden Haare zurück und gab den Türrahmen wieder frei.

***

„Lass das bitte sein. Die Straße ist viel zu steil." Bernhard Momsen meinte den Trail, den seine Frau sich anschickte hinunterzufahren.

„Ach was, des isch ein Mountainbike. Des kann des", entgegnete Andrea. Sie war hellauf begeistert von ihrem neuen Fahrrad.

„Das Fahrrad schon, aber du nicht."

„Ach Berni, du bisch so ein Angsthas. Guck amol, wie gut des mit denne dicke Roifen got."

Andrea schwang sich auf den Sattel. Der Pfad fiel in drei Spitzkehren steil in eine Senke ab und stieg gegenüber genauso steil wieder an zum Gipfel des Seekopfes. Lose Steine und Geröll brachten Bernhard, der sein Fahrrad schob, selbst zu Fuß in Schwierigkeiten.

„Schatz, wir sollten umkehren. Ich glaube, wir bekommen heute noch ein Gewitter." Was eine massive Untertreibung war. Jenseits des Seekopfs türmten sich bedrohlich dunkle Wolken.

„Des isch jetzt gar nemmer weit bis zum Seekopf. Mir fahre noch bis da hin, und dann drehe mir gleich wieder um. Komm jetzt."

Das Fahrrad war dem Trail gewachsen, seine unerfahrene Fahrerin allerdings nicht. Die grobstolligen, 2.4 Zoll dicken Reifen hielten exakt die Spur, obwohl Andrea viel zu schnell abwärts fuhr. Vor der ersten Kehre versuchte sie, das Tempo zu reduzieren, und betätigte beide Bremsen. Niemand hatte ihr bislang beigebracht, beim Bergabfahren das Gewicht hinter den Sattel zu verlagern. Die bissige Scheibenbremse am Vorderrad blockierte das Rad sofort. Der Sturz war spektakulär. Andrea überschlug sich und landete mit Rücken und Hinterkopf in einem Geröllfeld. Das Gelände war so steil, dass sie erst nach einigen weiteren Überschlägen zum Liegen kam. Das Fahrrad verfehlte ihren Kopf nur um wenige Zentimeter.

Bernhard ließ sein Rad fallen und rannte rutschend zu seiner Frau.

„Um Himmels willen, Andi, ist dir was passiert?"

Andrea richtete sich stöhnend auf, als Bernhard bei ihr ankam. Ihr Trikot wies mehrere Risse und Löcher auf, der Helm war gebrochen.

„Nein, Schatz, bleib liegen. Du könntest dich am Rücken verletzt haben."

Andrea schaute ihn verständnislos an. „Was isch denn passiert?"

„Du bist vom Fahrrad gestürzt."

„Wieso Fahrrad? I hab doch gar kein Fahrrad."

Bernhard schaute seine Frau fassungslos an. „Wir haben es doch gestern in Pfronten gekauft."

„Wieso sin mir denn in Pfronten?" Sie wollte aufstehen und schrie plötzlich auf.

Bernhard trat trotz der Hitze kalter Schweiß auf die Stirn. Seine Frau hatte sich die Wirbelsäule gebrochen und würde ein Leben lang im Rollstuhl sitzen!

„Mei Schulter. Sie tut so weh. I kann sie gar ned bewegen."

Bernhard schaute die rechte Schulter an und änderte seine Diagnose. Schulterbruch! Der Oberarm wies eine große, jedoch oberflächliche Schürfwunde auf. Vor allem aber sah die Schulter irgendwie komisch aus. Als ob die äußersten fünf Zentimeter abgebrochen und nach unten verrutscht wären.

„Was isch denn passiert?", wollte Andrea erneut wissen.

Bernhard fiel der Fußballspieler ein, der während eines wichtigen Spiels den Schiedsrichter nach Spielstand und Ort gefragt hatte. Zuvor war er mit dem Kopf mit seinem Gegenspieler zusammengestoßen. Krämer oder so. Später hatten die Zeitungen berichtet, Krämer habe eine Gehirnerschütterung gehabt.

„Du hattest einen Unfall. Kannst du die Beine bewegen?“

Die Frage war sinnlos, denn Andrea war schon aufgestanden.

Gebrochene Schulter und Gehirnerschütterung, diagnostizierte Bernhard. Aber keine Querschnittslähmung.

Andrea hatte eine Erinnerungslücke, die den ganzen Tag betraf. Geduldig erklärte Bernhard seiner Frau, was bis zum Augenblick ihres Sturzes passiert war. Andrea schien nicht alles zu verstehen, jammerte aber ununterbrochen. Bernhard konnte sich lebhaft die Schmerzen einer gebrochenen Schulter vorstellen. Aus dem Ersatzschlauch aus seinem Rucksack improvisierte er eine Schlinge. Die Entlastung linderte wenigstens die Schmerzen. Er malte sich bereits aus, wie die Bergretter mit dem Hubschrauber kommen und sie beide retten würden.

Hektisch wählte er auf seinem Handy die Notrufnummer. Kein Rufton. Das Display zeigte kein Netz.

„So ein Mist, wir sind in einem Funkloch.“ Vorsichtig legte er seinen rechten Arm um Andreas breite Hüften. „Wir gehen jetzt ganz langsam den Weg zurück, den wir gekommen sind.“

Andrea wimmerte leise.

„Kannst du so laufen?“

Andrea nickte. „Wohin gehen mir?“

Bernhard hätte selbst gern eine Antwort auf die Frage gewusst. Andrea konnte kaum einen Fuß vor den anderen setzen und erst recht nicht Rad fahren. In seiner Wanderkarte gab es diesen Pfad überhaupt nicht.

„Vor ein paar Minuten sind wir an einem Gasthof vorbeigekommen“, sagte er. „Die werden uns sicher helfen können.“

Der Pfad war nur knapp mannsbreit, weshalb der Rückweg schwieriger war als gedacht. Er musste neben Andrea gehen, um sie zu stützen. Dornen und Latschenkiefern zerkratzten seinen linken Arm und die Beine.

Die Sonne war mittlerweile hinter dunklen Wolken verschwunden. Ein Donner grollte. Bernhard blickte verstohlen über die Schulter und stolperte. Andrea schrie vor Schmerzen auf, als er sich instinktiv an ihr festhielt.

„Aua! Du tusch mir weh!“

„Entschuldige. Ich weiß, deine Schulter schmerzt.“

„Ja, genau. Mei Schulter. Sie tut so weh. Was isch denn passiert?“

Geduldig erklärte Bernhard ihr erneut, dass sie mit dem Fahrrad gestürzt sei. Andrea schaute ungläubig, als ob Bernhard ihr etwas völlig Unbekanntes mitgeteilt habe.

Er probierte eine neue Technik und hielt Andrea am Hosenbund fest. Auf diese Weise konnten sie hintereinander gehen. Die Methode erforderte exakten Gleichschritt, welchem seine Frau nur selten folgen konnte. Trotzdem kamen sie schneller voran.

Die Windböen trieben sie über den staubigen Hof. Bernhard atmete erleichtert auf. An der Tür des Gasthofs stand eine junge Frau mit rotbraunen Locken.

„Entschuldigung, wohnen Sie hier? Wir brauchen dringend Hilfe.“

VIER

Dienstag, 12.26 Uhr

Das ältere Paar sah erschreckend aus. Die Frau hatte ein zerrissenes Fahrradtrikot und Schürfwunden an Händen, Knien und dem rechten Oberschenkel. Ihr rechter Arm lag in einer viel zu schmalen Schlinge. Der Mann schien abgesehen von einigen Kratzern an den Beinen körperlich unversehrt. Panik und Hoffnung hielten sich in seinem Blick die Waage.

„Hallo. Nein, ich wohne nicht hier. Der Gasthof ist geschlossen. Geschlossene Gesellschaft." Katharina zuckte bedauernd mit den Schultern.

Sie nahm die Veränderung wahr, die in dem Mann vorging. Er wurde aschfahl im Gesicht und wäre gestürzt, wenn sie ihn nicht gedankenschnell gestützt hätte. Die Frau schrie vor Schmerzen auf, als Katharina dabei gegen ihre Schulter stieß.

„Setzen Sie sich hier auf die Treppenstufe", wies sie den Mann an. „Und Sie am besten gleich daneben, junge Frau." *Junge Frau* kam in der Praxis immer gut an, wenn sie wieder einmal einen Namen vergessen hatte.

Sie schaute die beiden an, die apathisch im Staubwirbel des Hofes saßen. Schweißperlen rannen dem Mann über die Wangen und tropften von seiner Nasenspitze. Die Frau litt offenbar unter starken Schmerzen, die eine deformierte Schulter verursachte. Katharina griff mit der rechten Hand an das Schultergelenk und versuchte, mit ihrer linken den Oberarm zu bewegen.

Der Schmerzensschrei ließ den Mann aufschrecken. „Was tun Sie da? Sehen Sie nicht, dass die Schulter gebrochen ist?"

„Keine Sorge, ich weiß, was ich mache. Ich bin Ärztin. Die Schulter ist nicht gebrochen, sondern nur ausgekugelt. Aber sie muss so schnell wie möglich im Krankenhaus wieder eingerenkt werden. Wenn der Oberarmkopf lange außerhalb der Pfanne ist, können bleibende Schäden entstehen."

„Wer sind Sie denn und was isch eigentlich passiert?"

„Katharina Schiller. Allgemeinärztin und Notärztin.“ Sie schüttelte der Frau die linke Hand. „Und was passiert ist, muss Ihnen vermutlich Ihr Begleiter erklären.“

Dieser schüttelte resigniert den Kopf.

„Bernhard Momsen“, stellte er sich vor. „Und das ist meine Frau Andrea.“ Dann schilderte er Katharina den Unfall und die wiederholten Fragen seiner Frau nach dem Hergang.

„Gehirnerschütterung, glaube ich.“

Katharina nickte. Immerhin fünfzig Prozent seiner Diagnosen waren richtig.

„Ihre Frau braucht medizinische Hilfe. Reposition der Schulter, Bettruhe und Überwachung. Warum haben Sie nicht die Rettung alarmiert?“

Bernhard berichtete von einem Funkloch. Katharina checkte ihr eigenes Handy. Auch dieses zeigte kein Netz an.

Die ersten dicken Tropfen fielen vom Himmel.

Katharina ging zurück zur Tür des Gasthofs und hämmerte mit der Faust dagegen. Auch wenn eine geschlossene Gesellschaft geplant war, musste jemand im Haus sein. Außerdem stand ein Fahrzeug im Schuppen. „Hallo! Machen Sie bitte auf, wir haben einen medizinischen Notfall.“

Unvermittelt setzte ein Regenschauer ein. Katharina drängte sich mit Bernhard und Andrea Momsen unter das schmale Vordach. Aus dem Haus war keine Reaktion zu vernehmen. Katharina trommelte mit beiden Fäusten gegen die Tür. Ohne Erfolg.

In diesem Moment kam eine zierliche Frau mit glatten, pechschwarzen Haaren und hellem Teint über den Hof gerannt. „Das war knapp! Ich dachte schon, ich schaffe es nicht mehr zum Gasthof. Warum stehen Sie alle hier vor der Tür?“

Katharina deutete wortlos auf das Schild.

„Oh shit. Was machen wir jetzt?“ Sie ließ eine Kaugummiblase platzen. „Ist denn niemand im Haus? Da drüben parkt doch ein Auto.“

Sie drängte sich vor zur Tür und stieß gegen Andrea Momsen, die aufschrie. Die junge Frau klopfte gegen die Tür.

„Gott sei Dank! Ich habe es doch noch vor dem Gewitter geschafft.“

Erneut wurde Katharina von einer Stimme in ihrem Rücken überrascht. Sie drehte sich um. Hinter ihr im inzwischen heftigen Regen stand eine kleine Frau. Sie war um die siebzig und hatte eine spitze Nase und blaugraue Haare, die nass an ihrem Kopf klebten.

„Können wir nicht reingehen?"

Plopp. Eine weitere Kaugummiblase platzte. „Geschlossene Gesellschaft. Die Wichser haben zugesperrt." Ein weiterer Schlag und ein Fußtritt gegen die Tür.

Der Wind trieb die Regentropfen über die offene Fläche. Unter dem Vordach wurde der Platz knapp. Katharina holte ihre rote Hardshell-Jacke aus dem Tagesrucksack. Das schwarzhaarige Mädchen fluchte und trat weiter gegen die Tür.

***

„Draußen vor der Tür wartet mittlerweile eine ganze Busladung." Maria saß an einem Tisch in der Gaststube und blickte hinüber zur Eingangstür. Die Türklinke bewegte sich.

„Die gehen auch wieder. Irgendjemand wird das Schild schon lesen können", erwiderte Anne.

Jemand hämmerte vehement an die Tür und eine Stimme rief etwas von einem medizinischen Notfall.

„Aber wir können sie doch nicht im Gewitter stehen lassen. Da kommt schon wieder wer. Eine alte Frau."

Fußtritte und Fäuste hämmerten gegen das Türblatt.

„Verdammt noch mal, so lange wir die geschlossene Gesellschaft haben, will ich keine fremden Menschen hier drin sehen. Und ihr, schätze ich mal, auch nicht." Anne schaute Maria und den Großvater herausfordernd an.

Die Wanderer waren vor einer knappen Stunde eingetroffen. Überraschenderweise dieses Mal zu dritt. Mit Karl, dem Kärntner Bergführer, und Matthias, dem jungen Schnösel aus Salzburg, war ein schweigsamer, schwergewichtiger Mann gekommen. Alle drei hatten große Rucksäcke getragen. Inzwischen hätten auch die Abholer hier sein sollen. Maria machte sich Sorgen wegen des Gewitters. Der Fahrweg war bei Nässe problematisch. Was würde passieren, wenn die Abholer unterwegs stecken blieben? Je früher sie wieder aus dem Haus waren, desto besser.

Es klopfte wieder an der Tür.

Anne gesellte sich zu Maria. „Und wenn hundert Leute draußen stehen würden: Wir machen die Tür nicht auf. Basta."

„Eine Schande ist das. Eine Schande! Seit zweihundert Jahren wurde noch nie ein Mensch in Not hier oben auf der Alm abgewiesen. Du bist eine Schande." Der Großvater saß mit Karl und dem Salzburger am Stammtisch. Trauer, Verachtung und Hass spiegelten sich in seinem Gesicht wider.

Anne stürzte sich mit erhobener Hand auf den Großvater, doch Karl sprang auf und stellte sich schützend vor ihn. Maria schaute ihn dankbar an.

„Wenn die Übergabe gelaufen ist, ziehst du hier aus!", giftete Anne ihn wütend an. „Ich will dich in meinem Haus nicht mehr sehen, alter Mann. Such dir einen Platz im Altenheim in Pfronten. Oder noch besser weiter weg. Vielleicht in Rostock oder Bremen."

„Jetzt versuchen wir, uns ein wenig zu beruhigen", sagte Karl. „Wir sind alle angespannt, weil draußen ein paar Leute stehen, die sich nicht abweisen lassen wollen. Wäre es nicht besser, sie hereinzulassen, bis das Gewitter vorbei ist? Was soll schon passieren?"

Fäuste und Schuhe trommelten und traten wieder gegen die solide Eingangstür.

Anne gab nach. „Okay, wir lassen sie rein. Aber nur für die Dauer des Gewitters, und nur hier in die Gaststube. Und keine Bergrettung! Ich will keine weiteren Personen mehr hier oben sehen. Wir behaupten, unser Telefon sei gestört."

Sie schaute sich fragend um. Maria nickte zustimmend, Karl und Matthias ebenso. Der grobschlächtige Mann schaute verständnislos. Marias Vater wich Annes Blick aus.

FÜNF

Dienstag, 12.44 Uhr

Ein Schlüssel drehte sich knirschend im Schloss und die Tür wurde von einer schlanken blonden Frau geöffnet.

„Grießt eich, willkommen im Gasthof Seekopf. Entschuldigt, dass wir euch so im Regen haben warten lassen. Wir haben heute eine geschlossene Gesellschaft, aber die Gäste sind noch nicht da, und wir möchten euch bei diesem Sauwetter natürlich nicht draußen stehen lassen. Also, kommt bitte rein."

Katharina, die als Letzte eingetreten war, bemerkte die hektischen roten Flecken auf den Wangen der hübschen jungen Frau. Plethora spuria, vermutete sie, psychosomatische Gesichtsrötung aufgrund psychischer Probleme oder Stress. Irgendetwas musste ihr Gemüt erhitzt haben. Nicht mein Problem, dachte sie. Zumindest waren jetzt alle im Trockenen.

Die Wartenden hatten sich eilends in die Gaststube gedrängt. Neugierig schaute Katharina sich um. Sie war in einem typischen Allgäuer Berggasthof. Ein Dutzend Tische standen relativ dicht gedrängt in der in dunklem Holz gehaltenen Stube. Ein größerer runder Tisch befand sich etwas abseits hinter der Garderobe, wo eine weitere Tür war. „Toiletten", erklärte ein farblich unpassendes, billiges Schild.

Ein durchtrainierter, mittelgroßer Mann mit an den Schläfen bereits angegrauten Haaren lehnte mit der Schulter am Türrahmen und musterte die Neuankömmlinge interessiert. Ihre Blicke trafen sich und Katharina schaute rasch weiter. Neben ihm stand ein hohlwangiger Greis mit grauen Bartstoppeln. Die Hände hatte er tief in den ausgebeulten Taschen seiner Hose vergraben. Katharinas Blick streifte seine zwei Nummern zu große Kleidung. Der offensichtliche Senior im Gasthof musste in den letzten Monaten beträchtlich an Gewicht verloren haben. Vielleicht aufgrund einer Krebserkrankung?

Am Tisch in der Nische der Stube saß ein ungleiches Duo. Unwillkürlich kamen Katharina Stan Laurel und Oliver Hardy in den

Sinn. Rasch korrigierte sie sich selbst, denn zumindest dem jungen Mann tat sie damit unrecht. Attraktives Gesicht, strahlend blaue Augen und eine modische blonde Gelfrisur; vor zehn Jahren hätte der Typ ihr durchaus Herzklopfen bereiten können. Sein Partner machte einen schwergewichtigen Eindruck. Der Kopf ging praktisch ohne Hals in den mächtigen Rumpf über. Die obersten beiden Knöpfe seines Hemds standen offen und erlaubten den Blick auf eine behaarte Brust. Mit dem kleinen Finger bohrte er gerade ungeniert im linken Ohr und betrachtete interessiert seinen Fund. Katharina wandte sich angewidert ab.

Entlang der östlichen und der südlichen Wand verlief eine durchgehende Bank, über deren Ecke ein Kruzifix hing. Der große Tresen gegenüber war ebenfalls komplett in Holz gehalten. Alles im Stil der sechziger oder siebziger Jahre, schätzte Katharina. Lediglich das Spülbecken und die Zapfanlage waren neueren Datums.

Eine grauhaarige Frau mit tiefen Falten um die Lippen und in den Augenwinkeln polierte Gläser. Sie trug eine formlose Hose in einem undefinierbaren Beigeton und eine dünne Strickjacke. Die um die Knöchel geschwollenen Füße steckten in ausgetretenen Hausschuhen mit Korksohlen.

Katharina wandte sich an die junge Wirtin, die ihnen die Tür geöffnet hatte. „Mein Name ist Dr. Katharina Schiller." Normalerweise erwähnte sie ihren Titel nicht, schon gar nicht oberhalb von tausend Metern. Aber jetzt erschien es ihr angebracht. „Ich bin Ärztin. Wir haben hier eine schwer verletzte Frau." Das war nach notfallmedizinischer Definition zwar unzutreffend, aber erfahrungsgemäß half eine gewisse Übertreibung häufig. „Sie braucht umgehend eine medizinische Behandlung. Das Handy hat hier keinen Empfang, wie Sie sicher wissen. Dürfte ich bitte Ihr Festnetztelefon benutzen, um die Rettung zu alarmieren?"

Die Wirtin lächelte verständnisvoll. „Ich würde Ihnen ja wirklich gern helfen, aber leider ist unser Telefon seit einer Weile gestört. Das Gewitter, vermutlich." Sie zuckte entschuldigend mit den Schultern. „Ich bin übrigens Anne, Anne Huber, mir gehört dieser Gasthof. Kann ich der armen Frau irgendetwas Gutes tun? Ein heißer Tee vielleicht?"

Garantiert nicht, dachte Katharina. Kein Essen, kein Trinken, keine Zigaretten. Die Frau würde zum Einrenken der Schulter eine Narkose brauchen. Allerdings saßen sie hier fest, ohne Verbindung zur Außenwelt. Jemand würde Richtung Pfronten absteigen müssen, um die Bergrettung zu alarmieren. An der Hochalpe-Sesselbahn gab es, wie sie von früheren Touren wusste, wieder Handyempfang.

„Wir müssen jemanden zum Telefonieren losschicken." Katharina musterte die Anwesenden.

Anne Huber zögerte und nickte schließlich wissend. „Ist aber ein ganzes Stück, bis wieder ein Netz verfügbar ist."

„An der Hochalpe-Sesselbahn."

„Genau. Ein ganzes Stück."

Katharina war verwundert. Bis zu besagtem Lift würde ein einigermaßen fitter Wanderer nicht mehr als dreißig Minuten brauchen. Jemand, der hier oben lebte, könnte es vermutlich in der halben Zeit schaffen. Warum war die Hüttenwirtin so zögerlich?

Anne schien ihre Frage gespürt zu haben. „Wir haben das Problem, dass wir heute Abend noch eine geschlossene Gesellschaft haben, und wir sind personell sehr dünn besetzt. Sehen Sie, dort rechts ist meine Schwiegermutter Maria, und der nette alte Herr ist mein Schwiegergroßvater Josef. Gibt es das Wort überhaupt? Also jedenfalls der Großvater meines verstorbenen Ehemanns. Karl, aus Kärnten", sie deutete mit dem Kinn auf den etwa fünfzigjährigen, drahtigen Mann mit wettergegerbter Haut, „ist der Hausmeister, unser Mädchen für alles, sozusagen. Matthias, ebenfalls aus Österreich, ist unser Küchenchef, und der schweigsame Giovanni hier ist Kellner. Die anderen haben sich krank gemeldet. Ich weiß gar nicht, wie es funktionieren würde, wenn ich meine Familie nicht hätte. Leider kann ich im Moment beim besten Willen niemanden aus meinem Team entbehren." Anne lächelte entschuldigend.

Katharina prüfte die verbleibenden Optionen. Das Opfer selbst schied aus, gleiches galt für die alte Frau mit der spitzen Nase. Das Mädchen, das wie Schneewittchen aussah, würde sie vermutlich auslachen. Blieben nur der Ehemann und sie selbst.

Ein Blick aus dem Fenster enthob sie einer Entscheidung. Der Regen fiel inzwischen so dicht, dass die angrenzenden Gebäude kaum noch zu erkennen waren. Keine Möglichkeit zum Telefonieren, ergo keine Bergrettung. Sie entschied, die Behandlung selbst zu übernehmen.

Sie wandte sich an Bernhard Momsen. „Herr Momsen, die Schulter Ihrer Frau muss versorgt werden. Wir sind hier aber von der Außenwelt abgeschnitten. Ich kann das machen, aber ich brauche Ihr Einverständnis, denn Ihre Frau ist mit der Gehirnerschütterung nicht geschäftsfähig.“ Was so zwar nicht stimmte, aber für juristische Auslegungen hatte sie keine Zeit. Sie wollte der Frau helfen.

Bernhard Momsen nickte ergeben. „Was soll ich tun?“

„Erklären Sie Ihrer Frau, dass ich ihre Schulter wieder einrenke. Auch wenn sie es vermutlich gleich wieder vergisst.“

Bernhard nickte erneut, setzte sich neben seine Frau in die Ecke der Gaststube und redete leise auf sie ein.

Katharina schaute sich nach der Wirtin um. „Frau Huber, dürfte ich mit Frau Momsen in eines Ihrer Gästezimmer gehen? Ich möchte die ausgekugelte Schulter behandeln.“

„Natürlich, kommen Sie mit. Ich helfe Ihnen selbstverständlich“, sagte sie mit professioneller Freundlichkeit.

Anne Huber führte Katharina und Andrea und Bernhard Momsen in das erste Gastzimmer im Obergeschoss.

Es war einfach eingerichtet. Ein Kleiderschrank mit verzogenen Türen, eine Kommode, ein Stuhl mit einem verschlissenen Bezug und ein Doppelbett mit einem Holzrahmen zwischen den Matratzen. Garantiert nicht das, was ich mir für einen Urlaub wünschen würde, dachte Katharina. Aber sie würde das Zimmer auch nur ein paar Minuten brauchen.

Sie zog eine Matratze vom Bett und legte sie auf den Boden.

„Würden Sie sich bitte hier auf die Matratze legen, Frau Momsen? Auf den Rücken.“

Andrea Momsen befolgte die Anweisung, und Katharina entledigte sich unterdessen ihres rechten Bergstiefels. Bernhard Momsen und Anne Huber verfolgten sichtlich verwundert die Vorbereitungen.

Katharina setzte ihre Ferse in Andrea Momsens Achselhöhle und ergriff ihr Handgelenk. Ihre Patientin wimmerte.

Katharina erhöhte den Zug und presste mit ihrem Fuß dagegen. Andrea Momsens Gesicht war schmerzverzerrt. Ihr Mann hob zum Sprechen an, verkniff sich aber doch eine Bemerkung.

Katharina spürte, wie sich der Oberarmkopf nach unten bewegte. Durch eine Drehbewegung im Fuß hebelte sie ihn nach außen und reduzierte den Zug am Arm. Mit einem schnappenden Geräusch sprang der Kopf in seine Pfanne. Bernhard Momsen machte große Augen. Das Gesicht seiner Frau entspannte sich.

Katharina zog ihren Schuh wieder an. „Das war's. Frau Momsen, legen Sie bitte den Arm trotzdem noch in eine Schlinge."

„Vielen Dank, Frau Doktor." Bernhard Momsen machte Anstalten, Katharina zu umarmen, doch im letzten Augenblick besann er sich anders, und heraus kam ein linkisches Schulterklopfen.

Während der improvisierten Sprechstunde hatte das Gewitter direkten Kurs auf den Seekopf genommen, was Katharina zunächst nicht bemerkt hatte. Bei einer anspruchsvollen Behandlung konnte sie die Umgebung vollständig ausblenden. Jetzt nahm sie die Blitze in Sekundenabständen und den kontinuierlichen Geräuschpegel des Donners wahr.

Als die medizinische Prozession in die Gaststube zurückkehrte, drehten sich alle Köpfe erwartungsvoll in ihre Richtung.

Andrea Momsen strahlte und bewegte ihre Schulter in der Schlinge, die Anne Huber aus einer weißen Tischdecke gefertigt hatte. „Es tut gar nemmer weh."

Karl, der Hausmeister, nickte Katharina beifällig zu.

„Wo isch denn die Toilette?"

Wortlos deutete Maria Huber auf das Schild neben der Garderobe.

„Soll ich dir helfen?", fragte Bernhard Momsen besorgt.

Seine Frau schüttelte den Kopf.

Bernhard Momsen schaute Katharina hilfesuchend an. Sie fand diese Besorgnis um seine Frau wirklich rührend, aber was sollte schon passieren? Um ihn zu beruhigen, ermahnte sie Andrea: „Halten Sie Ihren Arm weiter ganz ruhig, Frau Momsen. Vor allem nicht über den Kopf anheben."

Andrea Momsen nickte und verschwand durch die Tür.

SECHS

Dienstag, 13.08 Uhr

Die zwangsweise versammelte Gesellschaft hatte sich auf verschiedene Tische aufgeteilt. Niemand schien großes Interesse an einer Unterhaltung zu haben. Der Großvater und die Angestellten saßen um den runden Tisch in der Nische, über dem aus vergangenen Jahrzehnten noch ein Schild mit der Aufschrift „Stammtisch" hing.

Maria Huber stand hinter der Theke und schenkte Katharina einen Obstler ein. „Geht aufs Haus." Dabei warf sie ihrer Schwiegertochter einen trotzigen Blick zu.

„Danke." Das Knistern der Spannung zwischen den beiden Frauen war förmlich zu spüren. Verwandtschaftliche Liebe und Freundschaft sehen anders aus, dachte Katharina. Aber wie viele Schwiegermütter rümpften ihre Nasen über ihre Schwiegertöchter, und wie viele Schwiegertöchter hassten ihre Schwiegermütter? Also vermutlich eine ganz normale Familie.

Die ältere Frau mit der spitzen Nase saß alleine an einem Tisch und blätterte lustlos in einem alten Bildband. Am Nebentisch saß das schwarzhaarige Mädchen. Sie hatte ihre Füße mit den nicht mehr weißen Chucks auf die Sitzfläche eines Stuhls gelegt und bearbeitete weiter ihren Kaugummi. Mit ihrem schmalen Gesicht und den Kieferbewegungen erinnerte sie Katharina an ein wiederkäuendes Schaf. Bernhard Momsen durchquerte den Raum und ließ sich in der Ecke unter dem Kruzifix nieder.

Katharina blieb unschlüssig stehen und setzte sich schließlich alleine an einen weiteren Tisch.

Schweigen senkte sich über den Raum. Das Brummen des Kühlschranks und das Klatschen der Regentropfen an die Fensterscheiben klangen unangemessen laut. Draußen wurde es bereits dunkler. Katharina schaute auf die Uhr. Erst neun Minuten nach eins.

Gelangweilt nahm sie die Speisekarte in die Hand. Braunes, fleckiges Kunstleder mit acht Seiten in Klarsichthüllen. Darauf die üblichen Speisen und Getränke: Schweizer Wurstsalat, Allgäuer

Käsespätzle, Schnitzel mit Pommes, Germknödel und für Kinder alternativ ein Gipfelstürmer- oder Heiditeller.

Auf der ersten Seite war die Historie des Gasthofs abgedruckt:

Grieß di im Gasthof Seekopf –

Genießen auf der schönsten Seite des Aggensteins

Unser Gasthof wurde 1928 von Franz-Josef Huber an der Stelle der ehemaligen Kreuzberg-Sennalpe erbaut. Nach dessen Tod übernahm sein Sohn Franz Huber den Betrieb. Weil dessen Sohn Franz Huber junior als Jugendlicher in den letzten Tagen des Zweiten Weltkriegs gefallen war, übergab Franz senior den Gasthof 1962 an seinen zweiten Sohn Adolf Huber. In den folgenden Jahren wurde der Gasthof fortlaufend vergrößert. Unter anderem entstanden die Gästezimmer und das Matratzenlager im zweiten Obergeschoss. 1989 übernahm Ludwig Huber den Betrieb und ließ unter anderem den bisherigen Pfad durch eine zu befahrende Straße ersetzen.

Im vergangenen Jahr übertrug Ludwig Huber, bereits von einer schweren Krankheit gezeichnet, den Gasthof auf seinen im Ausland weilenden Sohn Florian. Nachdem dieser bei einem Verkehrsunfall in Südamerika verstarb, wird der Gasthof seither von seiner Witwe Annemarie Huber geführt.

Genießen Sie einen schönen Tag mit einheimischen Speisen in unseren herrlichen Allgäuer Bergen.

Annemarie Huber mit Team

Katharina hielt es nicht auf ihrem Stuhl. Das Adrenalin, das ihr Körper während der Behandlung ausgeschüttet hatte, kreiste noch immer in ihrem Blut. Sie legte die Speisekarte beiseite, stand auf und stellte sich ans Fenster.

Die bleierne Stille schien Maria Huber nervös zu machen. Sie räusperte sich. „Möchte jemand etwas zu trinken?“ Ihre Stimme klang eine Spur zu schrill.

Niemand antwortete.

Vierzehn Minuten nach eins. Ein Blitz erhellte die Gaststube, und der gleich darauf folgende Donnerschlag brachte die Gläser und

Tassen an der Theke zum Klirren. Die Schwarzhaarige schrie erschrocken auf. Matthias, der Koch, warf ihr einen besorgten Blick zu und machte Anstalten, sich zu erheben. Karl legte ihm eine Hand auf die Schulter und schüttelte den Kopf. Er setzte sich wieder.

Irgendwo im Haus fiel eine Tür mit einem lauten Knall ins Schloss. Anne, Karl und Matthias blickten sich an. Anne nickte Matthias zu. Der erhob sich mit einem fragenden Blick auf Karl und verschwand durch die Tür, hinter der Andrea Momsen Minuten zuvor auf die Toilette verschwunden war.

Die grauhaarige Frau legte ihren Bildband beiseite, stand auf und stellte sich neben Katharina. Ihre spitze Nase berührte fast die Scheibe, als sie versuchte, die Umgebung jenseits des Hofs zu erkennen. Sie schauderte.

„Ganz schön heftig. Dabei hat der Wetterbericht nur einzelne Gewitter in der Nacht vorhergesagt“, bemerkte sie im Tonfall einer Lehrerin, die die mangelhafte Leistung eines Schülers kritisierte.

Katharina zuckte die Achseln. „Prognosen hier am Alpenrand sind extrem schwierig. Gewitter können sozusagen aus dem Nichts entstehen“, erwiderte sie. „Stauwetter. Die Wolken ziehen von Nordwesten her über das viel tiefere Allgäu und bleiben an den ersten höheren Bergen hängen. Mal trifft es den Grünten, mal den Säuling. Oder jetzt eben den Aggenstein. Vermutlich ist drüben in Füssen noch Sonnenschein.“

„Dann ist das Wetter für die Gegend normal?“ Die ältere Frau schauderte erneut.

„Nun ja, nicht ganz. Schwere Gewitter gibt es schon immer wieder, aber eines, das so schnell und mit so vielen elektrostatischen Entladungen kommt, habe ich auch noch nicht erlebt. Jedenfalls bin ich froh, nicht noch draußen am Berg zu sein.“

Der bläulich-graue Kopf nickte bestätigend.

Blitz und Donner erhellten die Gaststube und ließen erneut die Gläser klirren. Die alte Frau zuckte zusammen. Eine feurige Linie zog sich von der Spitze des Fahnenmasts zum Boden, wo sie in Schlangenlinien auf dem Kies erlosch.

„Das war knapp. Haben Sie ihn gesehen?“

Die Frau nickte verstört.

„Ein Geist in der Gestalt einer feurigen Schlange. Nach der schottisch-gälischen Mythologie hat uns gerade ein Beithir heimgesucht.“ Sie sprach das Wort wie „Wei-hyer“ aus. „Er verwandelt sich in einen Blitz und schlägt neben seinem ausgewählten Opfer ein. Jetzt lauert er vermutlich da draußen, verschleppt die Frauen und tötet jeden Mann, der den Schutz der Höhle oder Hütte verlässt. Na ja, ich glaube, der Gasthof ist sicher genug.“

Die ältere Frau blickte Katharina zweifelnd an. „Was ist denn ein Beithir?“, fragte sie.

„Ein grausames Wesen, das seine Gestalt seinen Bedürfnissen anpassen kann. Meist zeigt er sich als eine Art Drache mit einem langen Schwanz. Er gehört zur Familie der Fuaths, der Wassergeister und Elfen. Manche wohnen in den schroffen Bergen, andere in den Seen und Meeresarmen. Unser Beithir hier lebt normalerweise in einem Bergkessel am Beinn a' Bheithir, einem abweisenden Gipfel an der schottischen Westküste. Dummerweise sind alle Geister bösartig. Kein abergläubischer Highlander würde deshalb heute Abend noch einen Fuß nach draußen setzen.“

„Wie schaurig. Warum kennen Sie sich so gut in der keltischen Sagenwelt aus? Ich dachte, Sie seien Ärztin?“

Katharina lachte. „Bin ich auch. Aber ich wurde in Schottland geboren und habe die ersten sechs Jahre meines Lebens in einem Dorf in den Highlands gelebt. Da sind Mythologie und Aberglaube noch allgegenwärtig.“

„Wie schrecklich!“ Die Frau schüttelte angewidert ihren Kopf, bis ihr ihre Unhöflichkeit auffiel. „Oh, Entschuldigung. Ich wollte Sie natürlich nicht beleidigen. Aber Schottland ist doch so ein regnerisches und kaltes Land. Und diese whiskytrinkenden Barbaren in ihren karierten Röcken!“

Viel mehr an Klischee ging wirklich nicht. Katharina war versucht, das Schottland-Bild ihrer Gesprächspartnerin zurechtzurücken. Nach den Kriterien der oberlehrerhaften Frau waren die Bayern vermutlich genauso ungehobelte Wilde wie die Schotten. Im Lauf der Jahre hatte sie nämlich immer wieder festgestellt, dass sich die zwei Völker in vieler Hinsicht ähnelten. Beide zeichnete eine ausgeprägte Heimatverbundenheit aus, die sich im Bekenntnis zum

Dialekt und in einer tiefen Abneigung gegen die jeweilige nationale Hauptstadt äußerte. Und waren nicht sowohl Bier als auch Whisky „Gerstensäfte“? Vielleicht hatte deshalb die Chemie zwischen ihrer Mutter, einer zartgliedrigen Lass aus South Ballachulish, und ihrem Vater, einem kräftigen Burschen aus Bayerisch-Schwaben, von Anfang an gepasst.

Ihre Eltern hatten sich auf einem Cèilidh, einer Tanzveranstaltung, kennengelernt, wo sich ihr Vater zwar furchtbar blamiert, aber trotzdem seine große Liebe Keithlyn MacDonald gefunden hatte. Nach der Hochzeit in Oban hatten sie mehrere Jahre in Spean Bridge am Fuß des Ben Nevis, Großbritanniens höchstem Berg, gelebt, bis Katharina, die von ihrer Mutter Caitrìona genannt wurde, ins schulpflichtige Alter kam. Der vermeintlich besseren Chancen für die Kinder wegen war die Familie mit Tochter und Sohn nach Mindelheim gezogen. Dabei hatte Katharina die ersten Monate im Unterallgäu furchtbar gelitten. Nach der Abgeschiedenheit der Highlands war ihr die neue Stadt laut, schmutzig und riesengroß erschienen. Sie hatte ihre Lieblingsspielplätze in den ginsterbewachsenen Hügeln, die Badegumpen im River Spean und die herrlich duftenden Erdbeer-Scones am Nachmittag sehnlich vermisst.

Würde die grauhaarige Frau das alles verstehen? Vermutlich nicht.

„Richtig. Und Haggis, eine Grützwurst aus Schafsinnereien, ist unser Leibgericht“, bestätigte sie ironisch deren Vorurteile.

Die Frau sah sie irritiert an.

***

Bernhard schaute nervös auf die Uhr. Seine Frau fehlte inzwischen schon seit vierzehn Minuten. Er blickte sich suchend in der Gaststube um. Maria Huber stand noch immer hinter der Theke und polierte Gläser, die inzwischen blitzsauber waren. Der Großvater hatte den Kopf in beide Hände gestützt und starrte in sein Bierglas, während der kräftige Mann mit den Bürstenhaaren zu schlafen schien. Die anderen beiden Männer sowie die junge Wirtin hatten die Gaststube verlassen. Am Fenster stand die Ärztin mit der älteren Frau, die Bernhard an seine Grundschullehrerin erinnerte.

Er erhob sich schwerfällig und ging zur Toilette. Vor der Tür, auf der eine Frau in einem Dirndl abgebildet war, zögerte er. Vorsichtig öffnete er die Tür einen kleinen Spalt weit.

„Andi, ist bei dir alles in Ordnung?“

Keine Antwort.

„Andi, hörst du mich? Ich bin’s, Bernhard.“

Weiter hinten im Haus schlug eine Tür zu. Aus der Toilette war kein Laut zu vernehmen.

Er öffnete die Toilettentüre weiter und schlüpfte hinein.

Was, wenn er auf eine nackte Frau treffen würde, die ihn für einen perversen Spanner hielt?

„Hallo, ist dort jemand? Ich komme nur herein, weil ich nachschauen will, ob meine Frau ein Problem hat.“

Dann fiel ihm ein, dass alle Frauen außer Andrea und der jungen Wirtin noch in der Gaststube waren. Die Gefahr, auf eine fremde Frau zu treffen, war gering.

Er traf auf gar keine Frau. Andrea war weder im Vorraum noch in einer der beiden Kabinen.

„Entschuldigung, hat einer der beiden Herren vielleicht eine Ahnung, wo meine Frau sein könnte?“

Als Bernhard in die Gaststube zurückgekommen war, hatte auch Maria noch gefehlt. Er hatte sich an den Stammtisch gesetzt und schaute abwechselnd den Großvater und den Bürstenkopf an.

„Sie ist raus. Pinkeln.“ Der Großvater war nur schwer zu verstehen, weil sein Kinn weiterhin in beiden Händen ruhte. Der kräftige Mann hatte die Augen geöffnet und starrte ihn an, ohne dabei zu blinzeln.

„Auf der Toilette ist sie nicht.“

„Dann frag Maria. Oder meine Schwiegerenkelin.“

„Die sind beide auch nicht da. Wissen Sie, wo ich die finden kann?“

„Na.“ Damit war für den Großvater die Unterhaltung beendet.

Unschlüssig stand Bernhard wieder auf und näherte sich zögerlich den beiden Frauen am Fenster. Katharina Schiller unterbrach die Unterhaltung.

„Wollen Sie auch das Feuerwerk des Himmels verfolgen? Mit einem Dach überm Kopf kann man es durchaus genießen."

Ein weiterer Blitz erhellte die Umgebung. Der Donner folgte sechs Sekunden später. Das Gewitter zog ab.

Bernhard schüttelte den Kopf. „Meine Frau ist verschwunden."

Die Ärztin erschrak. „Mit einer Gehirnerschütterung könnte das gefährlich sein. Sie wollte doch zur Toilette. Ich schau nach, wenn Sie möchten."

„Habe ich schon. Dort ist sie nicht."

„Haben Sie schon das Hüttenpersonal gefragt?"

„Die sind auch alle verschwunden."

„Kommen Sie mit. Wir durchsuchen das Haus. Sie gehen …"

In diesem Augenblick gellte Andreas Schrei von draußen über den Hof.

SIEBEN

Zuvor

Andrea ging durch die Tür, die die Gaststube von einem kurzen Gang trennte. Rechter Hand befanden sich hintereinander zwei Türen, auf denen ein Mann in einer Lederhose beziehungsweise eine Frau im Dirndl abgebildet waren. Der Gang endete vor einer weiteren Tür mit der Aufschrift „Privat“.

An der Wand hingen mehrere Fotografien, die den Gasthof Seekopf im Laufe der Jahrzehnte zeigten. Beschwingt schritt Andrea von Bild zu Bild. Ihre Schulter tat überhaupt nicht mehr weh. Sie versuchte sich zu erinnern, wo die Schmerzen hergerührt hatten, konnte sich aber partout nicht mehr entsinnen. Sie wusste ja nicht einmal, wo sie im Augenblick war. Irgendein altes Haus. Sie würde es schon herausfinden.

Hinter den ersten beiden Türen waren Toiletten. Komische Toiletten, sehr rustikal. Ob sie in einer Event-Gastronomie war?

Die dritte Tür führte in einen weiteren Gang, von dem noch mehr Türen abgingen. Ein Windstoß warf die Tür hinter ihr zu. Nein, beschloss sie, sie würde lieber ihren Mann fragen. Berni wusste immer alles.

Sie drehte sich um. Wo war sie eigentlich hergekommen?

Hinter der ersten Tür, die sie öffnete, fand sie lediglich ein kleines, stickiges Zimmer mit einem ungemachten Bett. Plötzlich erinnerte sie sich, dass sie in einem Gasthof in den Bergen war. Nein, entschied sie, der Gasthof gefiel ihr nicht. Hier würde sie nicht übernachten wollen.

Der nächste Raum schräg gegenüber war ein Büro mit einem Telefon. Das war günstig, denn irgendwo hatte sie ihre Handtasche mit dem Handy verloren. Sie würde jetzt ein Taxi rufen und nach Hause fahren. Wenn Berni der Gasthof so gut gefiel, konnte er ja später nachkommen.

Sie nahm den Hörer ab. Komisches Telefon, das noch eine Wählscheibe hatte.

Das Freizeichen tutete in ihrem Ohr. Wo war die Kurzwahltaste für die Taxizentrale?

„Was machen Sie hier?“

Andrea fuhr mit dem Hörer am Ohr herum. Hinter ihr stand ein junger Mann. War er nicht ein Kellner in der Event-Gastronomie?

„Ah, gut, dass Sie kommet. I versuch grad, mir a Taxi zu bestellen. Wisset Sie die Nummer auswendig?“

„Leg sofort das Telefon wieder auf“, herrschte er sie an.

Der Kellner schien verärgert. Andrea hatte Verständnis dafür. Sicher identifizierte er sich mit der Event-Gastronomie. „I hab schlimme Kopfschmerzen und möcht deshalb nach Hause. Es hat überhaupt nix mit dieser wunderschönen Location zu tun. Mei Mann bleibt bestimmt noch a Weile“, versuchte sie ihn zu beschwichtigen.

„Hier herauf kommt kein Taxi.“

Ach so, der junge Mann wollte wohl ein Trinkgeld. Ihre Handtasche musste noch im Restaurant liegen. Keine Handtasche, kein Trinkgeld und keine Taxifahrt.

„Junger Mann, würdet Sie mich kurz ins Restaurant begleiten? I hab dort meine Handtasche liegen gelassen. Selbstverständlich bekommet Sie a angemessenes Trinkgeld.“

Der Kellner zögerte. Wahrscheinlich überschlug er, wie hoch das Trinkgeld ausfallen würde.

„Entschuldigung, ich habe mich unklar ausgedrückt“, antwortete er schließlich. „Ich wollte sagen, Sie brauchen kein Taxi zu rufen. Es steht immer eines vor unserem Restaurant. Wenn Sie mir bitte folgen möchten.“

Andrea nickte zufrieden. Kellner waren einfach überall gleich.

Sie folgte ihm auf den Gang, wo er eine weitere Tür öffnete.

„Leider ist es hier ein wenig dunkel. Bitte gehen Sie einfach geradeaus durch. Dann kommen Sie direkt zum Taxi.“

Andrea betrat den engen Raum, in dem ein Staubsauger, mehrere Putzeimer und sonstige Haushaltsgeräte standen. Hinter ihr wurde die Tür geschlossen und ein Schlüssel drehte sich im Schloss. Im Raum war es stockdunkel.

Sie versuchte sich zu erinnern. Hatte Berni nicht neulich von einem *Blind Dinner* erzählt? Ein Essen völlig im Dunkeln. Die Kellner seien alle blind. Vielleicht hatte der junge Mann sie deshalb so komisch angesehen.

„Berni, sitzt du scho am Tisch?", fragte sie. „Kannsch du mir helfen, i find nämlich meinen Platz net selber."

Bernhard antwortete nicht, und sie konnte auch keine anderen Gäste ausmachen. Der Speisesaal war überraschend klein und sie stieß ständig an Gegenstände, die jemand im Raum vergessen hatte. Nein, die Gastronomie war drittklassig. Sie würde doch kein Trinkgeld gegeben.

Gedämpft hörte sie von irgendwoher Stimmen.

Andrea kniff die Augen zusammen, als der helle Lichtschein in die dunkle Kammer fiel. Eine attraktive, junge Frau hatte die Tür wieder geöffnet. „Entschuldigen Sie vielmals. Mein Mitarbeiter hat Ihnen versehentlich den falschen Weg gezeigt. Er kennt sich hier noch nicht aus. Ich bringe Sie jetzt selbst zum Taxi."

Andrea blinzelte und versuchte, die Frau zu erkennen. Nach den Minuten in dem finsteren Raum war selbst das trübe Licht im Gang zu hell. Wer war jetzt schon wieder diese Frau? Vielleicht die Event-Managerin. Höflich und souverän. Aber das würde nicht reichen für eine gute Google-Bewertung, wenn das Personal so unfähig war. Sie würde jetzt mit dem Taxi nach Hause fahren und gleich eine Bewertung abgeben. Höchstens drei von fünf Sternen.

Sie folgte ihr durch die Hintertür. In dem Moment, als sie ins Freie trat, ergoss sich eine Flut eiskalten Wassers über sie. Andrea war sofort klatschnass und schrie durchdringend.

***

Bernhard Momsen kam zusammen mit der Ärztin über den Hof gerannt. Einige Schritte dahinter folgte die grauhaarige Frau. Heftiger Regen peitschte schräg über die freie Fläche. Anne, Karl und Matthias umringten die klatschnasse Andrea.

„Gut, dass Sie da sind. Mein Mitarbeiter hat Ihre Frau eben hier im Regen entdeckt. Sie behauptet, sie warte auf ein Taxi." Anne schüttelte besorgt den Kopf. „Das hätte gefährlich werden können.

So nass, wie sie ist, hätte sie sich bestimmt eine Lungenentzündung eingefangen. Oder was meinen Sie, Frau Doktor?"

Momsen nahm seine Frau in den Arm. Er schien nicht zu bemerken, dass er dabei selbst durchnässt wurde. „Was machst du nur für Sachen, Schatz."

„I hab doch bloß a Taxi anrufen wollen. Weil, die Event-Gastronomie hier gfällt mir net. Aber du kannsch gern no länger bleiben, wenn du willsch, Berni."

Anne blickte die Ärztin an und verdrehte die Augen.

„Die habe so a doofes Telefon mit einer Scheibe, aber koi Kurzwahltaste. I hab dann bloß die Nummer von der Taxizentrale net gewusst. Dann bin i aus Versehen in den dunklen Speisesaal neigegangen und nemmer rausgekommen. Aber die Frau", sie deutete auf Anne, „hat mir dann den Weg zum Taxi zeigt. Und dann hot der da", sie deutete auf Matthias, „mi mit am Eimer Wasser ganz nass gmacht."

Anne tippte sich hinter Andrea Momsens Rücken an die Stirn.

Die Ärztin legte den Arm von der anderen Seite um Andrea und schob sie gemeinsam mit deren Mann in Richtung Gaststube. „Frau Momsen, Sie können uns die ganze Geschichte später in Ruhe erzählen. Jetzt sollten Sie erst mal aus Ihrer nassen Kleidung heraus. Die Wirtin hat schon recht, Sie könnten sich sonst noch erkälten."

ACHT

Dienstag, 13.42 Uhr

Nachdem Bernhard Momsen sich bei dem Koch für dessen Aufmerksamkeit bedankt hatte, nahmen alle wieder ihre ursprünglichen Plätze in der Gaststube ein. Katharina lehnte mit der Schulter am Fensterrahmen und blickte nachdenklich die versammelten Personen an. Matthias, der Koch, rieb sich abwesend über die Wange und wich ihrem Blick aus. Maria Huber hatte trockene Kleidung aus ihrem Kleiderschrank organisiert. Erstaunlicherweise saß das Dirndl, welches Andrea als einziges Kleidungsstück einigermaßen passte, ausgezeichnet. Die Knöpfe der Rüschenbluse standen zwar stark unter Spannung, aber das Dekolleté kam gut zur Geltung. Dass sich der Reißverschluss des Rocks nicht schließen ließ, wurde durch die Schleife kaschiert.

Andrea Momsen hatte sich ungefragt eine Flasche Almdudler und ein Mineralwasser genommen und sich zu ihrem Mann unter dem Kruzifix gesellt. Sie berichtete ihm mit leiser Stimme von den Ereignissen. Dieser schüttelte wiederholt ungläubig den Kopf.

Offenbar hatte die Aufregung das Schneewittchen wachgerüttelt. Die junge Frau wandte sich an Maria Huber. „Ich heiße Sina Holzenberger und bin von der Allgäuer Neuen Presse.“ Plopp. „Ich mache eine Story über Gasthöfe im Allgäu und möchte dazu den Gasthof Seekopf portraitieren. Würden Sie mir einige Fragen beantworten?“

„Ich weiß nicht so …“

„Wenn Sie über den Gasthof schreiben wollen, fragen Sie mich“, unterbrach Anne Huber ihre Schwiegermutter. „Der Gasthof gehört mir. Und die Antwort ist nein. Zumindest nicht heute.“

Doch die Reporterin war nicht so leicht zu bremsen. „Eh, krass! Ihnen gehört also der Hof. Sie sprechen gar nicht so, als ob Sie aus dem Allgäu stammen. Ich tippe auf das Ruhrgebiet. Es wird unsere Leser sicher interessieren, was jemand aus …“

Erneut fiel ihr die Wirtin ins Wort: „Habe ich mich unklar ausgedrückt? Kein Interview, keine Story und keine Fotos. Wir haben nachher eine Gesellschaft und keine Zeit."

Katharina hatte mit Verwunderung den mühsam beherrschten Ausbruch verfolgt. Die Wirtin schien unter Stress zu stehen.

Fünf Minuten vor zwei. Der Großvater brummelte etwas, das Katharina nicht verstand. Karl antwortete leise und hob beschwichtigend die Hände. Josef Ramsauer schien mit der Antwort nicht einverstanden, denn sein Ton wurde lauter. Die Worte „Balkan" und „Kontrollen" waren deutlich zu vernehmen. Dabei schaute er den Koch Matthias an, der wiederum hilfesuchend zu Anne Huber blickte. Karl, das „Mädchen für alles", wechselte den Stuhl und setzte sich neben den Großvater. Er beugte sich zu dem Alten hinüber und redete beruhigend auf ihn ein. Der stieß Karl jedoch gegen die Brust und fauchte ihn gut vernehmlich an: „Du auch, du bist keinen Deut besser als deine Spießgesellen."

Offenbar war nicht nur die Wirtin, sondern auch der Großvater wegen irgendetwas gereizt.

„Ihr elenden Halunken, früher hätte ich euch eigenhändig vom Hof geprügelt", ereiferte sich der Alte.

„Zu dumm, dass du hier gar nichts zu sagen hast", ätzte der Koch zurück. „Wenn ich Anne wäre, würde ich dich zum Teufel jagen." Katharina bemerkte, wie sein Hochdeutsch in der Erregung einen deutlichen Akzent bekam. Es klang mehr nach „wuid i di zum Deufel jagen". Kein gedehntes Wienerisch, sondern Bairisch. Salzburger Gegend, vermutete sie.

„Und euer Geraffel hätte ich schon längst in den Adratsbach gekippt." Der Großvater war nicht mehr zu bremsen.

Der drahtige Hausmeister legte den beiden Streithähnen beschwichtigend eine Hand auf den Unterarm.

„Seid doch leise und beruhigt euch wieder. Was sollen denn unsere Gäste denken?"

Die beiden schauten in den Gastraum, wo sich mit Ausnahme von Andrea Momsens alle Köpfe in ihre Richtung gedreht hatten. Beide senkten ihre Stimmen, sodass die Worte jenseits des Stammtischs nicht mehr zu verstehen waren. Der Streit schien zwar leiser, aber unvermindert weiterzugehen.

***

Erneut sah Bernhard auf seine Armbanduhr. Es handelte sich um ein teures Fitness-Navigationsgerät, das er sich zum neuen Fahrrad gekauft hatte und von dem er den Großteil der Funktionen noch nicht verstand. Seitdem er das letzte Mal darauf geblickt hatte, waren zwei Minuten, seit dem vorletzten Mal knapp fünf Minuten vergangen. Die dunklen Wolken hatten den Hof inzwischen in ein schmutziges Grau gehüllt. In der Ferne war noch beständiges Donnergrollen zu hören, während einzelne Blitze das Grau kurzzeitig erhellten. Maria Huber hatte die Lampen über dem Stammtisch und der Theke eingeschaltet und jedem der unfreiwilligen Gäste ungefragt eine Johannisbeerschorle und ein Schälchen mit Kartoffelchips hingestellt.

Bernhard machte sich Sorgen um seine Frau, die sich heftig atmend in die Ecke der Bank gekuschelt hatte und sich wiederholt kratzte. Ihren Almdudler hatte sie bereits ausgetrunken und auch Bernhards Sprudelflasche zur Hälfte geleert.

„Frau Doktor“, wandte er sich an Katharina Schiller, die gedankenverloren wieder in der Speisekarte blätterte. „Könnten Sie vielleicht einmal nach meiner Frau …“

***

„Ich meine, wir sollten uns gegenseitig vorstellen, wenn wir doch hier ein paar Stunden miteinander verbringen müssen.“

Die grauhaarige Frau hatte den Bildband zur Seite gelegt und Bernhard unterbrochen, der resigniert den Kopf schüttelte.

Katharina setzte zu einer Antwort an, doch die Frau fuhr fort: „Ich bin Renate Voigt und hier, weil ich gerne fotografiere. Heute habe ich Blumen auf der Hochalm aufgenommen. Hier wächst sogar der Gold-Pippau! Den gibt es nur in Europa und Kleinasien in Höhenlagen zwischen tausend und zweitausend Metern. Carl von Linné hat ihn 1759 unter dem Namen *Leontodon aureus* zum ersten Mal beschrieben. Vielleicht möchte ja jemand meine Bilder sehen?" Sie schaute erwartungsvoll in die Runde.

Niemand wollte ihre Bilder sehen.

„Na, vielleicht später. Jedenfalls bin ich Oberstudienrätin, oder besser gesagt war ich Oberstudienrätin. Für Deutsch und Latein. Und Sie, junge Frau? Ach nein, Sie haben ja schon erwähnt, dass Sie bei der Zeitung sind. Bestimmt waren Sie in der Schule in Deutsch immer sehr gut. Der Herr da in der Ecke. Wer sind Sie?"

Verlegen stand Bernhard auf. Er räusperte sich und versuchte sein Jackett glattzustreichen, bis er merkte, dass er ein Fahrradtrikot trug.

„Ich bin Bernhard Momsen, und das ist meine Frau Andrea. Wir kommen aus Heilbronn. Andrea ist in Schwaben geboren, ich allerdings nicht."

Da wäre ich nie darauf gekommen, dachte Katharina ironisch.

„Wir kennen uns schon neununddreißig Jahre und drei Monate und werden nächstes Jahr unsere Rubinhochzeit feiern", fuhr Bernhard stolz fort. „Ich bin Steuerberater und seit drei Monaten im wohlverdienten Ruhestand. Jetzt können wir uns zum ersten Mal in unserer Ehe einen längeren Urlaub leisten."

Dann erzählte er wie ein strebsamer Schüler den Tagesablauf, der mit Andreas Sturz geendet hatte.

Katharina wartete gespannt auf ein Lob und ein „Setzen" von der Lehrerin. Die blickte sich allerdings bereits nach weiteren Kandidaten um.

„Die Frau Doktor kennen wir ja schon. Was ist mit den drei Herren dort drüben?"

„Die drei Herren sind Angestellte im Gasthof Seekopf und wurden Ihnen bereits vorgestellt. Wenn Sie also bitte Ihre Fragen unterlassen würden!", erwiderte Anne Huber.

Die Lehrerin drehte ihr beleidigt den Rücken zu, und die Wirtin verließ den Raum.

„I muss pinkeln!" Andrea hatte sich von der Bank unter dem Kruzifix, auf die sie ihr Mann inzwischen gebettet hatte, mit einem Ruck aufgesetzt. Erneut kratzte sie sich am ganzen Körper. Sie wankte zu dem schmalen Gang zwischen Garderobe und Tresen, an dessen Ende sich die Toiletten befanden. Bernhard Momsen schaute gequält in die Runde, aber die anderen zeigten keinerlei Reaktion.

„Warte, Andi. Ich gehe mit."

Fünf Minuten später kehrten die beiden wieder zurück. Momsen begleitete seine Frau zu ihrem Platz und kam zu Katharina an den Tisch.

„Ich glaube, Andrea hat doch recht gehabt", flüsterte er ihr ins Ohr. „Das Telefon ist überhaupt nicht gestört. Ich habe die Wirtin eben telefonieren gehört. Dort drüben, auf der anderen Seite des Hauses."

Katharina nickte. „Irgendetwas ist hier faul", erwiderte sie leise. „Wir sollten uns ruhig verhalten und die Leute nicht misstrauisch machen. Der Arm Ihrer Frau ist reponiert und die Gehirnerschütterung auch kein schwerwiegendes Problem. Sobald das Gewitter vorüber ist, verschwinden wir. Wir können dann immer noch entscheiden, ob wir heute Abend in Pfronten zur Polizei gehen."

Um dann was zu sagen? Eigentlich hatten sie nur ein ungutes Gefühl. Definitiv zu wenig für eine Anzeige, entschied sie.

Bernhard Momsen schien erleichtert. Er blickte verstohlen zum runden Tisch in der Nische und setzte sich wieder neben seine Frau.

***

Der Regen machte eine Pause, aber das ununterbrochene Donnergrollen kündigte eine weitere Gewitterfront an. Der drahtige Hausmeister und der attraktive Küchenchef diskutierten am Stammtisch leise miteinander, während der Großvater und der kräftige Mann mit dem Bürstenhaarschnitt Löcher in die Luft starrten. Maria Huber schrubbte verbissen die Edelstahlplatte der Theke.

„Wer hat Lust auf eine Partie *Mensch ärgere dich nicht*?" Renate Voigt hatte eine Spielesammlung entdeckt, die wohl irgendwann einmal in der Gaststube liegen geblieben war. „Es können aber nur drei mitspielen. Eine rote Figur fehlt."

Sina blickte die Lehrerin fassungslos an, während die anderen ziellos auf ihre Hände oder zum Fenster schauten. Rasch merkte sie, dass der Blickkontakt ein Fehler gewesen war. Hatte sie nicht schon in der Schule gelernt, dass es unvernünftig war, den Lehrer anzusehen?

„Junge Frau, wollen wir zusammen eine Partie spielen?“

Ein Donnerschlag ließ das Haus erzittern. Sina zuckte erschrocken zusammen, während Renate Voigt ungerührt die grünen Spielfiguren auf das Startfeld stellte.

Das Grollen ebbte langsam ab.

„Ich nehme Grün. Das war die Lieblingsfarbe meines Mannes. Deshalb habe ich früher immer Gelb nehmen müssen. Sie können jetzt Gelb haben. Oder Blau. Bei Rot fehlt eine Figur.“

Ein ebenso vertrautes wie beklemmendes Gefühl brach über Sina zusammen wie eine Meereswelle. Das Gesicht der alten Frau verschwamm und Sina meinte stattdessen die herablassenden Gesichtszüge ihrer Großmutter zu erblicken. Als Jugendliche hatte sie immer wieder Scrabble mit ihr spielen müssen. Zwei Stunden Scrabble gegen zehn Euro Taschengeld. Ihre Großmutter, die nie mit „Oma“, sondern mit „Großmama“ angesprochen werden wollte, hatte jedes Mal gewonnen. Sinas Wörter wie „Fotze“ waren der großmütterlichen Zensur zum Opfer gefallen. Stattdessen hatte Großmama Begriffe wie „Hyperion“ gelegt und mit dem wertvollen „y“ triumphierend auf den dreifachen Buchstabenwert gepunktet. Sina hatte rasch aufgegeben, die ihr unbekannten Wörter anzuzweifeln, weil dies lediglich zu einer Tirade über die Qualität der heutigen Schulbildung im Allgemeinen und ihre mangelnde Allgemeinbildung im Besonderen führte.

Sina hatte keine Erinnerung an ihren Großvater, der schon vor ihrem zweiten Geburtstag gestorben war. Sie wusste lediglich, dass er ein freundlicher und beliebter Rechtsanwalt gewesen war. Vermutlich auch ein erfolgreicher, denn er hatte es zu einem stattlichen Vermögen gebracht. Der Wohlstand ermöglichte seiner Witwe ein sorgenfreies Leben, an dem sie ihre Tochter und ihre Enkelin nur gegen Gegenleistungen teilhaben ließ.

Der angeheiratete Schwiegersohn, Sinas Vater, hatte die permanenten Spannungen nicht lange ausgehalten und war kurz nach Sinas Einschulung nicht mehr vom Zigarettenholen zurückgekommen. Erst viele Jahre später hatte sie ihn mithilfe des Internets ausfindig gemacht und sich heimlich mit ihm getroffen. Ihr Vater war echt cool und sie hatte zutiefst bedauert, ohne ihn aufgewachsen zu sein. In der Motorradwerkstatt, die er inzwischen in Aschaffenburg gepachtet hatte, hingen ganz andere Typen ab als die Spießer, die sie bisher so kannte. Einer seiner Kumpels hatte sie zu einer Spritztour auf seiner Harley überredet und hinterher hatte sie mit ihm und ihrem Vater ihren ersten Joint geraucht.

Dummerweise war sie auf dem Heimweg mit der Bahn zwischen Würzburg und Nürnberg beim Schwarzfahren erwischt worden. Ihre Großmutter war ausgeflippt, als sie dadurch vom Besuch bei ihrem Vater in Franken erfahren hatte. Die Sommerferien hatte Sina deshalb in einer Jugendfreizeit am Forggensee verbracht, weil Großmama ihr und ihrer Mutter zur Strafe den Zuschuss für die Urlaubsreise nach Ägypten gestrichen hatte.

Sina hob den Kopf und bemerkte den Blick des jungen Österreichers, Matthias. Ihr wurde bewusst, dass sie offenbar eine Frage verpasst hatte.

„Entschuldige, ich war gerade in Gedanken. Hast du was gesagt?“

„Habe ich auch gemerkt. Waren aber wohl keine tollen Erinnerungen“, antwortete Matthias. „Ich habe dich nur gefragt, ob ich dir noch was bringen kann. Ich werde hier ja schließlich als Kellner bezahlt.“

„Gern, einen Cappuccino.“

„Haben wir leider nicht. Eine Cola vielleicht?“

„In Ordnung, aber Cola light bitte.“

„Selbstverständlich, die Dame. Kommt sofort. Sonst noch Wünsche? Ich bin dir gerne stets zu Diensten.“

Die Zweideutigkeit seiner Worte entging Sina nicht. Sie empfand die Anmache etwas plump, und eigentlich war er nicht wirklich ihr Typ. Sie stand eher auf dunkelhaarige Kerle mit Goldkettchen und Undercut. Aber diese Art Mann war eher in Discos und selten auf Berghütten anzutreffen. Verständlich, denn schließlich war sie selbst auch nicht freiwillig hier.

Ein weiterer Donner brachte die Fensterscheiben und die Gläser hinter der Theke zum Klirren. Sina ergriff mit beiden Händen Matthias rechten Unterarm.

„Ich fürchte mich vor Gewittern“, flüsterte sie mit einem verführerischen Augenaufschlag. Ein Träger ihres engen Tops war von der Schulter gerutscht und enthüllte das Tattoo über ihrem rechten Schulterblatt. Eigentlich fand sie ihn doch ganz süß. Als Zeitvertreib zumindest besser als *Mensch ärgere dich nicht* spielen.

***

Katharina, die die Unterhaltung verfolgt hatte, wandte sich kopfschüttelnd ab. Sowohl die billige Anmache als auch die Reaktion von Schneewittchen widerten sie an. Dabei streifte ihr Blick Anne Huber, und sie konnte erkennen, dass auch die Wirtin missbilligend das Gesicht verzog.

Was sie aber noch mehr irritierte: War ihr der junge Österreicher Matthias nicht als Koch vorgestellt worden?

NEUN

Dienstag, 14.38 Uhr

„Der heißt nicht Giovanni und kommt auch nicht aus Italien", bemerkte der Großvater in Karls Richtung, während er mit dem Ellenbogen auf den grobschlächtigen Mann deutete, der mit einem Taschenmesser seine Fingernägel säuberte. Eine Fliege torkelte in sein Bierglas. Er rettete sie mit der Klinge und nahm einen tiefen Schluck.

Sie saßen noch zu dritt am Stammtisch, nachdem Matthias die Gesellschaft der schwarzhaarigen Reporterin vorgezogen hatte.

„Du meinst Hulk?", fragte Karl.

„Komischer Name. Halg?"

„Nein, so heißt er nicht. Ich habe ihn nur so genannt." Karl zuckte mit einer Schulter. „Seinen richtigen Namen kenne ich auch nicht."

„Und wo kommt er her?"

„Albanien."

Der Mann, der weder Giovanni noch Hulk hieß, unterbrach das Putzen seiner Fingernägel und schaute Karl an. Offenbar hatte er ein Wort verstanden.

Karl nickte ihm freundlich zu und zeigte mit dem Daumen nach oben.

Der Mann klopfte Karl jovial auf die Schulter und verzog den Mund zu einem breiten Grinsen. Die Goldzahnreihe blitzte.

„Kommt er jetzt immer mit?"

„Keine Ahnung. Hoffentlich nicht. Er hält uns in den Bergen nur auf."

Sie verfielen in ein erneutes Schweigen. Lediglich Sina und Matthias unterhielten sich noch leise.

Nach einigen Minuten unterbrach der Großvater die Stille: „Entschuldigung auch."

„Wofür?" Karl fiel nicht ein, warum der alte Mann sich bei ihm entschuldigen sollte.

„Vorhin. Dass ich dich Halunke genannt habe. Du bist nicht so. Nicht wie der Salzburger. Oder Anne."

Eine verlegene Pause entstand. Karl wusste keine passende Antwort.

„Nein, du bist schon in Ordnung“, fuhr der Großvater fort. „Warum tust du das? Du könntest doch auch was anderes arbeiten.“

Karl hatte plötzlich einen Kloß im Hals. Er blickte Josef mit traurigen Augen an und begann, erst zögerlich, dann immer flüssiger, zu erzählen. Dass er in Verditz ein kleines Hotel und eine Skischule betrieben hatte, bis das Skigebiet 2012 stillgelegt und die Liftanlagen abmontiert worden waren. Dass seine Einnahmen als Bergführer hinten und vorne nicht ausgereicht hatten. Wie die Schulden drohten, ihm über den Kopf zu wachsen und er sich deswegen bereit erklärt hatte, ein paar Mal eine Gruppe über die Grenze nach Deutschland zu führen. Als er nach einigen Touren aufhören wollte, hatten eines Abends zwei Schläger seine Frau überfallen und ihr den Arm gebrochen. Seither führte er die Aufträge ohne Zögern aus.

Der Großvater hatte aufmerksam zugehört. Nun war es an ihm, Karl die Hand beruhigend auf den Unterarm zu legen.

„Bist also einfach so reingerutscht. Und jetzt kommst du nicht mehr raus. Ich schätze, so ist es meinem Bub auch gegangen. Florian, mein Enkel. Er muss vor ein paar Jahren in Amerika auch so reingerutscht sein. War nämlich immer ein ganz anständiger, ehrlicher Junge.“

Karl schwieg. Was hätte er sagen können? Er kannte die wahre Geschichte. Zumindest glaubte er, sie zu kennen. Er wusste, dass Anne und Florian in Amerika zielstrebige Studenten gewesen waren. Anne war, wie Karl irgendwann einmal erfahren hatte, erst nach Florians Tod in Deutschland in das Geschäft eingestiegen.

Josef Ramsauer kramte in der Innentasche seines Sakkos und entnahm ihr eine abgegriffene Brieftasche. Aus ihr zog er ein noch abgegriffeneres Foto heraus und reichte es Karl.

„Das ist Florian. Das Foto wurde in seiner Schule gemacht. Da hat er gerade sein Abiturzeugnis bekommen.“

„Matura, nicht schlecht! Respekt, gratuliere.“ Karl spürte, wie stolz der Großvater auf seinen Enkel war.

„An der Technischen Universität München hat er Physik studiert. Bekam dann sogar ein Stidipen… Stipi…, na, so einen Studienaufenthalt für ein Jahr in Amerika.“

Ja, Los Angeles, und hat dort fatalerweise Anne kennengelernt, dachte Karl.

„Ich verstehe einfach nicht, wie er da reingerutscht ist. Er war doch immer ein so guter Junge. Wollte Professor werden. Hätte bestimmt das Zeug dazu gehabt.“ Josef hatte verdächtig feuchte Augen.

„Dein Enkel war schon in Ordnung.“

„Ja. Aber wieso sagst du das? Du hast ihn doch gar nicht gekannt.“

„Nur so. Glaube ich.“

„Weißt du etwas?“ Der Großvater schaute Karl eindringlich an. „Hat Anne ihn da reingezogen?“

Karl blickte sich vorsichtig zu Anne um. Die stand an der Theke und flüsterte auf Maria ein. Maria schüttelte vehement den Kopf. Die beiden waren mit sich selbst beschäftigt.

„Bitte! Du musst mir das sagen. War sie es? Hat sie damit angefangen?“

Karl nickte fast unmerklich.

Josef rang sich die Hände, dass die Fingerknöchel weiß hervortraten. Er seufzte tief. „Ich wusste es! Mein Florian war kein schlechter Junge. Sie hatte einen schlechten Einfluss auf ihn. Sie ist ein verkommenes und verlogenes Miststück. Sie hat ihn verdorben!“

Karl legte den Zeigefinger an die Lippen.

Der Großvater nickte. Jetzt flossen die Tränen und tropften in sein Bierglas. „Danke. Vielen Dank. Der Junge war einfach immer zu gutgläubig. Hat in den Menschen immer das Gute gesehen. Ich wette, es war für *die* da“, er deutete mit dem Kinn auf Anne, „ganz einfach, ihn zum Mitmachen zu überreden. Es fällt mir immer noch schwer zu akzeptieren, dass der Bub ein Drogendealer geworden ist.“ Er wischte sich verstohlen über die Augen. „Aber zu wissen, dass mein Junge nur mitgemacht hat wegen *dieser* Frau, macht es mir viel leichter. Blind vor Liebe, vermutlich.“ Er schnäuzte sich ausgiebig in ein vielfach benutztes Stofftaschentuch.

Der bullige Mann, der weder Hulk noch Giovanni hieß, leerte sein Glas mit einem langen Zug, rülpste und ging zur Theke, um Nachschub zu holen. Karl folgte ihm mit den Augen. Anne und Maria waren immer noch in ihr kontroverses Gespräch vertieft.

„In Amerika war noch gar nichts. Anne hat das erst hier aufgezogen“, flüsterte Karl.

Josef wurde blass. „Heißt das, Flo ist ganz unschuldig?“

Wieder nickte Karl fast unmerklich.

Der alte Mann sprang so rasch auf, dass sein Stuhl umkippte. „Das glaube ich einfach nicht. Wie konntest du mich so belügen“, brüllte er über Karls Kopf hinweg in Annes Richtung. „Du bist ein verlogenes Stück Dreck!“

Speicheltröpfchen sprühten von seinem Mund. Er drehte sich auf den Absätzen um und stürmte aus der Gaststube.

***

Erschrocken hatte Katharina sich zum Stammtisch umgedreht. Alle Köpfe blickten dorthin. Das betroffene Schweigen, das sich ausbreitete, nachdem die Tür mit einem Knall ins Schloss gefallen war, wurde von einem Donnergrollen abgelöst.

Sie sah ein zufriedenes Glitzern in Annes Augen. „Ts, ts, ts. Der liebe Karl! Kommt bestimmt nicht oft vor, dass du so angeschrien wirst.“ Die junge Wirtin lehnte mit der Hüfte an der Theke und lächelte Karl spöttisch an. „Was hast du zu ihm gesagt, um ihn so aufzuregen?“

Offenbar war sie der Meinung, Josef Ramsauers Wutausbruch habe Karl gegolten.

Die Arme vor der Brust verschränkt, schaute Karl aus dem Fenster. Er murmelte etwas von einem Missverständnis. Schon vor Wochen habe er Josef mitgeteilt, dass er zum Monatsende seine Stelle als Kellner kündigen wolle. Der Großvater habe es wohl vergessen oder ihn wegen seiner Schwerhörigkeit nicht richtig verstanden und fühle sich jetzt verraten.

Katharina hatte das Geschehen fasziniert verfolgt. Karls Körpersprache signalisierte, dass er die Hüttenwirtin anlog. Auch Patienten vermieden, wenn sie sie auf die Frage nach Zigaretten oder Alkohol belogen, einen Augenkontakt und machten sich klein.

Sie sah die Schweißperlen, die sich auf Karls Stirn gebildet hatten. Kein Zweifel, Karl log. Sie wusste, er war nicht der Kellner.

Und Josef war nicht sein Arbeitgeber. Über was hatte er also mit dem alten Mann gesprochen?

Annes Antwort ging im Lärm eines Donners unter. Die nächste Gewitterfront hatte den Seekopf erreicht. Ein panischer Schrei übertönte den Lärm. Alle Köpfe drehten sich zur Reporterin. Sie war aufgesprungen und deutete schreckensbleich und zitternd auf die Tür, durch die Josef vor wenigen Augenblicken verschwunden war. Ein Teil ihrer sorgfältig frisierten Haare hatte sich dem Halt des Styling-Gels entzogen, was ihr im fahlen Licht etwas Dämonenhaftes verlieh.

Der Großvater war zurück. Breitbeinig stand er mit hassverzerrtem Gesicht im Türrahmen. Ein Blitz tauchte ihn in ein bläuliches Licht. Er wirkte wie aus einem Horrorfilm. Irreal, aber furchteinflößend.

Die Schrotflinte allerdings war eindeutig real. Aus weniger als fünf Metern Entfernung zielte die Mündung auf Annes Brust.

„Du mieses, verlogenes Stück!“, brüllte er. „Verrecken sollst du!“ Der Großvater zog den Abzug durch.

Annes Reaktionsschnelligkeit und Josefs Zittern retteten ihr das Leben. Sie tauchte mit einem Sprung hinter die Theke, Sekundenbruchteile, bevor 390 Schrotkugeln den Lauf verließen.

Das Gewehr polterte zu Boden, als der Großvater es fallen ließ und aus dem Gasthof flüchtete.

ZEHN

Dienstag, 14.47 Uhr

Katharina, die unmittelbar neben der abgefeuerten Waffe gesessen hatte, rieb sich das linke Ohr. Knalltrauma, dachte sie, während der Pulverdampf ihre Sicht vernebelte. Sina und die Lehrerin kreischten hysterisch. Eine tiefe Stimme schrie vor Schmerzen.

Sie schaute in Richtung des Schreis. Als sich der Pulverdampf verzogen hatte, bot sich ihr ein Bild des Grauens. Maria war über der Theke zusammengebrochen und zu Boden gerutscht. Dabei hatte sie eine breite blutige Spur am Thekenholz hinterlassen.

Der schwergewichtige Mann hielt seinen linken Unterarm. Zwischen den Fingern der rechten Hand quoll Blut hervor.

Maria, die hinter ihrer Schwiegertochter gestanden war, hatte keine Chance gehabt. Als Anne in Deckung gegangen war, hatte der Großteil der Garbe sie in die Brust und den Oberbauch getroffen. Der Mann mit den Goldzähnen hatte etwas mehr Glück. Abgeschirmt durch Marias Körper, hatten die Schrotkugeln lediglich seinen linken Arm zerfetzt.

Er hatte aufgehört zu schreien und starrte ungläubig auf seinen Unterarm und Ellenbogen, wo das Blut aus zahlreichen Wunden floss und auf den Fußboden tropfte.

Es schien, als ob ein außerirdisches Vakuum alles Leben aus der Gaststube abgesogen hätte. Wie in Hypnose folgte Katharinas Blick den Fingern der Reporterin, die ununterbrochen die Tränen wegwischten und das dunkle Make-up um die Augen verschmierten. Die grauhaarige Lehrerin war bleich auf ihrem Stuhl zusammengesackt. Der Regen prasselte an die Fenster und übertönte das leise Wimmern des Mannes mit dem Bürstenhaarschnitt. Donner um Donner grollte auf allen Seiten des Hauses. Im Vergleich zum Knall der Schrotflinte aber verblasste dieser Lärm. Katharina hatte – wie sicher jeder der Anwesenden – noch den dumpfen Ton und den gequälten Schrei im Ohr.

Die gespenstische Ruhe war das dramatische Ende einer Eskalation, die die meisten nicht verstanden hatten. Oder war es erst der Beginn? Der Großvater, ein psychopathischer Mörder, lief jetzt irgendwo dort draußen oder vielleicht sogar im Haus frei herum, während sie alle durch das Wetterchaos hier oben gefangen waren.

Katharina fand als Erste die Fassung wieder. „Oh, shit!" Hatte sie das gesagt, oder war es aus Annes Versteck hinter der Theke gekommen?

Sie eilte zu Maria und prüfte den Kreislauf, wobei sie mit dem linken Bein in die Blutlache knien musste. Am Handgelenk war kein Puls zu tasten. Sie setzte Zeige- und Mittelfinger auf die Halsschlagader. War da noch ein ganz flacher Herzschlag zu spüren? Sie war sich nicht sicher, denn in solchen Situationen neigten auch erfahrene Notfallmediziner dazu, den eigenen Puls auf das Opfer zu projizieren.

Mit einem Ruck riss sie Marias Strickjacke und den Pulli auf. Brust und Bauchraum wiesen eine großflächige, rundliche Einschusswunde mit einer ausgedehnten Zerstörung der darunter gelegenen Organe auf. Der linke Lungenflügel, die große Hohlvene und vermutlich auch die Bauchschlagader waren durchlöchert. Die Blutung war zum Stillstand gekommen – weil das Herz aufgehört hatte zu schlagen.

Sie spürte eine Bewegung neben sich. Karl kniete mit aschfahlem Gesicht neben ihr und wollte ein Geschirrhandtuch auf die Wunde pressen. Respekt, der Mann hielt sich gut. Sie hatte schon medizinische Profis bei geringeren Verletzungen zusammenklappen sehen. Sanft schüttelte sie den Kopf, breitete das Handtuch über die Wunde und schloss Marias Augenlider. Karl weinte lautlos.

Ihr Tunnel öffnete sich und sie nahm die Geräusche im Raum wieder wahr. Sina kreischte hysterisch, der grobschlächtige Mann wimmerte weiter. Die übrigen Anwesenden waren auf ihren Stühlen sprachlos erstarrt.

Anne tauchte hinter der Theke auf. Ein erneuter Knall ließ den Raum erzittern. Anne sprang in Deckung. Alle blickten erschrocken zur Tür, aber es war bloß ein weiterer lauter Donnerschlag.

Katharina überlegte. Maria war tot. Sie würde den Totenschein ausstellen müssen. *Nicht natürliche Todesursache*. Unpassenderweise kam ihr der Gedanke, dass selten ein Arzt mit so großer Bestimmtheit das Kreuz an dieser Stelle auf dem Formular machen konnte. Die Polizei würde kommen, aber wann? Maria war tot. Was sollte so lange mit dem Leichnam geschehen? Im Fernsehen war der Fall immer einfach. Der coole, umsichtige Hauptdarsteller riegelte sofort den Tatort ab, um keine Spuren zu verwischen.

Im realen Leben war alles viel schwieriger.

Anne hatte zum zweiten Mal ihr Versteck verlassen. „Ist sie… äh, tot?“

Katharina nickte und blickte dabei Anne scharf an. Die junge Frau war sehr blass und ihre Unterlippe zitterte. Verständlich, dachte Katharina, angesichts der Tatsache, dass sie selbst gerade nur um wenige Zentimeter dem Tod entgangen war.

Andererseits war Katharina beeindruckt, wie abgeklärt Anne mit der Situation umging. Aus der Erfahrung ihrer notärztlichen Tätigkeit hätte sie eine andere Reaktion erwartet. Einen gewaltsamen Tod, noch dazu eines nahen Angehörigen, unmittelbar mitzuerleben, brachte üblicherweise jeden aus dem Gleichgewicht. Sie hatte das unbestimmte Gefühl, dass Anne eine solche Erfahrung schon einmal gemacht hatte.

Anne schaute sich in der Gaststube um. „Karl, Matthias. Packt mal an. Wir müssen die Leiche wegbringen. Hier kann sie nicht bleiben.“

Der junge Österreicher schreckte aus seiner Erstarrung auf und schaute sich hektisch um. Vermutlich hoffte er, einen Ersatzmann zu finden, der ihm die Aufgabe abnahm.

Katharina hatte sein Zögern bemerkt. Anne offenbar auch, denn sie herrschte ihn an: „Los, beweg dich. Sie tut dir nichts. Du hast doch die Ärztin gehört. Sie ist tot.“

Ich habe nichts gesagt, dachte Katharina. Nur genickt. Dennoch musste sie die junge Hüttenwirtin widerwillig bewundern. Anne versuchte, das Heft des Handelns in die Hand zu nehmen.

Allerdings war die Entscheidung falsch. Katharina wusste, dass es bei Schwerverbrechen immer wieder heftige Interessenskonflikte zwischen den medizinischen Helfern einerseits und der Spurensicherung gab, aber hier war der Fall eindeutig. Jede medizinische Hilfe kam zu spät. Maria war tot. Den Leichnam liegen zu lassen kam ihr zwar pietätlos vor, war aber für die späteren polizeilichen Ermittlungen richtig und notwendig. Den Gedanken, mit ihrem Handy Fotos zu machen, verwarf sie umgehend. Zu makaber, das war schließlich kein Blechschaden beim Einparken.

Sie schüttelte den Kopf. „Mein herzliches Beileid. Aber wir dürfen den Tatort nicht verändern. Es tut mir leid, aber wir müssen Ihre Schwiegermutter so liegen lassen. Die Spurensicherung wird alles gründlich untersuchen wollen. Haben Sie einen zweiten Raum? Ein Nebenzimmer oder so, wohin wir uns alle zurückziehen können?"

Katharina war erstaunt über den gehetzten Blick, den die junge Frau ihr zuwarf, bevor sie schließlich langsam den Kopf schüttelte.

„Nein."

„Nein? Kein Nebenzimmer?"

„Nein, wir lassen meine Schwiegermutter nicht hier liegen!"

„Sehen Sie, ich verstehe Ihre Situation ja, aber es ist …"

„Nichts verstehen Sie", fuhr Anne die Ärztin an. „Wir bleiben alle hier in der Gaststube. Nur die Leiche nicht. Karl, Matthias! Habt ihr nicht gehört?"

Katharina war irritiert von der barschen Unterbrechung der Wirtin. Aber dies war nicht ihr Haus und damit eigentlich auch nicht ihre Entscheidung.

Resigniert rümpfte sie die Nase und beschloss, keinen Widerspruch zu erheben, wenn Anne ihre Schwiegermutter ehrenvoll aufbahren wollte. Neun Zeugen hatten gesehen, wer der Täter war. Zumindest sieben davon waren glaubhaft oder vernehmungsfähig. Die Tatortermittler in ihren weißen Ganzkörperkondomen würden bei dieser Beweislage vermutlich eh nicht zum Einsatz kommen müssen.

Dann fiel ihr der schwergewichtige Ausländer ein. Hatte sie nicht vorhin gesehen, dass er am Arm blutete?

Der Mann saß mit dem Rücken zur Wand am Boden. Der linke Arm lag wie ein Fremdkörper in seinem Schoß. Das Blut hatte seine Hose durchweicht.

Sie kniete sich in die nächste Blutlache. „Können Sie Ihre Finger bewegen?“

Der Mann starrte blicklos durch sie hindurch. Entweder, er verstand sie nicht, oder er war unter Schock. Vermutlich beides, entschied sie.

Sie nahm seine Hand, um den Puls zu fühlen. Schnell, aber kräftig. Zumindest also keine arterielle Verletzung. Allerdings sah die Wunde übel aus. Sie versuchte, den Arm besser ins Licht zu drehen, was der Verletzte mit einen lauten Schmerzensschrei quittierte. Arterien und Knochen vermutlich intakt, Muskeln und Ellenbogengelenk massiv verletzt. Der Arm würde verkrüppelt bleiben. Vor allem aber würde er unerträgliche Schmerzen verursachen, sobald der Schock nachließ.

„Immer noch keine Chance, die Rettungsleitstelle oder die Polizei anzurufen?“, fragte sie in Annes Richtung.

„Ich versuche es.“

Zwei Minuten später war Anne zurück. „Die Leitung ist immer noch tot. Ist er schwer verletzt? Was können wir für ihn tun?“

Katharina hatte das vage Gefühl, dass sein Schicksal Anne mehr berührte als der Tod ihrer Schwiegermutter.

Sie zuckte resigniert mit den Achseln. „Intravenöse Schmerzmittel werden Sie wohl kaum im Haus haben, oder?“

Anne schüttelte den Kopf. „Nur Aspirintabletten. Und Josef hat Voltaren. Wegen seinem Rücken.“

Katharina lachte humorlos. Acetylsalicylsäure und Diclofenac als Schmerzmittel bei dieser Verletzung. Das wäre, als ob sie mit einem Schirmchen aus einem Eisbecher in den Gewitterregen hinausginge.

„Bring mal … äh, bringen Sie mal, was Sie so haben.“

Über tausend Metern war es in den Bergen üblich, sich zu duzen. Warum war sie im Gasthof Seekopf eigentlich allen gegenüber bei dem förmlichen „Sie“ geblieben? Sie zuckte unwillkürlich mit den Schultern. Vermutlich war die spannungsgeladene Atmosphäre, die eher an ein Krankenhaus als eine Berghütte erinnerte, Schuld daran. Außerdem verspürte sie eine Abneigung gegen die junge Hüttenwirtin, deren Ursache sie nicht greifen konnte.

Die Hausapotheke war mehr als bescheiden. Aus dem Bestand stellte Katharina ihre ganz spezielle Schmerztherapie zusammen. Zwei starke Schmerztabletten – Tramadol 100 mg, deren Mindesthaltbarkeit allerdings schon vor fünf Jahren abgelaufen war – bildeten die Basis. Dazu vier Aspirintabletten und zur Wirkungsverstärkung ein codeinhaltiger Hustensaft. Und eine halbe Flasche Enzianschnaps. Sie nahm sich vor, später einen Bericht für eine Fachzeitschrift zu verfassen, sollte die Behandlung einigermaßen anschlagen. Der Mann mit den Goldzähnen nahm die seltsame Medikation folgsam ein.

ELF

Dienstag, 15.10 Uhr

Solange die ungleiche Gesellschaft im Gasthof eine Aufgabe gehabt hatte, hatte trotz des dramatischen Geschehens noch so etwas wie Normalität geherrscht. Jeder hatte entsprechend seiner Möglichkeiten mit angepackt. Fast schien es, als ob alle froh darüber wären, sich durch Arbeit abzulenken, um nicht über das Geschehene nachdenken zu müssen.

Katharina hatte mit Anne zusammen den Mann mit den Goldzähnen nach oben gebracht. Wieder ins Zimmer 1. Das neue Krankenzimmer, wie Anne sarkastisch formulierte. Mit der Hausapotheke hatte Anne auch eine Art Notfallkoffer herbeigeschleppt. Zur Behandlung von Verletzungen war der Gasthof gut ausgestattet – was bei einer Hütte in den Bergen auch sinnvoll war.

Der Schmerzcocktail schien zu wirken, denn der Mann hatte aufgehört zu jammern. Der Puls war weiterhin kräftig und regelmäßig, was Katharina beruhigte. Zum Messen des Blutdrucks fehlte ihr ein Gerät.

Mit einer Schere trennte sie vorsichtig den Ärmel seines Hemdes ab. Der Mann schaute ihr fasziniert zu. Die meisten Blutungen waren inzwischen zum Stillstand gekommen. Vorsichtig wischte sie mit dem Desinfektionsmittel das getrocknete Blut von der Wunde ab. Sie sah, wie sich die Kiefermuskeln des kräftigen Mannes anspannten, aber kein Ton entwich seinen Lippen.

Gut ein Dutzend punktförmiger Eintrittsstellen der Schrotkugeln kamen zum Vorschein. Katharina drehte den Arm vorsichtig auf die Gegenseite. Keine Austrittsstellen. Sämtliche Schrotkugeln also noch im Gewebe. Eine langwierige Fleißarbeit wartete auf einen Kollegen im Krankenhaus: alle Kugeln unter Röntgendurchleuchtung aufzuspüren und zu entfernen.

Keine akute Lebensgefahr. Am meisten fürchtete sie eine Wundinfektion, sollte ihr zwangsweiser Aufenthalt hier im Gasthof noch länger dauern. Sie drehte den Arm zurück und bestrich die Wundränder mit dem Hautdesinfektionsmittel. Mehr war zur Infektprophylaxe augenblicklich nicht machbar. Zuletzt deckte sie die drei noch blutenden Wunden mit Wundkompressen ab und fixierte den Verband mit einer Mullbinde. Dann entnahm sie dem Koffer eine goldglänzende Rettungsdecke und wickelte den Arm darin ein.

Der Mann hatte während der ganzen, für ihn sicher schmerzhaften Behandlung keinen Ton von sich gegeben.

„Falemnderit. Faleminderit shumë." Er blickte Katharina dankbar an und verzog sein Gesicht zu einem angestrengten Grinsen. Die Goldzahnreihe und der Verband harmonierten perfekt.

Katharina schaute dem Mann überrascht ins Gesicht. Die Goldzähne, die slawische Sprache – auf wie viele kräftige Männer mit Bürstenhaarschnitt traf diese Beschreibung hier in den Allgäuer Bergen wohl zu? Nein, entschied sie, dies war derselbe Mann, der sie oben am „Bösen Tritt" angerempelt hatte. Warum war er erst vor ein paar Stunden mit einem schweren Rucksack oben am Aggenstein gewesen und wurde dann hier als angeblicher italienischer Kellner ausgegeben? Bernhard Momsen hatte recht; hier in dem Gasthof war etwas oberfaul.

Karl hatte sich Annes Befehl widersetzt, ihre Schwiegermutter mit Matthias zusammen an Armen und Beinen hinauszuschleppen. Schließlich hatten sie einem Tisch die Beine abgeschraubt und den Leichnam auf der Tischplatte aus der Gaststube getragen.

Andrea Momsen hatte sich eine neue Almdudler-Flasche geholt und war dabei in die Blutlache getreten. Renate Voigt hatte daraufhin hinter der Theke einen Putzeimer gefunden und begonnen, die Lache und die Blutspuren aufzuwischen.

Bernhard Momsen hatte die umgefallenen Stühle wieder aufgestellt, die Tischdecken zurechtgerückt und Salz- und Pfefferstreuer akribisch in der Mitte aller Tische ausgerichtet.

Das Schneewittchen saß mit geröteten Augen teilnahmslos inmitten des Treibens und starrte die Einschusslöcher der Schrotkugeln an der gegenüberliegenden Wand an.

War die Stimmung in der Gaststube zuvor nervös und angespannt gewesen, hatte sich jetzt eine bedrückende Atmosphäre verbreitet.

Es kam Katharina so vor, als ob ein schweres, dunkles Tuch über dem Gasthof und seinen Personen läge.

Unendlich langsam kroch der Sekundenzeiger der Wanduhr weiter. Draußen bellte ein Hund, aber im Haus herrschte Totenstille. Niemand sprach ein Wort. Die Anwesenden machten beinahe den Eindruck, als ob sie mit Maria Huber zusammen gestorben seien. Niemand bewegte auch nur einen kleinen Finger.

Katharina kamen die Bilder aus einem Märchenbuch in den Sinn. Dornröschen. Als sich die Prinzessin an der Spindel gestochen hatte, waren alle am Hof verstummt und erstarrt. Die Geschichte hatte sie als Kind geängstigt. Das Szenario im Gasthof glich verblüffend dem am Königshof. Sie versuchte, sich die Alm hinter einer Rosenhecke verborgen vorzustellen.

Die Prinzessin war wenigstens nicht gestorben, sondern nur eingeschlafen. Maria dagegen war tot. Also war es nicht wie im Märchen, sondern eher wie auf einer Beerdigung, dachte Katharina. Nein, schlimmer. Wie nach einem Amoklauf. Was der Realität ja auch ziemlich nahe kam.

Sie beobachtete die Anwesenden. Die Reporterin saß unbeweglich auf ihrem Stuhl. Sie machte den Eindruck, als ob sie das Geschehen überhaupt nicht realisiert habe. Während Bernhard Momsen krampfhaft vermied, in Richtung der Theke zu schauen, wanderte der Blick der Lehrerin immer wieder zu dem Platz, wo Maria verblutet war. Selbst Andrea Momsen schien von der gedrückten Stimmung gehemmt zu werden. Sie hatte sich bei ihrem Mann untergehakt und umklammerte mit der anderen Hand die Almdudler-Flasche.

Waren die Reaktionen dieser Personen für Katharina nachvollziehbar, so war sie von Annes überrascht. Die junge Hüttenwirtin hatte gleich nach dem schrecklichen Ereignis einen absolut taffen Eindruck auf sie gemacht. Obwohl sie dem Anschlag nur um Haaresbreite entgangen war und ihre Schwiegermutter tödlich getroffen wurde, hatte sie cool und souverän reagiert. Jetzt jedoch saß sie mit einem Mal wie eine Puppe mit geschlossenen Augen auf der Bank an der Wand der Gaststube. Ihr Gesicht war aschfahl und sie begann, unkontrolliert zu zittern.

Katharina stand auf und durchquerte den Raum. „Ist Ihnen nicht gut?“, fragte sie.

Alle Blicke richteten sich auf sie. Missbilligend, wie sie fand. Als ob sie mit der Bewegung und der Frage eine heilige Ruhe gestört habe.

Anne schlug die Augen auf und versuchte, sich schnell wieder aufzusetzen. Ihre Schwäche schien ihr peinlich zu sein.

„Nein, es geht schon wieder.“ Unwillig schüttelte sie die Hand ab, mit der Katharina versucht hatte, ihren Puls zu fühlen.

Karl und Matthias kamen als Letzte wieder in die Gaststube zurück. Karl ließ sich am verwaisten Stammtisch nieder, während Matthias sich erneut neben die Reporterin setzte und ihr den Arm um die Schultern legte. Nachdem das Scharren der Stuhlbeine verklungen war, senkte sich wieder die bleierne Leere über den Raum, welche durch das leise Schluchzen der Schwarzhaarigen unterstrichen wurde.

Die Gewitterfront war abgezogen und hatte dem nächsten Starkregen Platz gemacht. Auffrischender Wind peitschte die dicken Regentropfen gegen die Fensterscheiben. Der Luftzug unter den verzogenen Fensterrahmen ließ die Vorhänge sanft hin und her schwingen. Andrea Momsen, die unmittelbar neben einem Fenster saß, kuschelte sich enger an ihren Mann.

Dieser schaute auf die Uhr und räusperte sich. Alle schauten ihn erwartungsvoll an. Er blickte verlegen zu Boden.

Katharina warf ebenfalls einen Blick auf die Uhr: siebzehn Minuten nach drei.

Mit einem floppenden Geräusch fiel der Turm aus Bierdeckeln zusammen, als Karl versuchte, das vierte Stockwerk aufzusetzen. Alle Köpfe drehten sich zum Stammtisch. Karl schob die Bierdeckel zusammen und startete einen zweiten Anlauf. Zwanzig Minuten nach drei.

Renate Voigt erhob sich mühsam, holte den Putzeimer und füllte ihn zur Hälfte mit Wasser. Die Ärmel ihrer Bluse hochkrempelnd begann sie, erneut den Boden aufzuwischen. Verbissen versuchte sie, die Blutreste aus den Ritzen der Holzdielen zu entfernen. Bernhard Momsen räusperte sich. Katharina, Karl und Matthias schauten ihn an. 15.22 Uhr.

Die Reporterin hatte aufgehört zu weinen und ihr Gesicht am Hals des jungen Österreichers vergraben. Dunkle Kajalspuren ihres verlaufenen Make-ups hatten seinen Hemdkragen verschmiert. Anne schaute Katharina an und wendete sich rasch ab, als diese den Blick erwiderte. Am Stammtisch lagen die meisten Bierdeckel inzwischen am Boden. Bernhard Momsen räusperte sich. Niemand blickte zu ihm hin.

Renate Voigt beendete ihre Putzaktion und setzte sich auf ihren angestammten Platz. Den Eimer stellte sie neben ihrem Tisch ab.

Anne saß inzwischen wieder aufrecht und trommelte nervös mit den Fingern auf der Bank.

Katharina verglich die Anzeige der in der Wand eingelassenen Pendeluhr mit ihrer Armbanduhr. Zwanzig vor vier oder vier vor halb vier. Mindestens eine der beiden Uhren ging falsch. Sie rutschte ruhelos auf ihrem Stuhl herum. Zum zweiten Mal hatte sie jetzt erlebt, wie ein Mensch vor ihren Augen getötet wurde. Die Bilder aus München waren plötzlich wieder vor ihrem geistigen Auge präsent. Julie. Sie fragte sich, ob sie erneut eine Möglichkeit zum Eingreifen verpasst hatte. Ob Maria noch leben könnte, wenn sie die Anzeichen richtig gedeutet hätte.

Die Tränen in ihren Augen ließen sich nicht zurückhalten.

Mit verschleiertem Blick schaute sie zum Fenster, wo der Regen in Rinnsalen an der Scheibe herunterlief. An mehreren Fenstersimsen hatten sich auf der Innenseite kleine Pfützen gebildet. Wind und Regen waren immer noch zu kräftig, um sich an den Abstieg zu machen und die Bergrettung oder die Polizei zu alarmieren.

Bernhard Momsen räusperte sich.

„Sakradi, hör doch endlich auf mit dem blöden Räuspern", fauchte Matthias ihn an. Schneewittchen zuckte erschrocken zusammen.

***

Von der Rückseite des Hauses war ein metallisches Geräusch zu vernehmen. Anne blickte erschrocken auf. Sofort kam ihr Josef in den Sinn, der irgendwo dort draußen sein musste. Sie sprang auf und wollte nachschauen. Dann fiel ihr ein, dass der Großvater sie schon einmal fast getötet hatte. Vielleicht lauerte er mit einer Axt in einer dunklen Ecke oder hinter einer Tür.

„Matthias, dreh mal eine Runde und sieh nach, woher das Geräusch gekommen ist. Dabei kannst du gleich nach dem Alban … ich meine, nach Giovanni sehen."

Hatte die Ärztin gerade überrascht den Kopf gehoben?

Sie musste nachdenken, denn sie würde eine gute Strategie brauchen, um ungeschoren aus dieser verzwickten Lage herauszukommen. Einen guten Plan, besser noch einen guten Plan und einen guten Alternativplan. Denk nach, schalt sie sich. Aber sie fühlte sich so müde und ausgelaugt. Fünf Minuten Entspannung würde sie sich gönnen. Nur fünf Minuten die Augen schließen.

Sie wurde durch ein donnerndes Geräusch geweckt. Ein Donnern, das nicht von dem Gewitter herrührte. Der Blick auf ihre Armbanduhr zeigte, dass sie mehr als eine halbe Stunde geschlafen hatte. Verwirrt und vom Schlaf benebelt richtete sie sich wieder auf. Karl und Matthias schienen das Geräusch ebenfalls gehört zu haben und blickten in die Richtung, aus der der Lärm gekommen war.

„Was war das?"

„Klang wie eine Lawine. Oder so, als ob etwas Aufgeschichtetes umgefallen sei", antwortete Karl zögernd.

Anne erinnerte sich an das metallische Geräusch vor einiger Zeit. „Matthias, hast du vorhin das Haus abgesucht?"

„Ja."

„Und?"

„Was, und?"

„Verdammt noch mal, stell dich doch nicht so blöd. Hast du etwas entdeckt?"

Matthias schüttelte den Kopf. „Nein, alles ist in Ordnung. Es war nur die Leiter, die durch den Wind an die Dachrinne schlägt."

„Welche Leiter?" Eisige Kälte kroch Annes Rücken hoch.

„Die Leiter aufs Dach."

„Verdammt, bin ich nur von Idioten umgeben?!" Annes Ausbruch war so plötzlich und vehement, dass sämtliche Anwesende irritiert in ihre Richtung blickten. „Wir haben keine Leiter auf das Dach! Jedenfalls nicht im Sommer. Das war Josef. Er kommt!“

„Noi, Clint Eastwood!“

Alle drehten sich zu Andrea Momsen um, die den Namen mit Bestimmtheit eingeworfen hatte.

„Wie bitte? Wer?“ Anne war verdutzt.

„Net Josef kommt, sondern der Clint Eastwood. I hab ihn durch des Fenster gsehen.“ Auf ihrem Gesicht lag ein seliges Lächeln. „Clint Eastwood kommt!“

In diesem Augenblick brach irgendwo im Gasthof der Alarm eines Rauchmelders aus.

ZWÖLF

Zuvor

Josef Ramsauer wusste es sicher. Er hatte sich versündigt und würde im Fegefeuer büßen müssen. Er war wie Kain, der seinen Bruder Abel erschlagen hatte. Nein, korrigierte er sich im Stillen. Er hatte nicht seinen Bruder, sondern seine Tochter getötet. War das weniger schlimm? Ihm fiel keine passende Stelle in der Bibel ein. Aber stand nicht im zweiten Buch Mose: *Wer Vater oder Mutter schlägt, der soll des Todes sterben*? Wer seine eigene Tochter *er*schlug, war wohl erst recht nicht wert, weiter leben zu dürfen.

Aber dass seine Schwiegerenkelin, die an allem schuld war, ungestraft davonkommen würde, war nicht gerecht. Nicht nur ungestraft, korrigierte er sich. Sie würde auch den Gasthof behalten. Florians Gasthof.

Der Pfarrer drunten im Tal redete stets von himmlischer Gerechtigkeit. Er zweifelte daran. Zu oft schon hatte er eine himmelschreiende Ungerechtigkeit erlebt. Warum, zum Beispiel, war der Krohnbichler Josef, der sich für die Kirchengemeinde aufgeopfert hatte, so elendiglich an seinem Krebs krepiert?

Er beschloss, der Gerechtigkeit nachzuhelfen. Tod und Fegefeuer drohten ihm sowieso. Was konnte da noch schlimmer werden?

Sein Schuss hatte diese Hure, diese Maria Magdalena verfehlt. Sein Gewehr hatte er verloren. Er sah keine Möglichkeit mehr, Anne auszulöschen. Aber den Hof würde sie nicht bekommen!

Verzweifelt war er aus dem Gasthof gestürmt und zu seinem Versteck geflüchtet. Seine Höhle, die er auf einem seiner Streifzüge über das Hochplateau zufällig entdeckt hatte. In unmittelbarer Nähe zum Hof gelegen, aber dennoch praktisch unsichtbar.

Ein Bergsturz in grauer Vorzeit hatte große Felsbrocken übereinandergeworfen und einen Raum in der Größe einer Garage erschaffen. Wind, Regen, Erosion und Moos hatten über die Jahrhunderte die meisten Lücken und Spalten verschlossen. Der Eingang wurde durch eine Felsplatte komplett verborgen, obwohl man vom Inneren der Höhle durch einen Spalt den Pfad beobachten konnte, der vom Gasthof zum Sattel des Aggensteins führte.

Er war sicher nicht der erste Mensch in dieser Höhle, denn eine aus Steinen aufgeschichtete, ebene Fläche war eindeutig von Menschenhand gemacht. Vermutlich hatten frühere Generationen von Almhirten den kühlen Raum zum Lagern von Käse ausgebaut. Irgendwann war seine Existenz wohl in Vergessenheit geraten.

Josef hatte seine Höhle in den letzten Monaten häufig aufgesucht. Zum Rauchen und um der angespannten Stimmung im Gasthof zu entfliehen. Wegen der recht niedrigen Temperatur und der harten Steine hatte er einige Decken hineingeschafft, über die er jetzt froh war. Sein Sakko und sein Hemd waren vom Regen durchweicht.

Er suchte nach der alten, gewachsten Pferdedecke, die er irgendwann einmal im Gasthof gefunden hatte und deren Herkunft er sich nicht hatte erklären können, da es hier oben noch nie Pferde gegeben hatte. Egal, die Decke mit der wasserabweisenden Wachsschicht war ideal. Mit seinem Taschenmesser schnitt er in die Mitte ein Loch, durch das er gerade seinen Kopf stecken konnte. Damit hatte er einen regendichten Poncho. Der original amerikanische Cowboyhut, den Florian ihm als Geburtstagsgeschenk aus Amerika geschickt hatte, hatte seinen festen Platz in der Höhle. Er setzte ihn auf und kam sich vor, als ob er einem Hollywood-Western entsprungen wäre.

Nun war es Zeit, seinen Plan umzusetzen.

Vorsichtig schlich er zurück zum Gasthof. Blitze zuckten ununterbrochen am Himmel. Der Regen prasselte heftig auf ihn nieder, aber seine neue Regenbekleidung hielt die Wassermengen erstaunlich gut ab. Er vermied die gekieste Fläche vor dem Eingang, weil die Personen in der Gaststube diese durch die Fenster im Blick hatten. Stattdessen folgte er einem ausgetretenen Pfad zur Rückseite des Gebäudes. In den Vertiefungen des Pfads stand das Wasser bereits knöcheltief.

Eine Laufkette klirrte und ein dunkler Schatten sprang bellend und knurrend vor ihm auf den Pfad. Die Lefzen waren hochgezogen und entblößten die furchteinflößenden Eckzähne eines riesigen Hundes. Offenbar hatte Anne den Kangal trotz des Wetters wieder draußen angeleint.

„Hallo Hund, ich bin es doch. Der Josef. Du musst mich nicht anknurren." Der Großvater hatte keine Ahnung, ob der Kangal einen Namen hatte. Er nannte ihn einfach *Hund*. Dem Tier war es egal.

Der Hund vernahm die vertraute Stimme und begann mit seinem kurzen Schwanz zu wedeln. Offenbar hatte er Josef in seiner Verkleidung nicht erkannt.

„Na, Hund, langweilst du dich, weil heute schon wieder keine Bären und Wölfe da waren?"

Ein Kangal war ein Schutzhund, der seine Herde gegen Feinde beschützen sollte. Am Seekopf gab es allerdings weder eine zu schützende Herde noch potenziell gefährliche Raubtiere. Josef hatte nicht verstanden, warum Anne auf einem Gasthof ausgerechnet eine so gefährliche Rasse angeschafft hatte. Möglicherweise wollte sie ihn ärgern oder einschüchtern. Was gründlich schiefgegangen war, denn *Hund* liebte Josef.

Der Kangal rieb seine Flanke am Oberschenkel des Großvaters. Josef tätschelte den dicken Kopf.

„Ja, so ist es fein. Aber jetzt geh. Ich muss etwas erledigen. Husch in die Hütte."

Der Hund verzog sich folgsam in seine Hundehütte.

Die Leiter lag hinter dem Haus, wo sie immer lag. Zu umständlich, sie jedes Mal wieder wegzuräumen. In den früheren Wintern war er jeweils mehrfach auf das Dach geklettert, um es von der Schneelast zu befreien. Im letzten Winter hatte Maria es ihm verboten. Deshalb hatte niemand die Arbeit erledigt. Das Dach hatte dem Druck trotzdem standgehalten.

Von der Rückseite des Gasthofs Seekopf hatte man den Blick auf die steile Wand des Aggensteins. Allerdings nicht jetzt, denn im Augenblick jagten wieder dunkle Wolken von Südwesten heran und hüllten das Gebäude in ein dunkles Grau.

Josef blieb stehen und schaute prüfend an der Hauswand nach oben. In der massiven Steinwand des Erdgeschosses befanden sich nur zwei kleine Fenster. Dahinter lagen die Küche und die Vorratskammer. Ideal. In beiden Räumen würde sich vermutlich niemand aufhalten. Darüber, in dem aus Holz gebauten Teil, befanden sich im ersten Stock die Gästezimmer. Die billigeren. Hausgäste bevorzugten normalerweise die gegenüberliegende Seite mit dem Blick nach Südwesten über das Panorama des Tannheimer Tals.

Der zweite Stock unter dem weit nach vorn gezogenen Dach bildete das Matratzenlager. Ein tiefer Balkon erstreckte sich über die gesamte Breite des Hauses. Durch den Überstand des Daches war er perfekt gegen Regen und Schnee geschützt. Über diesen wollte der Großvater unbemerkt in das Haus eindringen.

Vorsichtig hob er die Leiter an und versuchte, sie geräuschlos am Haus aufzustellen. Was völlig überflüssig war, denn das Grollen der Donner und die pfeifenden Geräusche des Windes übertönten jeden anderen Lärm. Aber rasch stellte er fest, dass die Leiter mehrere Meter zu lang war, um sie an das Balkongeländer anzulehnen. Er würde sie wie üblich an der Dachrinne anstoßen lassen müssen.

Es war eine schwere Arbeit, die lange Leiter auch nur aufzurichten, denn die Windböen zerrten und zupften am oberen Ende. Schließlich schaffte er es, sie in einem windstillen Moment in eine senkrechte Position zu bringen. Die nächste Windböe schleuderte sie gegen die kupferne Dachrinne. Der metallische Knall war sogar über den nächsten Donnerschlag zu vernehmen. Der Großvater erstarrte.

Niemand schien den Lärm bemerkt zu haben. Nach endlosen Minuten des Wartens, während derer er gespannt auf eine Reaktion aus dem Haus lauschte, wagte Josef sein Werk fortzusetzen. Er ruckte an der Leiter, um ihren festen Stand zu überprüfen. Das untere Ende hatte sich in den aufgeweichten Boden gebohrt. Die Leiter stand bombenfest.

Vorsichtig schlich er um das Haus und achtete darauf, sich außerhalb des Blickfeldes der Fenster zu halten. Von hinten näherte er sich dem Stadel, in dem der Geländewagen geparkt war. Dies war der kritische Augenblick. Jetzt musste er kurz die Deckung verlassen, um durch die Toröffnung in den Stadel zu schlüpfen. Andererseits waren die Fenstergläser durch den Regen fast undurchsichtig. Er beschloss, dass das Risiko akzeptabel war, und huschte ins Innere. Aus den Augenwinkeln meinte er, einen Kopf gesehen zu haben, der sich hinter der Scheibe in seine Richtung drehte. Aber kein aufgeregter Ausruf, keine sich öffnende Türe ließen erahnen, dass er entdeckt worden war.

Im Inneren des Stadels war es trocken und deutlich windstiller. Josef war versucht, eine Weile hier auszuruhen. Aber er wusste, er hatte eine Aufgabe. Seine Mission.

Im Regal am hinteren Ende des Raums standen mehrere Reservekanister für den Geländewagen. Er fluchte, als ihm einfiel, dass das Fahrzeug mit Diesel fuhr. Diesel war nur schwer entflammbar, zumindest in flüssiger Form. Daneben standen die roten Gasflaschen, mit welchen an kühlen Tagen die pilzförmigen Heizstrahler auf der Terrasse betrieben wurden. Eine brauchbare Alternative, aber die Flaschen hatten ein Füllgewicht von elf Kilogramm. Josef stöhnte, als er die erste Flasche mit den geschätzten zwanzig Kilogramm Gesamtgewicht anhob. Sein Rücken schmerzte augenblicklich.

Vorsichtig trug er das Gas am Geländewagen vorbei den weiten Weg hinters Haus. Mehrfach hielt er an und streckte seinen Rücken. Nach zehn Minuten stand die Flasche neben der Leiter. Vorsichtig schlich er zurück zum Stadel.

Fünfzehn Minuten später hatte er eine zweite Gasflasche hinter das Gebäude geschleppt. Sein ursprünglicher Plan hatte vorgesehen, mindestens vier der Flaschen zu holen, doch bereits diese beiden hatten ihn völlig erschöpft. Das Feuer sollte lichterloh brennen, aber zwei Flaschen mussten reichen. Eine weitere würde er nicht mehr tragen können.

Er ging in Gedanken seinen Plan durch. Über die Leiter würde er auf den Balkon vor dem Matratzenlager klettern. Die Balkontür ließ sich seit Jahren nicht mehr verriegeln. Die Gasflaschen würde er mit Decken und Kopfkissen umgeben, dann würde er sie aufdrehen und ein Kissen anzünden. Wenn er vorher die Rauchmelder im Lager ausschaltete, sollte das Feuer schon so kräftig lodern, dass Anne den Brand nicht mehr löschen konnte, wenn einer der weiteren Rauchmelder im Haus anschlug.

Er würde sich auf eine der Matratzen setzen und warten, bis das Feuer ihn erreichte. Vielleicht würden die Flammen, denen er sich am Ende seines irdischen Lebens hingab, seine Strafe im Fegefeuer erleichtern.

Er tastete seine Hosentaschen ab. Das Zippo-Sturmfeuerzeug steckte wie immer in der rechten. Zuverlässig und auch bei starkem Wind zu verwenden. Darum hatte er es sich zugelegt. Nachdem Maria ihm vor zwei Jahren seine Stumpen verboten hatte, musste er heimlich draußen rauchen. Bei Wind und Wetter.

Er ergriff eine Gasflasche mit der linken Hand und stieg auf die erste Leiterstufe. Rasch stellte er fest, dass er mit einer Hand die schwere Flasche nicht halten konnte. Er packte mit beiden Händen zu und erklomm die nächste Stufe. Sein Rücken schmerzte, der kalte Regen rann in Strömen an seinem durchnässten Körper herunter, und Josef machte den nächsten Schritt nach oben. Schwankend blickte er aus der immer noch geringen Höhe nach unten. Freihändig würde er nie bis zum Balkon kommen.

Zehn Minuten später stand er dennoch mit seinen Fußspitzen auf Höhe des Balkongeländers. Er hatte die Taktik geändert und die Gasflasche mit beiden Händen auf der anderen Seite der Leiter gehalten. Damit hatte er wenigstens die Leiter umarmen und einigermaßen sicher stehen können. Aber seine Hände waren inzwischen nahezu gefühllos.

Zwischen der Leiter, die an der Dachrinne lehnte, und dem Balkon klaffte ein etwa achtzig Zentimeter breiter Spalt. Josef ließ die Flasche mit der linken Hand los und hielt sich mit dieser an einer Sprosse fest. Mit der rechten Hand brachte er die Flasche in eine schaukelnde Bewegung. Er würde sie auf den Balkon werfen müssen, selbst wenn dabei ein verräterisches Poltern entstehen würde.

Beim nächsten lauten Donner ließ er den Griff los. Fast wäre die Aktion geglückt. Die Flasche setzte auf dem Geländer auf und rollte weiter, bis sie von dem Metallbügel gestoppt wurde. Ohnmächtig verfolgte Josef, wie sie sich auf dem nach außen abschüssigen Geländer wieder in die andere Richtung in Bewegung setzte, um schließlich aus sechs Metern Höhe auf dem Boden aufzuschlagen.

Mit dem Ventil voran traf sie auf einen Felsbrocken. Das Ventil brach ab und das Gas entwich mit einem bösartigen Fauchen. Josef war gezwungen zu improvisieren.

Eilig kletterte er die Leiter hinunter und richtete die Gasflasche so aus, dass der Strahl auf die Hauswand traf. Unglücklicherweise war das Erdgeschoss aus Stein gemauert. Er eilte um die Ecke, wo neben dem Seiteneingang ein Stapel mit Brennholz aufgeschichtet war. Daneben stand ein Schubkarren. Damit die Flammen das aus Holz errichtete Obergeschoss erreichen konnten, würde er ein stark loderndes Feuer benötigen. Leise füllte er den Schubkarren bis zum Rand. Der Holzstapel fiel polternd um.

Er parkte den Schubkarren im schon merklich schwächer gewordenen Strahl der Gasflasche. Offenbar ging der Inhalt zur Neige, aber der Gasgeruch raubte ihm fast den Atem. Dann öffnete er das Ventil der zweiten Flasche und warf das brennende Sturmfeuerzeug in das Gas. Augenblicklich entstand ein Feuerball, der ihm Haare und Augenbrauen versengte. Zufrieden sah er, dass die Flammen sogar am Dach leckten. Ein Fenster im Obergeschoss zerbarst in der Hitze, und unmittelbar darauf heulte ein Rauchmelder auf. Josef drehte sich um und flüchtete zu seiner Höhle.

DREIZEHN

Dienstag, 16.09 Uhr

Anne vergaß Clint Eastwood und die Sorge, ob dort draußen außer dem Großvater noch eine weitere Person unterwegs war. Ein Feueralarm war losgegangen, und Feueralarme gingen normalerweise nicht ohne Grund los. Zumindest dann nicht, wenn keine Raucher oder gelangweilte Jugendliche im Haus waren.

„Karl, komm mit nach oben. Matthias, du gehst um das Haus und siehst nach der Leiter“, herrschte sie die beiden Männer an.

Matthias löste sich von der Reporterin, blieb aber weiter auf seinem Stuhl sitzen. Furchtsam blickte er aus dem Fenster. Die Anweisung behagte ihm offensichtlich nicht. Vielleicht des Regens wegen. Oder wegen Clint Eastwood.

„Ich komme mit nach draußen“, erklärte die Ärztin. Matthias atmete erleichtert auf.

Anne und Karl eilten die Treppe hoch. Der Lärm des Feuermelders im ersten Stock stammte von der rechten Seite am hinteren Ende des Flurs. Im Zimmer mit der Nummer 11 war der Warnton am lautesten. Anne versuchte die Tür zu öffnen, vergebens.

„Shit, abgeschlossen. Ich muss den Schlüssel von unten holen.“

„Geh zur Seite und lass mich mal!“ Karl nahm drei Schritte Anlauf und rammte seine rechte Schulter gegen das Türblatt. Das Schloss gab sofort nach.

Das ganze Zimmer war mit undurchdringlichen Rauchschwaden gefüllt. Die Sicht betrug weniger als zwei Meter. Anne konnte kaum die gegenüberliegende Wand erkennen. Der Feuermelder an der Decke piepste ununterbrochen.

Das Öffnen der Zimmertür hatte bewirkt, dass der Rauch in den Flur abzog, gleichzeitig loderte das Feuer im Durchzug auf. Entsetzt beobachtete Anne, wie das trockene Holz des Kleiderschranks innerhalb von Sekunden in Flammen aufging.

Sie drehte sich um und rannte die Treppe hinunter.

Bernhard Momsen und Renate Voigt standen am Fuß der Treppe und schauten sie erwartungsvoll an.

„Ist etwas nicht in Ordnung?"

Anne stöhnte gequält ob der Frage der Lehrerin.

„Nein, alles bestens", ätzte sie. „Es brennt nur das Haus ab."

Renate Voigt schaute verwirrt, während Momsen ihr eilends Platz machte.

Anne ergriff den Putzeimer, den die Lehrerin praktischerweise noch nicht entleert hatte, und eilte erneut die Treppe nach oben.

In der Aufregung hatte sie Karl aus den Augen verloren. Sie schaute sich suchend um. In diesem Augenblick kam er aus dem Nachbarzimmer gestürzt. Er hatte sein Hemd ausgezogen und sich in ein nasses Bettlaken gehüllt. Vor dem Gesicht trug er eine Maske aus einem Streifen, den er aus einem Bettbezug herausgerissen hatte. In jeder Hand hielt er einen Feuerlöscher. Anne ohrfeigte sich in Gedanken. Die Feuerlöscher hatten ihren Platz direkt neben der Treppe. Warum war sie nicht auf die Idee gekommen und hatte nur einen Eimer mit Wasser organisiert?

Karl stellte einen der beiden Feuerlöscher neben der Zimmertür ab und richtete den Trichter des anderen auf den brennenden Teppich vor dem Bett. In kurzer Zeit war der Boden mit einer weißen Schaumschicht bedeckt, die an einen Flokatiteppich erinnerte. Die Flammen dort waren erstickt, wodurch die Temperatur im Zimmer bereits fühlbar abfiel. Das Feuer am Kleiderschrank leistete jedoch mehr Widerstand, weil das harzreiche Kiefernholz wie Zunder brannte. Nachdem schließlich auch dieser Brand gelöscht war, arbeitete Karl sich zur gegenüberliegenden Seite vor.

Das Fenster war geborsten und draußen waren Flammen zu erkennen, die offenbar vom Boden hochzüngelten.

Das Feuer war durch das Fenster nach innen eingedrungen und hatte zunächst die Vorhänge in Brand gesetzt. Von dort hatte es auf ein Bild an der Wand übergegriffen. Das Bild war heruntergefallen und im Bett gelandet. Das Kopfkissen brannte lichterloh, während die schwere Bettdecke nur glimmte und dunklen Rauch produzierte.

Der Feuerlöscher gab nur noch ein Fauchen von sich, stieß aber keinen Schaum mehr aus. In blindem Verständnis drückte Anne

Karl den zweiten Feuerlöscher in die Hand. Weiterer Schaum bedeckte die Matratze, die schließlich so aussah, als ob sie mit einem luftigen Federbett bedeckt wäre. Die Vorhänge waren unterdessen komplett verbrannt.

Anne atmete erleichtert auf, was ihr in der rauchgeschwängerten Luft einen Hustenreiz einbrachte. Das Feuer im Zimmer war weitgehend gelöscht. Nur noch einzelne Flammen züngelten an den rußgeschwärzten Holzwänden und an der Decke. Systematisch überzog Karl auch die Wände und Decke mit einer Schaumschicht, bis der zweite Feuerlöscher ebenfalls die Arbeit verweigerte.

Mit ihrem Wassereimer bekämpfte Anne die letzten verbleibenden Flammen. Das Zimmer hatte zwar kein eigenes Bad, aber zumindest ein Waschbecken. Die Installation hatte unter dem Brand nicht gelitten, sodass sie den Eimer mehrmals wieder füllen konnte. Nach fünf Eimerladungen war das Feuer im Raum komplett gelöscht. Anne und Karl ergriffen zusammen die Matratze, die nur oberflächlich schwarz geworden war, und warfen sie aus dem Fenster.

Ein protestierender Ausruf erklang von unten. „Hey, schmeißt doch nichts Brennbares in das Feuer, das wir gerade zu löschen versuchen!“

Anne und Karl beugten sich aus dem glaslosen Fenster. Matthias und die Ärztin standen um eine Art Lagerfeuer und zogen brennende Holzscheite mit Spaten auseinander. Daneben lagen zwei Gasflaschen, beide offenbar leer.

Das Feuer hatte zwar einen ganzen Brennholzstapel in Brand gesetzt, aber die Flammen leckten nur an der nicht brennbaren steinernen Hauswand.

„Entschuldigung“, rief Anne hinab. „Der Brand bei uns hier oben ist gelöscht. Wie sieht es bei euch aus?“

„Alles in Ordnung. Jemand hat zwei Gasflaschen hergeschafft und damit versucht, das Haus anzuzünden. Die Fassade ist in Ordnung, wir haben hier nur noch ein paar brennende Holzscheite.“

Anne nickte und drehte sich zu Karl um, schaute in dessen rußgeschwärztes Gesicht und grinste.

„Was?“ Karl war irritiert.

„Wie du ausschaust. Du solltest dich im Spiegel sehen."

Karl blickte an seinem Körper hinunter auf das verdreckte Bettlaken. Er grinste ebenfalls.

„Wie ein alter Römer in einer jetzt nicht mehr weißen Toga."

Karl nickte bestätigend. „Wie Nero. Nur hat der das Feuer angezündet. Nicht bekämpft."

Nach einer halben Stunde war der Brand vollständig unter Kontrolle. Anne und Karl hatten in Zimmer 11 noch mehrere Liter Wasser vergossen, um eventuelle Glutnester zu löschen, und anschließend den Balkon im zweiten Obergeschoss inspiziert. Die Flammen hatten dort lediglich das Balkongeländer verrußt, aber keinen Schaden angerichtet. Katharina und Matthias hatten die brennenden Holzscheite von der Hauswand weggezogen. Im strömenden Regen würden sie bald verglimmen.

***

Das alte Vogelnest auf der Fußpfette der hölzernen Dachkonstruktion war vom Balkon aus nicht zu erkennen. Der Wind hatte einen Funken in das Nest hineingeweht. Hätten die tierischen Konstrukteure des Nests keinen so geschützten Platz ausgewählt, wäre der Funken sofort ausgeblasen worden. So aber glimmte er weiter und griff zögerlich auf die Haare und trockenen Gräser über, mit denen der Boden ausgepolstert war.

Die bleistiftdünne Rauchfahne wurde sofort vom Wind verweht.

VIERZEHN

Dienstag, 16.49 Uhr

Erneut hatte die Gesellschaft ihre angestammten Plätze eingenommen, nur Andrea Momsen fehlte wieder. Brandgeruch hing im Raum. Katharina schnupperte an ihrer Bluse. Sie roch wie nach einem fröhlichen Grillabend am Lagerfeuer. Der Geruch kroch wohl vornehmlich aus ihren eingeräucherten Kleidungsstücken und denen der drei anderen „Feuerwehrleute".

„Wir hatten Glück, dass das Haus nicht Feuer gefangen hat." Karl sprach nachdenklich in Annes Richtung, ohne sie dabei anzusehen.

„Ich weiß." Anne nickte. „Es war Josef, oder?"

„Wer sonst? Wir sind hier oben alleine. Du weißt doch: geschlossene Gesellschaft", gab Karl mit einem ironischen Unterton zurück.

„Glaubst du, er versucht es noch einmal?"

„Keine Ahnung! Wer mit einer Schrotflinte einen Menschen erschießt, ist nicht zurechnungsfähig."

Annes Augen verengten sich zu Schlitzen.

Karl deutete die Reaktion falsch. „Entschuldige, das war total taktlos. Ähm… mein herzliches Beileid auch, wegen deiner Schwiegermutter. Ich bin, ähm, also, was soll ich sagen..." Er brach stotternd ab und errötete.

Um Annes Mundwinkel spielte ein spöttisches Grinsen. Sie tat Karls Verlegenheit mit einem Schulterzucken ab. „Vielleicht sollten wir besser Wachen aufstellen", schlug sie vor.

Karl schien erleichtert, sich wieder auf sicherem Grund zu bewegen. „Wer soll die Wache übernehmen? Matthias, der sich schon hier drin vor Angst in die Hose macht? Und wo soll er Posten beziehen? Nein, ich glaube nicht, dass Josef es noch einmal versuchen wird. Er weiß, dass er jetzt das Überraschungsmoment nicht mehr auf seiner Seite hat."

In diesem Augenblick kam Andrea Momsen zurück. Katharina bemerkte den schwankenden Gang und die neue Sprudelflasche in ihrer Hand. Ihr Mann offenbar auch.

Er schaute Matthias fragend an. „Schreiben Sie es an?"

Amüsiert beobachtete Katharina, wie Matthias suchend hinter sich blickte. Hinter ihm war niemand.

„Wie bitte? Haben Sie mit mir geredet?"

Bernhard Momsen nickte. „Oder soll ich die Flaschen sofort bezahlen? Meine Frau hatte bislang drei, nein, vier Flaschen Mineralwasser …"

„Saura Sprudel", unterbrach ihn Andrea.

„Ja, Schatz, das sagte ich ja gerade. Und zwei Flaschen Kräuterlimonade."

„Warum soll mich das interessieren?"

„Sie sagten doch, Sie seien der Kellner."

Matthias schaute einen Augenblick verdutzt, bevor er hastig antwortete: „Ja klar, ich schreibe alles auf. Sie können dann bezahlen, bevor Sie gehen. Wir wissen ja noch nicht, wie lange Sie noch hier sein werden."

Katharinas Zweifel hatten neue Nahrung bekommen. Matthias war garantiert nicht der Kellner.

Andrea hatte während der Unterhaltung ihres Mannes ihre Flasche schon zur Hälfte geleert.

„Schatz, du hast jetzt wirklich genügend getrunken. Lass es doch mal gut sein, sonst musst du ja dauernd auf, na, du weißt schon." Ihm waren offenbar sowohl die ständigen Toilettengänge wie auch das Wort selbst peinlich.

„I hab so Durst!" Sie trank gekonnt direkt aus der Flasche und leerte diese in einem weiteren Zug bis auf einen kleinen Rest. Bernhard zuckte resigniert die Achseln und versuchte seine Frau wieder auf die improvisierte Liege auf der Eckbank zu betten. Während des Brandes hatte sie plötzlich über Bauchschmerzen geklagt.

Katharina bemerkte seinen hilfesuchenden Blick und ging zu den beiden hinüber.

„Warum hat meine Frau denn Bauchschmerzen und so viel Durst? Hat sie vielleicht ein Magengeschwür oder so? Mit Bauchschmerzen hatte sich mein eigenes Magengeschwür angekündigt, an heftigen Durst kann ich mich allerdings nicht entsinnen."

Katharina setzte sich neben Andrea. „Erinnern Sie sich? Sie sind gestürzt und haben sich dabei die Schulter ausgekugelt. Sind Sie vielleicht auch auf den Bauch oder Rücken gefallen?“

Andrea blickte ziellos über Katharinas linke Schulter. Sie schien die Frage gar nicht gehört zu haben.

Katharina ergriff ihre Hand. Diese fühlte sich kalt und schweißfeucht an. Sie drückte Andrea auf den Bauch, was sie mit einem Würgereiz quittierte.

„Alles wird wieder gut. Zeigen Sie mir doch einmal Ihre Zunge.“

Trotz der vier Liter, die Andrea nun schon innerhalb kurzer Zeit getrunken hatte, waren ihre Zunge und die Schleimhäute trocken.

Andrea kratzte sich ausgiebig am Kopf und Rücken. Katharina fühlte den Puls. Das Herz klopfte wie eine Nähmaschine. Einhundertzweiunddreißig Schläge pro Minute, viel zu schnell.

Der Durst, die trockenen Schleimhäute, der Juckreiz, der schnelle Puls – Katharina kam ein Verdacht. „Frau Momsen, hauchen Sie mich doch mal an“, forderte sie sie auf.

Ein unangenehmer Geruch nach fauligem Obst und Nagellackentferner schlug ihr entgegen. Eindeutig der Geruch von Aceton, einem Leitsymptom eines entgleisten Diabetes mellitus. Auch die weiteren Symptome passten exakt in das Bild. Durch den erhöhten Blutzucker entstand eine stoffwechselbedingte Übersäuerung des Blutes. Unbehandelt konnte die Übersäuerung zum Koma führen. Katharina befürchtete, dass Andrea kurz davor stand.

„Herr Momsen, kann es vielleicht sein, dass Ihre Frau Diabetikerin ist?“

Er schlug sich mit der flachen Hand gegen die Stirn. „Natürlich! Wie konnte ich das nur vergessen? Sie hätte schon längst ihre Insulinspritze bekommen müssen. Die ist in ihrem …“ Er stockte und Verwirrung zeichnete sich auf seinem Gesicht ab. „Sie hat die Spritzen in ihrem Rucksack. Weiß irgendjemand, wo der ist? Rosa, ungefähr so groß.“ Seine Hände zeichneten die Abmessungen des Rucksacks in die Luft.

„Wo bin i eigentlich? Was isch passiert?“ Andrea machte einen zunehmend verwirrten Eindruck.

Niemand konnte sich erinnern, den Rucksack gesehen zu haben.

Katharina versuchte vorsichtig, mit Bernhard Momsen das Geschehen seit dem Unfall zu rekonstruieren. Plötzlich wurde er aschfahl.

„Oh nein! Der Rucksack muss noch an der Unfallstelle liegen. Ich habe ihn meiner Frau abgenommen und unter ihren Kopf gelegt, nachdem sie gestürzt war."

Katharina seufzte resigniert. Schon wieder ein medizinischer Notfall. Andrea entwickelte sich zu ihrer Dauerpatientin. Die wichtigste Erstmaßnahme war die Zufuhr von Flüssigkeit. Idealerweise als Infusion, aber diese Option schied aus. Zumindest getrunken hatte Andrea sicher genügend. Dann musste der Blutzuckerspiegel gesenkt werden. Dafür brauchte sie Insulin. Ohne Insulin würde Andrea in absehbarer Zeit ins Koma fallen und Folgeschäden erleiden, die sie nicht abschätzen konnte, da unklar war, wie lange sie noch von der Außenwelt und der Bergrettung abgeschnitten bleiben würden.

Sie traf ihre Entscheidung. „Wir brauchen den Rucksack mit den Spritzen."

„Berni, wer isch gestürzt? Gehen mir jetzt wieder heim? Wo sind mir eigentlich überhaupt?"

Matthias, der smarte Österreicher, hatte sich bislang mühsam beherrscht. Nun verlor er offenbar die Geduld und sprang wild gestikulierend auf.

„Halt endlich deinen blöden Mund! Das fragst du jetzt schon zum hundertsten Mal. Vom Fahrrad bist du runtergefallen. Kopfüber. Zu fett, um richtig Rad zu fahren, aber mit einem Mountainbike ins Gebirge wollen. Wie blöd seid ihr Piefkes eigentlich? Gehirnerschütterung! Dass ich nicht lache. Wo nix is, ko nix derschüttert werrn", schrie er die verdutzte Andrea an. In Katharinas Richtung fuhr er fort: „Moch doch was, dass die dumme Schnalln endlich 's Maul hoid, Frau Doktor."

Bernhard Momsen hatte vielleicht nicht alle Wörter, wohl aber den barschen Ton verstanden. „Wie reden Sie denn mit meiner Frau?"

Karl sprang ihm bei. „Beherrsch dich, Matthias. So redet man nicht. Erst recht nicht mit unseren Gästen."

Matthias hatte seine Emotionen offensichtlich nicht mehr unter Kontrolle. Er baute sich bedrohlich vor Karl auf, wobei seine Stirn gegen dessen Stirn drückte. „Unsere Gäste.“ Er lachte höhnisch. „Spiel dich nicht als Chef auf und halte gefälligst deinen Mund. Ich habe die Nase voll von deinen Anweisungen! *Matthias, mach dies, Matthias, mach das. Geh hier hin, tue nicht das.* Stundenlang laufe ich dir durch die Berge hinterher, weil du immer den umständlichsten Weg aussuchst. Immer das Gerede, wir könnten auffallen. Bullshit. Du bist paranoid. Es reicht mir. In Zukunft kannst du die Touren ohne mich machen. Ich bin raus. Nimm doch den Albaner mit, falls die ihn wieder zusammengeflickt bekommen.“

„Matthias, das reicht!“ Annes Stimme war schneidend.

Bernhard Momsen schien sich durch die Worte von Karl und Anne bestätigt zu fühlen und legte seinerseits nach: „Sie sind ein ganz unangenehmer Mensch, Matthias. Meine Frau ist schwer verletzt, und Ihnen fällt nichts Besseres ein, als sie zu beleidigen.“

Jetzt hatte Matthias genug. Er holte mit der rechten Faust aus. Karl konnte ihn gerade noch an der Schulter ergreifen und drehen, sodass der Schlag ins Leere ging.

Im nächsten Augenblick schrien fast alle gleichzeitig durcheinander. Selbst die Lehrerin versuchte vergeblich, sich Gehör zu verschaffen.

Katharina war erschüttert. Natürlich zerrten die isolierte Situation und die dramatischen Ereignisse an den Nerven. Aber dass das Hüttenpersonal so die Kontrolle verlieren würde, überraschte sie.

Sie wartete geduldig ab, bis das Stimmengewirr wieder verstummt war.

Dann wiederholte sie ihre Forderung. „Wir brauchen den Rucksack mit den Spritzen.“

Karl nickte ihr bestätigend zu. „Herr Momsen, wo genau liegt der Rucksack? Ich werde ihn gleich holen.“

Anne unterbrach ihn. „Karl, du wirst nicht da rausgehen und den Rucksack suchen.“

„Warum nicht? Die Frau benötigt dringend ihre Spritzen.“

„Josef ist immer noch irgendwo dort draußen. Vielleicht versucht er in deiner Abwesenheit noch einmal etwas. Ich brauche dich hier. Soll doch ihr Mann gehen.“

Bernhard Momsen blickte hilflos zwischen Anne und Karl hin und her.

„Herr Momsen kennt sich hier doch überhaupt nicht aus. Er könnte sich da draußen verirren bei dem strömenden Regen.“

Momsen schaute Karl dankbar an.

„Ich sage nein“, erwiderte Anne. „Du wirst das Haus nicht verlassen. Wer von meinen Angestellten wann wohin geht, bestimme ich. Du könntest aber inzwischen mit dem Kochen beginnen. Unsere Abendgäste werden sicherlich bald erscheinen.“

Katharina schaute Karl irritiert an. Hatte Anne ihn nicht als Hausmeister vorgestellt?

Anne wiederholte: „Niemand, weder du noch ich noch Matthias werden diesen Rucksack holen. Giovanni und“, sie lachte zynisch, „Großvater kommen wohl nicht in Frage. Also, Herr Momsen, Sie gehen selbst, oder eben niemand.“

Bernhard Momsen erhob sich schwerfällig.

Katharina drückte ihn zurück auf seinen Stuhl.

„Bleiben Sie hier bei Ihrer Frau, Herr Momsen. Sie braucht Sie jetzt. Ich gehe die Spritzen holen, ich kenne mich hier viel besser aus als Sie.“ Was nicht stimmte, denn Katharina war noch nie in der Nähe des Gasthofs gewesen. Aber sie war halb so alt und doppelt so fit wie der blasse Mann. „Wo ist Ihre Frau gestürzt?“

Der Vorschlag war ihm sichtlich unangenehm. Halbherzig bot er an, sie bei der Suche zu begleiten. Katharina schüttelte entschieden den Kopf. Ganz bestimmt nicht. Sie hatte kein Verlangen danach, länger als unbedingt notwendig durch den strömenden Regen zu laufen. Mit Momsen im Schlepptau würde die Suche doppelt so lange dauern.

„Nein, das passt schon. Also, wo liegt der Rucksack?“

Es zeigte sich, dass Bernhard Momsen weder eine Erinnerung an den Unfallzeitpunkt noch an den Weg hatte, den er mit seiner verletzten Frau genommen hatte. Vermutlich hatte ihn die Sorge um Andrea vollständig durcheinandergebracht. Nervös knetete er seine Finger.

Katharina legte ihm beruhigend ihre Hand auf den Unterarm.

„Als wir uns dort draußen getroffen haben, müssen Sie beide vom Seekopf her gekommen sein, richtig?“

Bernhard nickte dankbar. „Da war so ein Drehkreuz. Aus Holz. An dem sind wir vorbeigegangen.“ Zur Illustration stellte er die Almdudler-Flasche in die Mitte des Tischs und versuchte mithilfe von Bierdeckeln, einem Salzstreuer und Servietten den Weg darzustellen, bis ihm einfiel, dass er eine Wanderkarte in seiner Trikottasche hatte.

Er breitete die Karte auf dem Tisch aus, konnte sich aber nicht mehr an den genauen Ort des Unfalls erinnern. Verzweifelt schaute er Katharina an.

„Macht nichts“, tröstete sie ihn. „Es gibt ja nur diesen einen Weg zum Gipfel des Seekopfs. Ich folge ihm einfach. Dann muss ich zwangsläufig zu der Stelle kommen.“

FÜNFZEHN

Dienstag, 17.00 Uhr

Nachdem sich die Türe der Gaststube hinter der Ärztin geschlossen hatte, wurde es erneut ruhig im Raum. Anne und Karl waren nach oben gegangen, um nach dem Schussverletzten zu sehen. Obwohl es noch mitten am Nachmittag war, hatten die bleigrauen Wolken nahezu das ganze Licht aufgesogen. Matthias hätte gerne die schmiedeeiserne Lampe in der Ecke eingeschaltet, brachte aber nicht die Energie auf, sich zu erheben.

Fuck! Was passierte hier eigentlich? Das verfluchte Wetter war schuld, dass alles schieflief. Wo blieben die verdammten Abholer?

Der Zoff erst mit dem alten Mann und dann der Streit mit Karl setzten ihm mehr zu, als er sich selbst eingestehen wollte. Was, wenn Anne ihn deswegen aussortierte? Die Macht dazu hatte sie vermutlich. Anders als er in der Erregung geäußert hatte, brauchte er doch den Job.

Dabei war alles bislang so easy gewesen. Alle paar Wochen eine Bergwanderung mit einem ziemlich schweren Rucksack. Dass Karl nie den direkten Weg gewählt hatte, war zwar ärgerlich, aber kein echtes Problem gewesen. Schließlich gab es gutes Geld dafür. Weit mehr, als er mit dem Verticken von Ecstasy-Pillen auf Schulhöfen verdienen konnte.

Er biss sich auf die Unterlippe. Durch das Fenster konnte er erkennen, wie sich das Rot der Hardshelljacke der Ärztin über den leeren Hof bewegte. Die ganzen Ereignisse bereiteten ihm Sorgen. Er hatte plötzlich das Gefühl, als ob sie alle hilflos auf eine Katastrophe zutreiben würden.

In der Mitte der gekiesten Hoffläche war ein kleiner See entstanden. An der Wasseroberfläche bildeten sich durch den strömenden Regen und heftige Windböen ständig wechselnde Muster. Einzelne Blitze der abgezogenen Gewitterfront tauchten die Gesichter der wenigen verbliebenen Personen immer wieder in ein fahles Licht, wodurch sich ihre Sorgenfalten markant abzeichneten. Die Reporterin zuckte bei jedem Donnerschlag erschrocken zusammen. Sie hatte sich in eine Decke eingewickelt, obwohl es im Raum immer noch drückend warm war.

Die Bitch war de luxe. Die Titten vielleicht ein wenig zu klein, aber der Arsch voll hammer. Die verdammten Abholer hatten wahrscheinlich keine Lust auf den Regen und chillten noch irgendwo in Kempten, während er auf der Berghütte abkackte. Ja, aber die Bitch war krass. Irgendwie musste er schließlich die Zeit herumbringen. Und sie war bestimmt keine, die zu einer schnellen Nummer nein sagen würde.

Seine Zweifel verblassten und seine unbekümmerte Selbstsicherheit kehrte zurück. War es etwa sein Problem, wenn es im Gasthof Schwierigkeiten gab? Sollten doch Anne und Karl sich damit herumschlagen. Morgen würde er wieder in seinem Lieblingsclub in Salzburg feiern.

Er setzte sich neben die Reporterin und strich ihr über den Rücken. „Ist dir kalt?“

Sina nickte zaghaft.

„Komm mit.“

Sie schaute ihn fragend an. „Wohin?“

„Nach hinten. Dort ist es wärmer.“

„Echt?“

„Mhm. Südseite. Die Steinwände sind wie ein Backofen. Speichern die Wärme.“

Er half ihr auf und führte sie durch den schmalen Gang hinter der Garderobe an den Toiletten vorbei in den privaten Teil des Gasthofs.

„Jetzt links. Hier hinein.“ Er lotste sie in Großvaters Zimmer. Der würde sie bestimmt nicht stören.

„Dein Zimmer?“

„Mhm.“

„Krass. Sieht gar nicht nach dir aus. Keine Bilder, kein Laptop, keine Musik?“

„Ich schlafe ja nur gelegentlich hier. Eben, wenn ich hier bin.“

„Ich denke, du arbeitest hier?“

Er bemerkte seinen Fehler. „Klar doch, aber... Ich meine, also, wenn ich arbeiten muss, geht das bis weit in die Nacht. Dann ist nicht mehr wichtig, wie mein Zimmer aussieht. Und wenn ich ein oder zwei Tage frei habe, bin ich sowieso drunten im Tal. Hier oben ist ja nichts los."

Sina kaufte ihm die Ausrede offenbar ab.

„Aber wärmer ist es hier nicht. Eher kälter."

„Im Bett wird dir gleich wärmer." Er schaute sie lüstern an.

Sina schüttelte den Kopf. „Ich bin dazu nicht in Stimmung. Krass, dass du an so was denken kannst, wo doch gerade eben erst jemand erschossen wurde."

Matthias begann, Sinas Top hochzuschieben und hakte seinen linken Zeigefinger in ihren BH. Sein Glied wurde hart.

„Nee, lass mal. Du bist voll der Honk. So funzt das bei mir nicht. Ich gehe wieder zurück nach nebenan." Sie legte die Decke, die Matthias ein Stück nach unten gezogen hatte, wieder über ihre Schultern und drehte sich um.

Matthias ergriff ihren Arm und zerrte sie zum Bett. Die Abfuhr hatte ihn tief getroffen. Als Honk hatte ihn noch nie eine bezeichnet. Das Blut begann, in seinen Ohren zu rauschen. Wusste sie denn nicht, wer er war? Niemand durfte ihn so beleidigen.

„Erst machst du mich die ganze Zeit an, und dann tickst du plötzlich aus. Aber in Wirklichkeit willst du doch den ganzen Tag schon poppen."

Sina schlug mit der freien Faust auf ihn ein.

Matthias spürte, wie sein Glied erschlaffte. Panik und Wut kochten in ihm hoch. Er umfasste ihre schmale Taille und warf sie auf die Matratze. Dann hielt er beide Handgelenke fest und versuchte, sie zu küssen.

Sina drehte den Kopf zur Seite.

„Eh, jetzt tu nicht so scheinheilig. Ich werde es dir jetzt mal so richtig besorgen. Gib's zu, du stehst doch auf die harte Tour." Er ließ Sinas linkes Handgelenk los und schob brutal seine Hand zwischen ihre Schenkel.

Sina kreischte und zog ihre langen, schwarz lackierten Fingernägel über seine rechte Wange. Sie hinterließen drei blutende Kratzwunden.

Der Schmerz war heftig. Matthias griff unwillkürlich mit beiden Händen in sein Gesicht und ließ Sina los. Sie schlug ihm mit beiden Fäusten in den Unterbauch. Matthias stöhnte und wälzte sich zur Seite.

***

Mit einem Satz sprang Sina auf und rannte aus dem Zimmer. Neun Türen begrenzten die Diele. Verzweifelt versuchte sie, sich zu erinnern, woher sie gekommen waren. Hinter sich hörte sie Matthias' Schritte.

Sie öffnete die nächstgelegene Tür. Falsch, sie stand in einem Büro. Aktenschränke, Schreibtisch, Computer, Telefon, drei leere Rucksäcke und mehrere in weißes Papier gewickelte Päckchen. Aber kein Ausgang zur Gaststube.

Sie fuhr herum, doch Matthias stand bereits im Türrahmen. Langsam bewegte sie sich rückwärts.

Matthias folgte ihr ebenso langsam. Sein Gesicht war zu einer hässlichen Fratze verzerrt. Blut quoll aus den Kratzern und tropfte von der Wange auf sein Hemd. Achtlos strich er mit dem Handrücken über das Gesicht und vermischte das helle Rot mit den Kajalresten zu einem dunklen Schmierfleck. Sein Blick glitt von ihrem Gesicht über ihre Brüste zwischen ihre Oberschenkel. Er leckte sich die Lippen.

Sie stieß an den Schreibtisch. Eines der Päckchen fiel herunter und platzte auf. Der Inhalt ergoss sich über den Fußboden.

Sina erkannte die Ware sofort. Ihre Zeitung hatte vor einem halben Jahr darüber berichtet, wie die Polizei am Grenzübergang bei Pinswang fünfzig Kilogramm Heroin in genau der gleichen Verpackung sichergestellt hatte. Es war einer ihrer ersten Einsätze überhaupt gewesen, und sie hatte als Begleitung des Lokalreporters die Fotos machen dürfen.

„Ihr seid das also“, sagte sie tonlos.

„Zucker. Für die Küche. Wir brauchen hier oben viel Zucker“, versuchte Matthias sich herauszureden. Verwundert bemerkte Sina, wie er plötzlich blass und unsicher geworden war. Sein linkes Augenlid zuckte nervös.

„Blödsinn. Ich weiß, was das ist. Heroin. Ich rufe jetzt die Polizei!"

„Nein." Seine Stimme klang kläglich. „Ich kann dir das erklären."

Sina schüttelte den Kopf.

„Bitte! Es tut mir schrecklich leid. Ich weiß nicht, was gerade über mich gekommen ist." Matthias hatte Tränen in den Augen.

Erstaunlich, dachte sie, wie schnell sich das Blatt gewendet hatte. Eben noch wäre sie fast das Opfer einer Vergewaltigung geworden, und jetzt bettelte der Täter wie ein Hund um einen Knochen.

Ihr Zögern animierte Matthias fortzufahren: „Ich habe echt Mist gebaut. Gerade und in der Vergangenheit. Ja, ich war ein oder zwei Mal im Knast, und ich habe noch Bewährung. Der Richter ist beim letzten Mal ganz deutlich geworden. Er hat gemeint, sollte ich nochmals mit Drogen erwischt werden, wird er mich für sehr lange Zeit ins Gefängnis stecken." Er blickte sie treuherzig an. „Das willst du mir doch nicht antun, oder?"

Sina schüttelte erneut den Kopf. „Nee, vergiss es. So funzt das auch nicht. Du bist echt der Honk. Drogen sind voll assig. Du gestehst die Sache mit dem Heroin, und dafür vergesse ich die versuchte Vergewaltigung." Und bekomme eine krasse Exklusivstory, fügte sie in Gedanken hinzu. „Hättest es ja eh nicht gebracht", fuhr sie verächtlich fort und nahm den Telefonhörer ab. Das Freizeichen erklang.

Seine Augen verengten sich zu Schlitzen und eine Ader trat an seiner Schläfe hervor. Augenblicklich erkannte Sina, dass sie einen schrecklichen Fehler begangen hatte.

„Du wirst niemand etwas erzählen. Weder den anderen hier im Haus noch der Polizei. Verstanden?", brüllte er sie an und machte einen Schritt auf sie zu. Das irre Flackern in seinen Augen jagte Sina einen Schauer über den Rücken. Sie verfluchte sich für ihre letzte Bemerkung und versuchte zurückzuweichen, aber der Schreibtisch stand im Weg.

Matthias legte seine Hände um ihren Hals und drückte zu. Sina versuchte zu rufen, aber ihr kläglicher Hilfeschrei ging im Donnergrollen unter. Matthias drückte fester zu.

Sina bekam keine Luft mehr. Ihre Augen weiteten sich in Panik. Sie wollte schreien, doch Matthias' Griff verschloss ihren Kehlkopf vollständig.

Sie schlug mit beiden Fäusten auf ihn ein und kratzte ihn an den Unterarmen. Nacheinander brachen drei der aufgeklebten Fingernägel ab. Tränen traten ihr in die Augen, ihr Blick verschwamm und ihre Gesichtshaut schwoll an.

***

Matthias raffte es nicht. Er war doch so cool. Keine Braut hatte ihn je einen Honk genannt oder gar seine Männlichkeit in Frage gestellt. Warum hatte sie ihm so die Ehre genommen? Es war alles ihre eigene Schuld.

Sein Puls hämmerte wie ein Maschinengewehr. Fasziniert verfolgte er die Veränderung in Sinas Gesicht. Er sah, wie ihre Überraschung in Anstrengung überging. Die schwarzen Fingernägel zerkratzten seine Haut, aber er spürte keinen Schmerz. Der Blick des Mädchens wurde flehend, und plötzlich war seine Erektion wieder da. Stärker als jemals zuvor in seinem Leben!

Er spürte, wie Sinas Gegenwehr schwächer wurde. Verzweifelt versuchte sie, ihre Hände unter seinen eisernen Griff zu schieben. Aber er war groß. Er war der Boss. Alles an ihm war hart und stark. Er zeigte es ihr! Die Bitch bekam nun das, was sie verdiente. Ein lustvolles Stöhnen entwich seiner Brust.

Nach drei Minuten gab Sina den Kampf auf. Matthias hielt den Hals noch weitere fünf Minuten umklammert.

Zitternd legte er schließlich sein Opfer ab. Die Übelkeit überfiel ihn schlagartig. Er rannte zur Toilette nebenan und erbrach sich mehrfach. Danach wischte er den Mund ab und betrachtete sich im Spiegel. Drei tiefe blutige Furchen zierten seine rechte Wange. Beide Unterarme waren mit Kratzern überzogen.

Er ging zurück ins Büro. Die Reporterin lag noch genauso da, wie er sie abgelegt hatte. Ihre weit aufgerissenen Augen starrten leblos zur Decke.

Schlagartig wurde ihm seine Tat bewusst. Er hatte einen Menschen umgebracht! Verzweifelt fühlte er nach ihrem Puls. Vielleicht war sie nur ohnmächtig. Doch weder an den Handgelenken noch am Hals, der rote Quetschungen aufwies, konnte er etwas spüren.

Erneut überwältigte ihn ein Würgereiz. Der starre Blick des Mädchens war nicht zu ertragen. Er griff nach einem Aktenordner und deckte ihn zeltartig über den Kopf.

Dann ging er mit schleppenden Schritten zur Tür, die in die Gaststube führte. Er öffnete sie nur einen Spalt weit.

„Anne, Karl! Könnt ihr mal kommen? Es ist wichtig."

***

Die Worte klangen dringend und kläglich. Anne und Karl hatten sich versichert, dass der schwer verletzte Albaner dank des Schmerzmittelcocktails friedlich schlief, und waren in die Gaststube zurückgekehrt. Sie schauten sich an und folgten Matthias' Bitte.

Der Salzburger sah erbärmlich aus. Er stand im Flur und stützte sich mit beiden Händen gegen die Wand. Anne bemerkte Kratzer auf seiner Wange.

„Was ist los?", wollte sie wissen.

Matthias musste mehrfach schlucken, bevor er antworten konnte. „Sie hat die Drogen entdeckt", flüsterte er heiser.

„Wer ist *sie*? Die Schwarzhaarige?"

Matthias nickte nur. Anne und Karl blickten sich erneut an.

„Und? Wo ist sie jetzt? Auch im Putzraum eingesperrt?"

Matthias schüttelte den Kopf und deutete mit dem Kinn auf das Arbeitszimmer.

Anne ging zur Bürotür und blieb abrupt stehen. Karl war ihr gefolgt und stieß gegen ihren Rücken.

„Ist sie tot?"

Matthias nickte. „Ja", fügte er schließlich mit dünner Stimme hinzu.

Beide drehten sich entsetzt um. „Was ist passiert?"

Stockend berichtete Matthias, dass er die Reporterin dabei überrascht hätte, wie sie im Büro spionierte. Dabei hätte sie das Heroin entdeckt und als solches identifiziert. Ihm wäre keine andere Wahl geblieben, als sie zum Schweigen zu bringen.

Karl merkte, dass ihm schwarz vor Augen wurde. Er setzte sich mit dem Rücken zur Wand auf den Boden. Die drohende Katastrophe, die er schon die ganze Zeit gespürt hatte, war eingetreten. Sie hatten eine zweite Leiche im Haus. Dieses Mal aber war er selbst mittelbar beteiligt.

Anne hatte ein paar Minuten geschwiegen und nachgedacht. Als sie sprach, klang ihre Stimme bestimmt.

„Wir müssen die Leiche heute Nacht noch entsorgen. Sie muss so verschwinden, dass sie nie gefunden wird. Ich habe da schon eine Idee. Vielleicht können wir ihr Verschwinden auch meinem Schwiegergroßvater anlasten."

Matthias schaute sie hoffnungsvoll an und nickte. Josef war ein guter Sündenbock.

Anne fuhr fort: „Ihr bringt das Mädchen jetzt erst mal hinaus. Dorthin, wo schon meine Schwiegermutter liegt. Dann lassen wir drüben in der Gaststube beiläufig fallen, dass die Schwarzhaarige sich nicht wohl fühlt und deshalb hingelegt hat. Passt aber auf, dass die Ärztin nichts merkt. Die ist gefährlich."

Nach einem Blick auf Matthias' Kratzer fügte sie hinzu: „Nur mit deinem Gesicht müssen wir etwas machen. Und ein Hemd mit langen Ärmeln solltest du auch anziehen."

Widerwillig war Karl beeindruckt. Anne war eiskalt, aber der Plan konnte funktionieren.

***

Nacheinander waren sie wieder in die Gaststube zurückgekehrt. Karl hatte Matthias und Anne den Vortritt überlassen, die restlichen Päckchen versteckt und alleine die Leiche der Reporterin in den Kuhstall getragen. Der Salzburger war dafür nicht zu gebrauchen gewesen, aber das Mädchen war federleicht.

Danach hatte er mit dem Gedanken gespielt, vom Büro aus die Polizei anzurufen und sich zu stellen. Die Vorstellung, jahrelang in einer kleinen Zelle zu sitzen und seine geliebten Berge nicht mehr zu sehen, hatte ihn wieder davon abgebracht. Außerdem bezweifelte er, selbst hinter Gefängnismauern vor der Rache des Drogenbosses sicher zu sein.

Die Gäste saßen noch immer auf denselben Plätzen, als Karl die Gaststube betrat. Matthias dagegen hatte einen anderen Tisch gewählt und hockte jetzt zusammengesunken in der hintersten Ecke der Gaststube. Sein ehemals attraktives Gesicht war bleich und eingefallen. Die Kratzer waren nicht mehr zu sehen. Anne hatte mit ihren Schminkutensilien ganze Arbeit geleistet.

Der Minutenzeiger der Pendeluhr kroch aufreizend langsam weiter. Karl hatte sich auf die Kante eines Stuhls gesetzt und wippte mit den Füßen. Dabei fuhr er nervös mit beiden Händen durch seine dunklen Haare. Sein Blick war ziellos aus dem Fenster gerichtet, wo das Wetterleuchten Ausschnitte der Umgebung immer wieder in ein gespenstisches Licht tauchte. Renate Voigt hatte ein *Mensch ärgere dich nicht*-Spiel gegen sich selbst begonnen und schien in dieses vertieft. Allerdings hatte sie seit Minuten nicht mehr gewürfelt, und immer wieder huschte ihr scheuer Blick über die Gruppe. Mit einem Räuspern richtete sie sich auf.

„Wo ist eigentlich das junge Mädchen?“

Matthias warf Karl einen gehetzten Blick zu. Der wiederum schreckte aus seiner Apathie auf und sah zu Anne, die an ihrem Lieblingsplatz hinter der Theke stand. Wie auf ein geheimes Zeichen wendeten sich vier weitere Köpfe in deren Richtung.

„Warum schaut ihr alle mich an? Bin ich ihr Kindermädchen?“ Betont lässig durchquerte sie den Raum und nahm neben Karl Platz.

Renate war jedoch nicht gewillt, das Thema fallen zu lassen. „Das zarte Ding wird doch nicht versucht haben, ins Tal abzusteigen“, sagte sie. „Junger Mann, Sie sind doch vorhin … Ich meine, Sie haben doch vor einer halben Stunde …“ Sie sah Matthias durchdringend an.

Der wurde noch blasser und blickte erneut hilfesuchend zu Anne.

Anne zuckte mit den Schultern. „Das ist ein Gasthof, kein Gefängnis. Von mir aus können Sie gerne alle gehen“, erwiderte sie heftig. „Vielleicht hatte die Reporterin unsere Gesellschaft satt. Ich glaube aber nicht, dass sie raus ist, denn sie hat mich vorhin nach einem Bett gefragt. Ich weiß, dass sie sich übergeben hat. Sagte, sie bekommt bei Aufregung immer Migräne. Vielleicht hat sie sich oben im Matratzenlager hingelegt. Wenn Sie es genau wissen wollen, schauen Sie doch selbst nach."

Karl hatte die Unterhaltung gespannt verfolgt und stieß geräuschlos den angehaltenen Atem aus. Das war eine gute Antwort. Ganz beiläufig und deshalb absolut glaubwürdig.

Renate Voigt würfelte für den nächsten Zug.

SECHZEHN

Zuvor

Der Wanderweg zum Seekopf war im düsteren Licht nur schwer zu finden. Nicht, dass es keinen Pfad gegeben hätte, sondern im Gegenteil, es gab zu viele. Hunderte von Wanderern hatten im Lauf der Zeit den Boden um den Gasthof herum niedergetreten und Pfade angelegt, die sich nach wenigen Metern verliefen. Mehrfach musste Katharina umdrehen, weil ihr Weg geendet hatte. Schließlich erblickte sie an einem hölzernen Drehkreuz, das eine Viehweide begrenzte, die hilfreiche weiß-rot-weiße Markierung.

Nachdem sie endlich den Einstieg entdeckt hatte, war die Orientierung nicht mehr schwierig. Wiederholt stieß sie auf frische Spuren breiter Fahrradreifen, die der Regen noch nicht vollständig ausgelöscht hatte. Erleichtert registrierte sie, dass sie auf dem richtigen Weg war.

Das Gewitter war nach Osten abgezogen, aber der Niederschlag hatte weiter zugenommen. Ihre hochwertige Trekking-Jacke hielt den Wassermassen bislang noch stand, aber ihre Hose war bereits vollkommen durchnässt, und in den Bergstiefeln stand das Wasser. Der Boden war glitschig, und Katharina setzte ihre Schritte mit äußerster Vorsicht. Sie staunte, welche Steigungen die älteren Leute mit ihren unvertrauten Fahrrädern bewältigt hatten.

Nach zwanzig Minuten stieß sie schließlich auf ein Bike, welches einsam und verlassen auf einer Kuppe neben dem Pfad lag. Bernhards, vermutete sie. Einige Meter weiter im steilen Gelände jenseits der Kuppe entdeckte sie gleich darauf das zweite Fahrrad. Pinkfarbener Rahmen, passend zu dem angebrochenen Fahrradhelm daneben. Und zum ebenfalls farblich passenden Rucksack.

Kein Zweifel, sie hatte die Unfallstelle gefunden. Sie hob den Rucksack auf und warf einen raschen Blick hinein. Neben anderen Utensilien, die sie nicht weiter interessierten, konnte sie mehrere Fertigspritzen und ein Päckchen Traubenzucker erkennen.

Rasch schloss sie den Reißverschluss und hängte den Rucksack über eine Schulter. Das scheußliche Ding ganz auf den Rücken zu nehmen, dazu konnte sie sich nicht überwinden. Im Gehen streifte ihr Blick das im strömenden Regen liegende Fahrrad. Wenn sie sich richtig an Bernhard Momsens Erzählung erinnerte, war es erst vor einigen Stunden gekauft worden. Einige weitere Stunden hier im Regen könnten die Elektronik zerstören, befürchtete sie. Nach vierundzwanzig Stunden schon Schrott – dieses Schicksal hatte nicht einmal ein pinkfarbenes Bike verdient.

Sie hob es auf und begann es zum Gasthof zurückzuschieben.

Als ob die Kulissen einer Freilichtbühne farbig angestrahlt würden, erschien die Umgebung in den düsteren Sepiafarben alter Bilder. Zumindest die unmittelbare Umgebung, denn Nebelschwaden und beinahe horizontaler Regen begrenzten die Sichtweite auf wenige Meter. Katharina war froh, als unvermittelt das hölzerne Drehkreuz vor ihr auftauchte. Zwischenzeitlich hatte sie befürchtet, irgendwo den richtigen Weg verloren zu haben. Von hier aus waren es nur noch ein paar Schritte über die Almwiese bis zum Gasthof.

Sie hob das E-Bike über das Gattertor, denn das Drehkreuz ließ sich damit nicht passieren. Verdammt, war das Rad schwer! Sie musste es mit beiden Händen hochstemmen, und beim Absetzen auf der anderen Seite entglitt es ihren nassen Fingern. Ihr eigenes Carbonhardtail hätte sie lässig einfach auf die Schulter genommen.

Nach ein paar Minuten spürte sie, wie der Wiesenboden in feinen Kies überging, und plötzlich ließen die Windböen nach. Auf der Hoffläche zwischen dem halben Dutzend Gebäude stehend überlegte sie, wo sie das Fahrrad abstellen sollte. Es einfach im Regen zu lassen war sinnlos, denn dann hätte es gleich an der Unfallstelle bleiben können. Ihr Blick streifte ein flaches Gebäude mit aus Natursteinen gemauerten Wänden und einem grasbewachsenen Dach. Der längst nicht mehr genutzte Kuhstall, der auch für einen Drahtesel gut genug sein würde.

Die Tür an der Stirnseite war mit einem kräftigen Riegel verschlossen, den Katharina mit den gefühllosen Fingern nur mühsam zurückziehen konnte. Auch der Türflügel öffnete sich nur zögerlich, und die offensichtlich schon lange nicht mehr geölten Angeln knarzten laut. Drinnen war es noch deutlich dunkler, denn Licht trat nur durch schmale Fenster unter dem Dach auf den Längsseiten ein.

Nachdem Katharina vergeblich einen Schalter gesucht hatte, wartete sie einige Augenblicke, bis sich ihre Augen an das düstere Licht gewöhnt hatten. Der Stall schien zumindest augenblicklich nicht mehr für das Vieh genutzt zu werden, denn zu ihrer Linken standen mehrere Getränkekisten und Sonnenschirme. Gegenüber lag ein großer Haufen, den sie für Tischdecken, Schmutzwäsche oder Lumpen hielt. Vielleicht konnte sie sich damit rasch ein wenig abtrocknen.

Es waren keine Lumpen.

Entsetzt erkannte Katharina, dass es da zwischen den Stoffteilen einen Kopf, Hände und Schuhe gab. Sie unterdrückte mit Mühe einen Schrei. Erst dann wurde ihr jäh bewusst: Es war die erschossene Maria Huber, die man hier abgelegt hatte. Wie gefühllos musste Anne sein, ihre Schwiegermutter nicht im Bett, sondern auf dem schmutzigen Steinboden im Kuhstall aufzubahren.

Doch da entdeckte sie noch etwas: Es gab nicht nur einen, sondern zwei Köpfe! Aber während Marias Augen geschlossen waren – Katharina hatte ihr selbst die Lider geschlossen –, blickte sie daneben in ein Paar weit aufgerissene Augen.

Jeder Arzt war sich bei seinem medizinischen Handeln bewusst, dass der Tod ständig präsent war.

Katharina hatte in ihrem Berufsleben naturgemäß schon den einen oder anderen Patienten an den Tod verloren. Leichen übten auf sie keinen Schrecken mehr aus, seit sie im Studium im dritten Semester den Präparierkurs absolviert hatte. Aber der Tod war nie selbstverständlich geworden. Das Ableben eines jeden Patienten ging ihr nahe, auch wenn sie wusste, dass für manch einen der Tod eine Erlösung darstellte. Sie hatte die Erfahrung gemacht, dass die meisten Menschen mit einem friedlichen Gesichtszug aus dem Leben schieden.

Die Reporterin hatte kein entspanntes Gesicht. Es schien so, als ob ihr der Tod erst im letzten Augenblick bewusst geworden wäre. Instinktiv tastete sie an den Handgelenken und an der Halsschlagader nach einem Puls, denn ihr Verstand weigerte sich zu akzeptieren, was das ärztliche Wissen sofort erkannte: Schneewittchen war tot. Genauso tot wie die Gastwirtin. Mit dem Unterschied, dass Maria Hubers Tod ein Unfall war, den alle Anwesenden miterlebt hatten.

Mechanisch kniete Katharina hin, um die Leiche zu untersuchen. Die Augenlider ließen sich nicht mehr schließen, während am Kiefer noch keine Totenstarre eingetreten war. Angesichts der Tatsache, dass im Stall zurzeit in etwa Raumtemperatur herrschte, schätzte sie den Todeszeitpunkt auf ungefähr eine Stunde zuvor. Sie versuchte sich zu erinnern. Als sie den Gasthof verlassen hatte, hatte sich die Reporterin noch an den jungen Österreicher gekuschelt. Das musste vor gut einer Stunde gewesen sein. Was war während ihrer Abwesenheit dort drüben passiert?

Katharina inspizierte systematisch den ganzen Körper. Dabei fielen ihr selbst in diesem schwachen Licht rot unterlaufene Spuren am Hals und Einblutungen in die Bindehäute beider Augen auf.

„Zirkumferente Würge- beziehungsweise Strangulationsmale und konjunktivale Petechien", murmelte sie. Außerdem konnte sie eine Fraktur des Kehlkopfs ertasten und drei der sorgsam manikürten Fingernägel waren abgebrochen. Typische Anzeichen also für einen Tod durch Erwürgen.

Rechtsmedizin war im Studium eine der spannendsten Vorlesungen gewesen, zu der sie trotz des studentenunfreundlichen Beginns um acht Uhr morgens immer gekommen war. Wie fast alle Kommilitonen. Aber nie hätte sie erwartet, jemals selbst in einen Fall verwickelt zu werden. Sie schaute sich die Befunde nochmals genau an, um nicht zum Gespött der Kollegen zu werden, sollte sie sich getäuscht haben.

Nein, entschied sie. Die Symptome waren eindeutig, Schneewittchen war ermordet worden. Von dem jungen Österreicher vermutlich. Aber warum? Und wer von den Anwesenden gehörte noch zu den Bösen?

Sicher erschien ihr, dass zumindest einige der angeblichen Mitarbeiter nicht wirklich im Gaststättengewerbe tätig waren. Sie war überzeugt, dass der angeschossene dunkelhäutige Mann identisch war mit dem, der sie kurz vor der Bad Kissinger Hütte angerempelt hatte. Und der mögliche Mörder hatte vermutlich noch nie gekellnert oder etwas anderes als Spiegeleier zubereitet.

Ihr ungutes Gefühl verwandelte sich in Gewissheit. In dem abgelegenen Anwesen passierte etwas Ungesetzliches, was so bedeutend war, dass die Beteiligten nicht einmal vor einem Mord zurückschreckten. Sie durfte auf keinen Fall in den Gasthof zurückkehren, sondern musste Hilfe holen. Was nicht einfach werden würde in dieser Einsamkeit.

Sie hatte schon den Stall verlassen und die Tür vorsichtig wieder geschlossen, um den langen Abstieg ins Tal in Angriff zu nehmen, als ihr das Telefon einfiel. Nicht das Handy, das war im Funkloch nutzlos, sondern das Festnetztelefon im Gasthof. Hatte Bernhard Momsen nicht behauptet, das Telefon sei gar nicht gestört? Das Büro, in dem sich der Apparat befand, lag im hinteren Teil des Gasthofs, weit weg von der Gaststube also. Sollte es ihr gelingen, sich unbemerkt in das Büro zu schleichen, würde sie telefonisch Hilfe anfordern können und viel wertvolle Zeit sparen. Zeit, die für die noch im Gasthof weilenden Personen möglicherweise den Unterschied zwischen Leben und Tod bedeuten könnte.

Dem Wind war es gelungen, einige Lücken in die Wolkendecke zu reißen. Die Sonne hatte eines der Löcher entdeckt und schickte ihre warmen Strahlen hindurch. Während die umliegenden Berge und Hügel in ein düsteres braun-graues Licht getaucht blieben, wurde der Gasthof von einem hellen Lichtkegel beleuchtet. Schlecht für Katharina, denn sie musste ohne Deckung den Hof überqueren. Geduckt hastete sie über die Kiesfläche, immer darauf bedacht, möglichst lange in Deckung zu bleiben. Ihr Herz klopfte heftig, als sie nach dem letzten Sprint die Eingangstür erreichte.

Sie blieb stehen und lauschte konzentriert. Aus der Gaststube hörte sie die schrille Stimme der Lehrerin und eine gedehnte Antwort. Bernhard Momsen vermutlich. Nichts deutete darauf hin, dass ihre Rückkehr bemerkt worden war.

Die Haustür ließ sich erfreulicherweise lautlos öffnen, und Katharina drängte sich durch einen schmalen Spalt. Die Stimmen aus der

Gaststube waren jetzt deutlich zu vernehmen. Andrea klagte wieder über Durst. Gut, sie war also noch nicht ins Koma gefallen. Bernhard Momsens leise Antwort konnte sie nicht verstehen.

Katharina nutzte den Lärm der Unterhaltung, um rasch den mit „Privat“ beschrifteten Bereich des Gasthofs zu betreten. Sie fand sich in einer Diele wieder, von der beidseitig neun Türen abgingen. Panik beschlich Katharina beim Gedanken, auf der Suche nach dem Büro Tür um Tür öffnen zu müssen.

Auf Zehenspitzen schlich sie zur ersten. Dahinter verbarg sich ein kleines WC mit Armaturen, die vor vierzig Jahren modern gewesen waren. Die nächste Tür stand ein wenig offen, und durch den Spalt konnte Katharina einen spärlich möblierten Raum mit einem aus unbehandeltem Holz geschreinerten Schrank und einem altertümlichen Bett erkennen. Sie bewegte sich vorsichtig weiter zu einem Zimmer gegenüber, das im Gegensatz zu den anderen eine moderne Türklinke mit einem Schloss aufwies. Ihre nassen Schuhe und die tropfende Kleidung hinterließen eine feuchte Spur auf dem Boden.

Das Schloss bereitete Katharina Kopfzerbrechen. Was, wenn abgeschlossen war? Vorsichtig drückte sie die Klinke nieder. Die Tür öffnete sich mit einem leichten Knarren, und Katharina hielt unwillkürlich den Atem an. Erneut deutete kein Ausruf darauf hin, dass sie entdeckt worden war. Sie steckte den Kopf durch einen Spalt. Der überraschend große Raum wurde dominiert von einem mit Papierstapeln übersäten Schreibtisch. An beiden Wänden standen Regale mit unzähligen Aktenordnern. Das moderne Büro passte überhaupt nicht in das Bild des Gasthofs.

Katharina schlüpfte durch den Spalt und schloss leise die Türe hinter sich. Als ob dem Besitzer des Büros die Diskrepanz zum übrigen Hof ebenfalls aufgefallen wäre, stand wie zum Ausgleich ein altertümliches Telefon mit Wählscheibe auf dem Schreibtisch. Vermutlich nur ein Replikat, denn der schwarze Lack glänzte noch wie neu.

Sie nahm den Hörer ab und atmete erleichtert aus, als das vertraute Freizeichen erklang. Automatisch wählte sie die 112.

„Notrufzentrale Pfronten. Nennen Sie uns bitte den Notfall sowie Ihren Namen und Ihren Standort.“

„Hilfe! Ich bin hier im Gasthof – verdammt, wie heißt er noch mal?! Jedenfalls am Aggenstein.“ Sie flüsterte in den schweren Hörer.

„Ja, ich kann Ihren Standort orten. Aber sprechen Sie bitte lauter. Ich kann Sie nur sehr schlecht verstehen.“

Sie klemmte den Hörer zwischen Schulter und Achsel und legte beide Hände um die Sprechmuschel.

„Hilfe, wir werden hier in einem Gasthof am Aggenstein von Verbrechern bedroht!“

„Einen Augenblick. Das ist die medizinische Notrufnummer. Ich verbinde Sie mit der Polizei.“

Ein Knacken ertönte in der Leitung und wurde von einem Rufton abgelöst. Nach einer Katharina endlos erscheinenden Wartezeit meldete sich eine sonore Stimme.

„Polizeinotruf Kempten. Was kann ich für Sie tun?“

Plötzlich vernahm sie das Rascheln von Kleidung und spürte einen Luftzug. Aus den Augenwinkeln konnte sie erkennen, dass die beiden Österreicher hinter ihr standen. Der smarte junge Mann presste brutal eine Hand auf ihren Mund und drückte mit dem anderen Unterarm gegen ihre Kehle. Karl, der Hausmeister, entriss ihr den Hörer.

SIEBZEHN

Dienstag, 18.29 Uhr

„Mit wem spreche ich?"

Die Antwort konnte Katharina, die vergeblich gegen die Umklammerung ankämpfte, nicht verstehen, aber Karl redete nach einer kleinen Pause weiter.

„Oh, grüß Gott. Hier ist der Gasthof Seekopf. Entschuldigen Sie den Anruf. Wir haben hier ein kleines Missverständnis."

Pause.

„Ja, kann ich mir denken. Sie haben heute bestimmt schon sehr viele Anrufe erhalten. Nein, es war nur ein Gast aus unserem Haus, der Panik bekommen hat."

Und nach einer weiteren Pause: „Nein, es ist alles in Ordnung." Er lachte. „Wir haben bloß ein heftiges Gewitter und keinen Keller zum Verkriechen."

Der Gesprächspartner schien Verständnis zu haben, denn Karl lachte erneut.

„Ja klar. Wie immer. Die Frau kennt die *Bergretter* aus dem Fernsehen und wollte jetzt mit dem Hubschrauber abgeholt werden."

Pause.

Katharina versuchte, sich aus Matthias' Griff herauszuwinden. Einen Hilfeschrei während des Telefonats würde der Polizeidisponent nicht so einfach mit einer fadenscheinigen Erklärung von Karl abtun.

„Nein, in Ordnung. Nichts für ungut und nochmals Entschuldigung für den Anruf."

Pause.

Sie ließ ihren Kopf plötzlich nach hinten kippen und drehte ruckartig ihr Gesicht nach links. Die Aktion brachte ihr außer Schmerzen im Nacken nichts ein. Matthias war offenbar ein Profi darin, Opfer am Schreien zu hindern. Spielerisch leicht konterte er ihre verzweifelten Versuche.

„Aus Lüdenscheid oder Dinslaken oder so. Preußen eben!" Karl lachte gekünstelt.

Pause.

„Danke, ebenfalls, und noch einen einigermaßen ruhigen Abend."

Karl legte den Hörer auf und drehte sich zu Katharina um, die inzwischen von Matthias auf den Schreibtischstuhl gedrängt worden war.

„Matthias nimmt gleich die Hand von Ihrem Mund. Kein lautes Wort, vor allem kein Hilfeschrei. Sonst drückt er Ihnen die Kehle zu. Verstanden?"

Katharina nickte.

Der Druck ließ nach und die Hand verschwand.

Sie überlegte kurz, doch um Hilfe zu rufen. Aber wer sollte ihr zu Hilfe kommen? Die Lehrerin? Andrea Momsen, die vermutlich bald ins diabetische Koma fallen würde? Ihr Mann? Die Auswahl war überschaubar und nicht ermutigend. Sie würde sich selbst helfen müssen.

„Was war das? Warum haben Sie die Polizei angerufen?"

Sie zuckte lediglich mit den Schultern.

„Mach's Maul auf, wenn du was gefragt wirst." Matthias' Stimme überschlug sich. „Was hast du gesehen?" Er war erkennbar nervös.

Katharina blieb stumm und schaute Karl herausfordernd an.

Die Hand legte sich erneut auf ihren Mund. Der Schlag in ihren Unterbauch war überraschend und hart.

Katharina wollte schreien, aber die Hand erstickte jeden Laut. Tränen traten ihr in die Augen.

Karl blickte sie traurig an. „Bitte machen Sie es sich und uns nicht unnötig schwer. Matthias wird Sie auf jeden Fall zum Sprechen bringen. Also noch einmal. Warum haben Sie die Polizei angerufen?"

Katharina hielt sich nicht für ein Weichei. Sie konnte durchaus Schmerzen ertragen. Aber ihr war klar, dass Matthias eine Antwort aus ihr herausprügeln würde. Ein zugeschwollenes Auge oder ein gebrochener Arm würden ihre Chancen nicht verbessern.

„Ihr seid Schmuggler." Das musste für den Anfang genügen.

„Weiter!"

„Was, weiter?"

„Stell dich nicht dumm. Oder soll ich noch einmal zuschlagen?"

„Halt!“ Karl fiel dem Österreicher ins Wort. „Ich hole die Chefin. Soll die entscheiden, was wir mit der Frau Doktor machen. Bleib hier und lass sie nicht aus den Augen.“

Nachdem Karl verschwunden war, baute sich Matthias breitbeinig mit dem Rücken zur Tür auf. Wie ein Türsteher vor der Disco, obgleich ihm dessen Statur fehlte. Mit einem schnellen Blick versuchte Katharina, die Situation zu erfassen. Eine Flucht durch die einzige Tür war ausgeschlossen. Blieb nur das Fenster. In Actionfilmen sprangen die Helden immer durch geschlossene Scheiben, ohne sich dabei zu verletzen. Ihre Tätigkeit als Notärztin hatte ihr oft genug gezeigt, dass die Realität ganz anders aussah. Eine stark blutende Schnittwunde wäre kaum hilfreich auf der Flucht. Blieb also nur, das Fenster zunächst zu öffnen.

Sie erhob sich langsam.

„Bleib sitzen!“

Sie stand ganz auf und krümmte sich. „Ich habe so Bauchschmerzen. Der Schlag. Vielleicht eine innerliche Blutung.“ Sie zog Hemd und Unterwäsche aus dem Hosenbund, um ihren Bauch zu betrachten.

Matthias grinste höhnisch. Sein Blick ruhte auf Katharinas Bauchnabel. Die angespannte Aufmerksamkeit ließ nach.

Katharina würgte.

„Ich glaube, ich muss kotzen.“ Sie griff nach dem Papierkorb. Matthias machte einen Schritt zur Seite, um nicht angespuckt zu werden.

„Der erste Schlag muss präzise und hart sein. Nur wenige Frauen sind in der Lage, einen längeren Kampf gegen einen Mann auszutragen.“ Wie oft hatte sie diesen Satz ihren Kursteilnehmerinnen vorgebetet?

Ihr schwerer Bergstiefel traf Matthias mit voller Wucht im Genitalbereich. Matthias stöhnte, griff mit beiden Händen nach seinen Hoden und ließ seinen Bauch ungeschützt. Katharinas Ellenbogen traf punktgenau den Solarplexus.

Nach zwei Sekunden war der Kampf zu Ende. Matthias klappte nach Luft schnappend zusammen. Der finale Tritt mit dem Bergstiefel versetzte ihm den endgültigen Knock-out und zertrümmerte den Kiefer.

Katharina öffnete das Fenster und stieg auf das Fensterbrett. Matthias lag regungslos am Boden. Sie kletterte zurück ins Zimmer und brachte den Ohnmächtigen in eine stabile Seitenlage. Vor der Tür waren rasche Schritte und Annes aufgeregte Stimme zu hören.

***

Zuvor

Die Gaststube war nahezu verlassen, als Karl hineinstolperte. Bernhard Momsen blickte erwartungsvoll auf. Enttäuscht wendete er sich ab, nachdem er Karl erkannt hatte. Seinen Arm hatte er schützend um die Schultern seiner Frau gelegt. Mit leiser Stimme sprach er auf sie ein. Karl konnte die Worte nicht verstehen. Andrea Momsen reagierte nicht. Sie saß schläfrig und tief atmend neben ihrem Mann. Die Augen waren weit aufgerissen und starrten unentwegt auf die Pendeluhr an der gegenüberliegenden Wand. Der Geruch nach Nagellackentferner hatte sich inzwischen in der ganzen Gaststube verbreitet. Karl schauderte unwillkürlich.

Renate Voigt, die Lehrerin, hatte bei Karls Eintreten nur kurz aufgeblickt und sich wieder auf ihr Spiel konzentriert.

„Wo sind alle anderen?"

„Das fragen Sie mich?" Renate Voigt schaute Karl verwundert an.

Er musste ihr recht geben. Die Lehrerin wusste natürlich überhaupt nichts.

Sie versuchte ihr Bestes. „Die nette Ärztin ist immer noch irgendwo da draußen im Gewitter. Der Großvater vermutlich auch. Die unfreundliche junge Frau ist gerade rausgegangen, um nach dem angeschossenen Mann zu sehen. Der junge Mann und das Flittchen vertreiben sich vermutlich in einem Zimmer die Zeit. Wir drei sind der traurige Rest der Gesellschaft."

„*Da waren's nur noch drei.*"

„Wie bitte?"

„Zehn kleine Negerlein." Karl war das Kinderlied eingefallen.

Die Lehrerin rümpfte die Nase. „*Neger* ist politisch heutzutage nicht mehr korrekt."

„Bei uns in Österreich schon."

Renate Voigt zog es vor, darauf nicht zu antworten.

„Möchten Sie vielleicht mitspielen, Herr Kurt?"

„Karl."

„Wie bitte?"

„Karl. Ich heiße Karl."

„Ach so. Möchten Sie mitspielen, Herr Karl? Sie können Gelb nehmen. Oder Blau. Bei Rot …"

„… fehlt eine Figur. Ich weiß. Nein, danke. Ich suche die Hüttenwirtin."

„Die ist doch tot." Renate Voigt schaute Karl an, als ob der den Verstand verloren habe.

„Anne. Die Schwiegertochter."

Die Lehrerin deutete mit ihrem Kinn in Richtung Tür und konzentrierte sich wieder auf das Spiel. Sie biss sich auf die Unterlippe und zog eine gelbe Figur ins Ziel.

Karl fand Anne im Obergeschoss in dem Zimmer, in das sie den verletzten Albaner gebracht hatten. Er würgte ob des Geruchs nach Blut und Schweiß.

„Stomaku im. Më dhemb shumë." Der Mann hatte Schweißperlen auf der Stirn und murmelte ununterbrochen vor sich hin.

Anne hatte den Verband erneuert und versuchte, ihm ein paar Schlucke des Schmerzmittel-Cocktails einzuflößen, den die Ärztin zubereitet hatte.

„Du als fürsorgliche Krankenschwester?" Karl schaute Anne überrascht an.

„Wir müssen ihn durchbringen. Er darf nicht sterben. Er ist Albaner."

Karl verstand. Die Erklärung genügte. Der legendäre Chef des Kartells war Albaner, und ihm wurde eine tiefgehende Verbundenheit mit seinen albanischen Landsleuten nachgesagt. Es gab Gerüchte über drakonische Bestrafungen bei Fehlern. Der Spitzname des Chefs war *Bluter*. Unbestätigten Erzählungen zufolge waren

Feinde oder Versager gezwungen worden, eine Handvoll blutverdünnender Tabletten einzunehmen. Dem *Bluter* wurde nachgesagt, er würde seinen Opfern kleine Wunden zufügen und ihnen mit morbider Begeisterung beim langsamen Verbluten zusehen.

Karl wusste nicht mit Sicherheit, ob die Schilderungen solcher Bestrafungen real waren oder lediglich einer blühenden Fantasie entsprangen. Weder er noch Anne wollten es herausfinden.

Anne schob das Kissen unter dem Kopf des Verletzten zurecht. „Ist was?“

„Wir haben ein Problem. Die Ärztin war im Büro und hat versucht zu telefonieren.“

Anne sah erschrocken auf. „Die auch noch. Und?“

„Keine Sorge. Matthias und ich kamen gerade noch rechtzeitig. Die Polizei war aber schon in der Leitung. Ich habe mich erfolgreich herausgeredet. Der Disponent hält es zum Glück für einen Fehlalarm. Bloß – die Ärztin weiß was.“

„Wo ist sie?“

„Im Büro. Matthias steht Wache.“

„Wie viel weiß sie?“

„Keine Ahnung. Ich wollte es dir überlassen, das herauszufinden. Und zu entscheiden, was mit ihr passieren soll.“

Annes grimmiger Blick verhieß nichts Gutes für die Ärztin.

Karl war verzweifelt. Marias Tod war schrecklich, aber zumindest ein tragischer Unfall. Matthias war ein Psychopath, bei dem vermutlich eine Sicherung durchgebrannt war. Aber Anne machte jetzt den Anschein, einen kaltblütigen Mord begehen zu wollen. Wie kam er nur aus diesem Albtraum wieder heraus?

Er folgte der Wirtin, die schon die Treppe hinuntereilte. Renate Voigt und Bernhard Momsen blickten auf, als Anne in die Gaststube stürzte. Als sie das wutverzerrte Gesicht sahen, schauten sie rasch wieder weg.

Anne ergriff die Schrotflinte, die seit Josefs fatalem Schuss hinter der Theke gestanden hatte, dann lief sie mit Karl im Schlepptau durch den Gang.

„Beeil dich!“

Matthias lag ohnmächtig direkt hinter der Tür und rettete damit der Ärztin das Leben. Anne und Karl mussten zusammen gegen die Tür drücken, um sie zu öffnen. Im selben Augenblick sprang die Ärztin aus dem offen stehenden Fenster und rannte in großen Sätzen über den Hof. Anne folgte ihr zum Fenster und gab überhastet einen Schuss ab. Der Schuss verfehlte das Ziel und Anne legte erneut an. Der Bolzen schlug mit einem metallischen Klacken auf eine leere Patrone. Anne hatte wohl vergessen, dass der Großvater schon eine Patrone der doppelläufigen Flinte verschossen hatte.

ACHTZEHN

Dienstag, 18.43 Uhr

Katharina hörte den dumpfen Knall. An der Wand der Wellblechhütte neben ihr prasselte es, als hätte es plötzlich zu hageln begonnen. Ein schneidender Schmerz durchzuckte ihren rechten Oberschenkel. Sie griff hin, rannte aber weiter. Offenbar keine gravierende Verletzung. Doch als sie die Hand wegnahm, sah sie das Blut an ihren Fingern.

Ohne nachzudenken, war sie auf den Fahrweg eingebogen. Sie musste es ins Tal schaffen, ohne vorher erwischt zu werden. Sonst war sie tot. Der Schuss hatte ihr endgültig klargemacht, dass die Schmuggler über Leichen gingen. Der Flaschenhals war die Brücke über den Adratsbach. Solange sie diesseits war, war sie auf dem Plateau gefangen, denn der Fahrweg war gleichzeitig der einzige Ausweg. Hatte sie erst einmal die Brücke hinter sich, gab es viele Möglichkeiten, nach Pfronten oder nach Österreich abzusteigen.

Die nächste dunkelgraue Wolkenwand war aufgezogen, und erneut setzte ein heftiger Regenschauer ein. Katharina rannte, so schnell die glitschigen Steine es zuließen. Sie verspürte ein heftiges Seitenstechen, und der rechte Oberschenkel begann zu schmerzen. Sie zwang sich, stehen zu bleiben und den Oberschenkel zu untersuchen. Das Hosenbein hatte zwei kleine Löcher, aber als sie die Hose ein Stück herunterzog, sah sie eine etwa fünf Zentimeter lange Furche. Eine Schrotkugel musste ihr Bein gestreift haben. Die Wunde blutete, aber es waren keine Gefäße verletzt.

Sie lauschte. Von eventuellen Verfolgern war nichts zu hören. Die Wassermassen hatten den Fahrweg ausgewaschen und tiefe Rinnen gegraben. Etwas langsamer setzte sie ihre Flucht fort, um keinen verstauchten oder gebrochenen Knöchel zu riskieren.

Eine Stützmauer hatte dem Druck nicht standgehalten und eine Mure hatte fast den ganzen Weg verschüttet. Katharina kletterte über den klebrigen Matsch. Die Schmerzen am Oberschenkel und in der Flanke ließen nach. Nach wenigen Minuten erkannte sie im fahlen Licht die Pfosten, die den Beginn der Brücke markierten. Erleichtert atmete sie auf. Die Verfolger hatten sie nicht eingeholt. Ab jetzt, dachte sie, war sie in relativer Sicherheit.

Die Brücke war einfach verschwunden. Wo vor einigen Stunden noch Längsträger und Querbretter gelegen hatten, tobte ein brauner Fluss mit weißer Gischt. Der ohrenbetäubende Lärm der Wassermassen übertönte sogar den Gewitterdonner. Ein paar der Bretter kreisten im strudelnden Kehrwasser hinter dem Felsen, der ehemals die Brücke getragen hatte. Der Großteil der Konstruktion war vom Adratsbach mitgerissen worden und driftete mittlerweile vermutlich in der Steinacher Achen oder schon in der Vils. Die tiefe Schlucht war fast bis zum Oberrand mit Wasser gefüllt, der kleine Bach, den man normalerweise an vielen Stellen mit einem Sprung überwinden konnte, war auf eine Breite von mindestens acht Metern angeschwollen.

Panik überfiel Katharina. Sie saß fest, denn das entscheidende Segment des Fahrwegs war fortgespült worden. Die einzige Möglichkeit, das Plateau zu verlassen, war der Pfad, über den sie vor sieben Stunden gekommen war. Überhaupt keine verlockende Option, denn sie würde erst zum Gasthof zurückkehren und dann im vom Regen glitschigen Gelände steil aufsteigen müssen.

In diesem Augenblick wurde sie in gleißendes Scheinwerferlicht getaucht.

NEUNZEHN

Zuvor

Karl atmete erleichtert auf. Der Schuss hatte die Ärztin offenbar verfehlt, und glücklicherweise war keine weitere Patrone mehr in der Waffe gewesen. Anne fuhr herum und warf die nutzlose Flinte gegen die Wand.

„Wir erwischen dieses Miststück“, herrschte sie Karl an. „Komm mit.“

Im Gehen riss sie das Telefonkabel aus der Wand. Karl seufzte resigniert.

Bernhard Momsen kam ihnen im Flur entgegen. „Das war doch wieder ein Schuss. Was ist hier los?“

„Geh uns aus dem Weg!“

Momsen hielt Anne am Arm fest. „Ich habe ein Recht darauf zu erfahren, was hier los ist.“

Anne versetzte dem hageren Mann einen groben Stoß, der ihn gegen den Türrahmen des Arbeitszimmers taumeln ließ. Aus einer Platzwunde an der Stirn tropfte warmes Blut.

„War das nötig?“, fragte Karl.

Anne bedachte ihn mit einem vernichtenden Blick und rannte aus der Eingangstür. Karl folgte ihr widerstrebend. Der Hof lag verlassen im Dämmerlicht.

„Sie wird versuchen, über die Brücke zu kommen. Wir müssen vor ihr dort sein, sonst haben wir die Bullen am Hals.“ Annes Stimme übertönte das Grollen des nächsten Donners.

***

Bernhard saß auf dem Boden des Büros und hörte Annes Rufen durch das geöffnete Fenster. Neben ihm lag der Österreicher und rührte sich nicht. Schon wieder eine Leiche in diesem Horrorgasthof! Die Hüttenwirtin hatte auf irgendjemanden geschossen und ihn zu Boden gestoßen.

Irgendwann würde hoffentlich die Polizei kommen. In welchen Albtraum waren Andrea und er hineingeraten? Alles nur wegen der Fahrräder.

Sein Blick fiel auf den Festnetzapparat auf dem Schreibtisch, und die Hoffnung kehrte zurück. Hatte er nicht selbst vor Unzeiten gehört, wie die unberechenbare Wirtin damit telefoniert hatte? Er nahm den Hörer ab. Die Leitung war tot. Deprimiert wischte er sich über die schweißfeuchte Stirn. Seine Hand war blutig.

***

„Und wenn sie gar nicht zur Brücke geht?"

„Dann kriegen wir sie früher oder später. Der einzige Weg von hier weg führt über die Brücke. Wir müssen sie vorher erwischen. Sonst entkommt sie uns."

„Was ist mit dem Pfad über den Sattel?"

Wortlos deutete Anne über ihre linke Schulter. Die ersten einhundertfünfzig Höhenmeter waren vom Eingang des Stadels aus vollständig einsehbar.

„Sie bräuchte schon Flügel, um so schnell außer Sicht zu sein."

Karl musste zugeben, dass Annes Überlegungen logisch waren. Ihm graute vor dem Gedanken, was passieren würde, wenn die Ärztin Anne in die Hände fiel.

Anne saß bereits am Steuer des Geländewagens. Der Schlüssel hatte wie immer im Schloss gesteckt.

„Steig ein. Wir fahren zur Brücke."

Der Motor wollte in der Feuchtigkeit nicht starten. Anne schlug auf das Lenkrad ein und fluchte ununterbrochen. Schließlich hatte der Motor ein Einsehen mit der aufgebrachten Fahrerin, und nach Ausstoß einer dicken Rauchwolke setzte sich das Fahrzeug ruckelnd in Bewegung.

„Licht!" Karl auf dem Beifahrersitz konnte kaum etwas sehen.

„Nein. Ich kenne den Weg. Die Scheinwerfer würden das Miststück warnen."

Karls Sicherheitsgurt klemmte. Er schaute hinüber zu Anne. Kein Gurt.

Mit beiden Händen klammerte er sich an den Griff am vorderen Fensterholm, während Anne den Geländewagen in halsbrecherischem Tempo über die rutschige Piste jagte. Das Heck brach aus und das Fahrzeug driftete seitwärts. Ein heftiger Schlag hinten rechts, verbunden mit dem Knirschen von Metall auf Stein, brachte es wieder in Fahrtrichtung. In der nächsten Kurve musste Anne voll auf die Bremse steigen, weil ein Erdrutsch fast die ganze Fahrbahn unter sich begraben hatte. Trotzdem schlitterte der Wagen in den steinigen und morastigen Haufen. Nur mithilfe der Differenzialsperre gelang es ihr, sich daraus zu befreien und das Hindernis vorsichtig zu passieren.

„Langsamer ist unter dem Strich schneller."

„Ich fahre", fauchte Anne zurück. Aber sie drosselte das Tempo. „Shit, gleich sind wir an der Brücke. Glaubst du, sie kann es schon hinübergeschafft haben?" Anne hatte hektische rote Flecken auf den Wangen.

In diesem Augenblick sahen sie es beide. Ein farbloser Schatten stand am Rand der Brücke. Anne schaltete das Fernlicht ein, und der Fleck verwandelte sich in eine leuchtend rote Outdoorjacke. Die Jacke der Ärztin.

Der Geländewagen kam schlingernd zum Stehen. Anne und Karl sprangen heraus. Die rote Jacke hatte sich aus dem Lichtkegel in die umso dunkler wirkende Düsternis wegbewegt.

Anne stand bereits an den Resten der Brücke, als Karl das Heck des Wagens umrundet hatte. Ein zufriedenes Lächeln umspielte ihre Lippen.

„Jetzt haben wie sie. Sie kann gar nicht weg."

***

Beinahe wäre das zarte Feuer im Vogelnest erloschen, aber im letzten Augenblick versorgte ein sanfter Windhauch die Glut mit neuem Sauerstoff. Ein dünnes Flämmchen flackerte auf und griff gierig nach den harzigen Kiefernnadeln. Zügig arbeitete sich die Flamme in die darunter liegenden, knochentrockenen Schichten der

Holzkonstruktion des tellergroßen Nests vor. Ein Ästchen nach dem anderen begann zu brennen.

Das Feuer hatte gewonnen.

***

Der plötzliche Lichtkegel hatte Katharina aus ihrer Erstarrung gerissen. Mit einem raschen Sprung über den Straßengraben hatte sie sich aus dem Scheinwerferlicht gerettet und war durch dichte Latschenkiefern geflüchtet, der Schlucht abwärts folgend. Jetzt stand sie schwer atmend hinter einem schmächtigen Baum, der ihren Körper kaum verbarg. Von der Straße her hörte sie die Rufe von Anne, die die Verfolgung organisierte.

Erst einmal galt es, die nächsten Minuten zu überstehen. Die Verfolger waren in der Überzahl, aber das Gelände war unübersichtlich. Der Feind konnte fünf Meter entfernt an ihr vorbeigehen, ohne sie zu entdecken. Außer in der leuchtend roten Hardshelljacke. Sie zog sie aus, und sofort drang der feuchte Wind durch alle Kleidungsschichten. Das Futter war hellbeige. Sie drehte die Jacke auf links. Nicht ideal, aber deutlich besser. Und die Farbe verschmolz perfekt mit der Umgebung.

Es war unschwer zu erkennen, dass ihre Verfolger mit dem Gelände vertraut waren. Nachdem sie instinktiv die ersten Schritte abwärts gemacht hatte, blieb ihr gar nichts anderes übrig, als die Flucht in diese Richtung fortzusetzen. Zweige knackten unter schweren Schritten. Direkt hinter sich hörte sie die wütende Stimme der Hüttenwirtin, etwas entfernt die einsilbigen Antworten von Karl. Rechts brach das Gelände steil ab in die Schlucht des Adratsbachs, an deren Grund die schäumenden Wassermassen tobten. Die Schlucht verlief im Bogen nach links, was Katharina zwang, sich immer weiter dem Weg Karls anzunähern.

Die Verfolger machten sich gar nicht die Mühe, leise zu sein. Im Stil einer Treibjagd scheuchten sie Katharina vor sich her. Mehrmals konnte sie Anne oder Karl hinter sich erspähen, wenn das Buschwerk lichter geworden war.

Sie versuchte, Abstand zur Schlucht zu gewinnen. Die Schmerzen im Oberschenkel nahmen wieder zu, aber sie konnte es sich nicht leisten, stehen zu bleiben. Das Gelände stieg an, und eine Gruppe kleinerer Bäume versprach ein mögliches Versteck. Mehrere große Felsbrocken lagen hier verteilt, als ob ein Riese mit Bauklötzen gespielt hätte. Der dadurch entstandene Windschutz hatte es offenbar den Bäumen ermöglicht, oberhalb der Baumgrenze zu wachsen.

Katharina zwängte sich durch einen Spalt zwischen zwei Felsen. Ihr Hosenbein blieb an einer Kante hängen. Sie zerrte heftig daran, und ein handtellergroßes Stück riss ab. Hinter dem Spalt lag ein flacher Fleck Erde, wo sich im Laufe der Jahrhunderte Gras und Moos angesiedelt hatten. Ihr kam der Gedanke, dass dies ein idealer Platz für ein Zelt gewesen wäre. Gut zum Campen, aber schlecht zum Verstecken.

Auf der gegenüberliegenden Seite des Wiesenfleckens bildeten die Felsen eine schroffe, überhängende Wand. Katharina traute sich zu, diese Wand zu übersteigen. Aber nicht bei Regen und mit zu allem entschlossenen Verfolgern im Nacken. Sie lief zurück zu dem Schlitz, durch den sie gekommen war. Das Knacken eines Astes und ein Ruf von Anne weiter rechts verrieten ihr, dass die Verfolger fast aufgeschlossen hatten. Sie hastete zurück über die kleine Wiese und schlüpfte in ein Loch unter einem weiteren Felsbrocken.

Kaum hatte sie sich vollends durch das Loch gezwängt, als sie die Stimmen ihrer Verfolger am Eingang vernahm. Annes triumphaler Schrei war selbst gegen das Donnergrollen zu hören.

Hinter dem Loch bildete ein weiterer Fels eine knapp mannsgroße Höhle. Trockener, feiner Sand am Boden ergab ein ideales Versteck. Zumindest dann, wenn ihre Verfolger ihr nicht nachkommen würden.

Konnte sie es riskieren? Sowohl Anne als auch Karl waren schlank genug, um durchzuklettern. In diesem Fall säße sie ausweglos in der Falle.

Sie verließ den Schutz der Felsbrocken und Bäume und hastete geduckt weiter durch die Latschen. Die vergebliche Suche nach einem Versteck hatte sie von ihrer ursprünglichen Richtung abgebracht. Mit den Verfolgern unmittelbar im Rücken blieb ihr nur der Ausweg in Richtung Norden.

Nach wenigen Minuten stand sie wieder an der tiefen Schlucht des Adratsbachs. Von den Verfolgern war noch nichts zu hören. Was möglicherweise aber auch am ohrenbetäubenden Lärm der Wassermassen lag. Sie schaute zurück. Noch war keine Bewegung zu erkennen. Direkt vor ihr brach die Kante steil ab. Ein Holzbalken, vermutlich ein Teil der Brücke, hatte sich knapp drei Meter unter ihr verkeilt. Das eine Ende ragte ins Wasser, der Balken bewegte sich im Rhythmus der Wellen. Das andere Ende war vom Rand der Schlucht aus nicht erkennbar. Offenbar steckte es in einem Überhang fest, den die Wand der Klamm bildete.

Katharina wägte ihre Optionen ab. Sie konnte weiter vor ihren Verfolgern flüchten. Aber wohin? Sie war gefangen auf einem Plateau ohne Ausweg. Und wie lange würde sie sich dem Zugriff ihrer ortskundigen Verfolger entziehen können? Die Alternative war, sich so zu verstecken, dass Anne und Karl die Suche abbrachen. Oder an einer anderen Stelle weitersuchten. Wie ihre Flucht dann verlaufen sollte, stand auf einem anderen Blatt. Erst einmal galt es, nicht gefasst zu werden.

Vorsichtig kletterte sie über den Rand der Schlucht. Unter ihr schäumte das braune Wasser. Der donnernde Lärm der Fluten übertönte jedes andere Geräusch. Sie zwang sich, nicht daran zu denken, was ein Ausrutschen bedeuten würde. Vorsichtig tastete ihre linke Fußspitze nach einem tellergroßen Absatz. Die groben Stollen fanden Halt. Sie setzte den rechten Fuß auf ein schmales, abwärts verlaufendes Band und ließ den Rand los. Die Arme seitwärts ausgebreitet, bewegte sie sich auf dem Felsband abwärts.

Vom Felsband war es nur ein kleiner Schritt auf den Balken. Er schaukelte heftig, als sie ihr ganzes Gewicht darauf setzte. Das Holz war glitschig. Sie ließ sich auf alle viere nieder und krabbelte zum Ende des Balkens. Es ruhte in einer Vertiefung der Felswand, fast einer kleinen Höhle. In dreißig Zentimetern Höhe befand sich ein Sims, der eine trockene Sitzfläche bot. Die Höhle war nach oben und zu beiden Seiten abgeschirmt. Lediglich von jenseits des Baches wäre Katharina zu sehen gewesen. Sie wünschte sich sehnlichst, dort einen Menschen zu erblicken. Aber wer würde bei diesem Wetter wandern gehen?

Katharina ließ sich auf der Stufe nieder und wartete. Sie zog ihre tropfnasse Jacke aus und lehnte sich mit dem feuchten Rücken an den angenehm glatten Stein. Im Trockenen sitzend war es fast behaglich. Wenn nicht die drohende Gefahr durch ihre Verfolger von oben und der reißende Bach wenige Zentimeter unter ihren Füßen gewesen wäre.

Nach zehn Minuten hörte sie über sich die Stimmen von Anne und Karl, die das Donnern des Baches übertönten. Sie konnte die Worte nicht verstehen, aber die beiden schienen zu diskutieren. Nach weiteren fünf Minuten wurden die Stimmen langsam leiser, wobei Katharina einen wütenden Ton bei Anne auszumachen meinte. Vielleicht war es aber auch nur Wunschdenken.

Sie stellte sich auf eine lange Wartezeit ein. Ohne große Hoffnung kontrollierte sie ihr Handy. Das Display zeigte erwartungsgemäß kein Netz an.

ZWANZIG

Zuvor

„Sie läuft abwärts. Dort entkommt sie uns nicht.“ Anne klang zuversichtlich.

„Und wenn sie einfach bis zur Gräner Länderstraße absteigt?“

„Keine Chance. Der Ostlerforstweg ist die einzige Möglichkeit, zu ihr hinunterzukommen. Und der ist auf der anderen Seite. Der Adratsbach verläuft noch ein Stück nach Westen und macht dann einen Bogen nach Süden. Dort wird das Gelände zum Seekopf hin extrem steil. Da schafft es niemand runter, nicht mal bei trockenem Wetter.“

Karl war an den Rand des Baches getreten und schaute auf die Reste der Brücke.

„Okay“, fuhr Anne fort. „Setz deinen Arsch in Bewegung. Wir treiben sie vor uns her. Ich behalte den Adratsbach im Auge, du gehst weiter links.“ Anne hatte bereits ihren Plan im Kopf.

„Und wenn wir sie erwischen?“

Anne blieb Karl eine Antwort schuldig.

Sie stapften schwer atmend durch das Unterholz. Karl meinte aus den Augenwinkeln eine schemenhafte Gestalt zu erkennen. Er trat einen Stein lose und löste eine kleine Lawine aus.

„Kannst du die Schlampe irgendwo sehen?“

„Nein.“

Links von ihm war wieder eine flüchtige Bewegung. Karl machte einige Schritte nach rechts.

„Und jetzt?“

„Immer noch nicht.“

„Pass auf, dass sie uns nicht umgeht. Halt dich weiter links.“

Karl wandte sich wieder in die andere Richtung. Der Schatten war nicht mehr zu sehen.

Direkt vor ihnen stieg das Gelände wieder an. Eine Baumgruppe hatte sich hier im Schutz mehrerer großer Felsen gebildet und trotzte so den stürmischen Westwinden.

„Da ist sie! Sie läuft zu den Bäumen.“ Jetzt hatte auch Anne die Flüchtende entdeckt. „Du schneidest ihr den Weg nach Süden ab.“

Von zwei Seiten liefen sie auf die Baumgruppe zu. Die Latschen hatten Katharina wieder verschluckt.

Anne erreichte als Erste die Bäume und stieß einen triumphierenden Schrei aus.

„Hier liegt ein Stück Stoff. Sie muss dort durch sein.“

Als Karl ankam, hatte sie sich schon durch einen schmalen Felsspalt gezwängt. Karl folgte ihr.

Im Moos der dahinter liegenden Wiese entdeckte er einen Schuhabdruck. Er schwieg.

Anne schaute sich suchend um.

„Wo kann sie hin sein?“

„Hier ist sie jedenfalls nicht“, erwiderte Karl.

„Blödmann, das sehe ich selbst. Glaubst du, sie ist in dieses Loch gekrochen?“ Anne deutete auf einen Spalt unter einem Felsen.

„Glaube ich nicht. Ich vermute, sie hat ein Stück von ihrer Hose abgerissen, um uns in die Irre zu führen.“

Anne nickte. „Komm wieder raus hier. Wir haben ihr die Wege nach Süden und nach Osten abgeschnitten. Sie kann nur Richtung Schlucht flüchten.“

Sie hasteten weiter nach Norden, wobei Karl immer wieder ausrutschte und laut fluchend kleine Steinlawinen auslöste.

Anne schaute sich irritiert um. „Du willst Bergführer sein? Du stolperst durch die Berge wie ein Tourist aus Holland.“

Karl zuckte mit den Schultern.

Wenige Minuten später standen sie an der tief eingeschnittenen Schlucht des Adratsbachs.

Anne ging an der Kante auf und ab. „Sie muss irgendwo ganz in der Nähe sein. Ich spüre das.“

„Vielleicht hat sie versucht, durch den Bach zu schwimmen.“

„Hohlkopf! Das wäre Selbstmord.“

„Vielleicht hat sie Selbstmord begangen.“

„Halt doch den Mund mit deinen blöden Kommentaren!“ Anne kreischte wütend. „Wir gehen weiter abwärts.“

Sie rannte mit großen Schritten am Rand der Schlucht entlang. Karl warf noch einen Blick auf die Wassermassen und folgte ihr. Wenn er auf der Flucht gewesen wäre, dachte er, dann hätte er versucht, sich in einer Spalte hinter der Kante der Klamm vor den Verfolgern zu verstecken.

Sie folgten dem Adratsbach noch mehrere hundert Meter, bis das Gelände unbegehbar steil wurde. Annes Laune hatte sich immer weiter verschlechtert. Schließlich blieb sie stehen.

„Wir brechen ab. Plan B. Zurück zum Gasthof."

Karl atmete erleichtert auf.

EINUNDZWANZIG

Dienstag, 19.23 Uhr

Katharina musste wohl eingeschlafen sein. Sie wusste nicht, was sie geweckt hatte. Als sie die Augen aufschlug, hatte der Regen nachgelassen. Obwohl die Zeit fortgeschritten war, war es wieder heller geworden. Wellen schwappten gegen ihre Schuhe. Der Pegel des Adratsbachs war durch die anhaltenden Regenfälle weiter angestiegen. In ihrem Versteck lief sie Gefahr, vom Wasser fortgespült zu werden. Vorsichtig kletterte sie zurück zum Rand der Klamm. Die Pause hatte ihrem Oberschenkel gut getan. Ihre Verfolger waren verschwunden.

Sie versuchte, sich die Wanderkarte vor Augen zu führen. Welchen Ausweg gab es von dem Hochplateau, nachdem die Brücke verschwunden war? Von ihrer Suche nach Andrea Momsens Rucksack erinnerte sie sich, dass das Gelände hinter dem Seekopf steil abfiel. War das wirklich erst eine Stunde her, wie ihre Armbanduhr behauptete? Auf jeden Fall war es keine gute Option, unter Umständen in einem Steilhang zwischen Seekopf und Adratsbach zu enden.

Sie überlegte, den Adratsbach an der Quelle zu umgehen. Aber wo war eigentlich die Quelle? Das Wasser strömte von der Nordwestflanke des Aggensteins zusammen. Die Nordwestflanke war eine Steilwand. Glatter Selbstmord, sie bei Gewitter zu durchsteigen.

Also blieb ihr doch nur der Weg über den Sattel des Aggensteins, den sie vor einigen Stunden gekommen war. Bei Nässe und Gewitter ebenfalls keine gute Idee, aber gute Ideen waren gerade Mangelware. Außerdem würde sie direkt am Gasthof vorbeigehen müssen, denn dort begann der Pfad.

Sie wollte versuchen, zunächst zum Gipfel des Seekopfs zu gelangen und von dort den ihr bekannten Weg zum Gasthof zu nehmen.

Vorsichtig bewegte sie sich in südlicher Richtung. Die besser gewordene Sicht erleichterte auf einmal die Orientierung. Die Sonne brach durch die Wolken und ließ Dampfschwaden vom Boden aufsteigen. Der Seekopf zeichnete sich in der Ferne ab.

Ihr war bewusst, dass sie durch den hellen Sonnenschein für ihre Verfolger leicht auszumachen war. Wie viel würde sie dafür geben zu wissen, wo die beiden augenblicklich waren. Immer wieder nahm sie Umwege in Kauf, um freie Flächen ohne Deckung zu vermeiden.

Die Erkenntnis kam schlagartig. Sie wusste es und wollte es doch nicht wahrhaben. Hektisch tastete sie alle Taschen ihrer Kleidung ab. Ihr Handy war weg! Sie hatte es in der Schlucht eingeschaltet und neben sich auf den glatten Fels gelegt. Nachdem sie aufgewacht war, war sie unverzüglich aufgebrochen. Das Handy lag garantiert noch dort. Deswegen umzudrehen war keine Option. Sie tröstete sich mit dem Gedanken, dass sie hier oben vermutlich ohnehin nirgendwo Empfang haben würde.

Schließlich erreichte sie den Seekopf. Erleichtert registrierte sie, dass kein Ausruf, kein Gespräch hinter ihr zu vernehmen war. Vorsichtig bewegte sie sich auf dem ausgetretenen Pfad vom Gipfel zum Gasthof. Nach wenigen Minuten erreichte sie die Stelle, wo sie das rosafarbene Bike gefunden hatte. Daneben lagen immer noch Bernhard Momsens Rucksack und sein Fahrrad.

Ob es Sinn machen würde, das Rad zu nehmen, soweit der Trail fahrbar war? Aber zum einen war der Boden extrem rutschig, selbst für die dicken Reifen. Und zum anderen würde sie es am Beginn des Bergpfads zurücklassen müssen. Sollten ihre Verfolger es zufällig finden, hätten sie einen eindeutigen Hinweis auf ihren Fluchtweg.

Der Inhalt von Bernhards Rucksack war eine Enttäuschung. Er enthielt ein bleischweres Fahrradschloss, mit dem man selbst in Berlin-Kreuzberg sein Fahrrad sicher hätte abstellen können. Wofür brauchte er dieses Schloss in den Allgäuer Bergen? Eine ähnlich schwere Thermosflasche enthielt eiskalten, ungesüßten grünen Tee. Katharina spuckte angewidert den versuchsweisen Schluck wieder aus. Die Luftpumpe war ebenso nutzlos wie das durchnässte Ersatztrikot und die digitale Spiegelreflexkamera. Erfreut entdeckte sie jedoch im unteren Fach des Rucksacks eine zusammengefaltete Regenjacke. Sie entnahm sie der Hülle. Es war ein dünnes Stück Plastik, das nicht einmal die Oberschenkel eines Radlers oder Wanderers bedecken konnte. Knallig gelb, nicht atmungsaktiv und ohne abgedichtete Nähte. Vielleicht passend für Kreuzberg, aber nicht für das Gebirge.

Katharina steckte sich die zwei Müsliriegel und die Tüte mit Nüssen ein, die sie im Deckelfach gefunden hatte, und legte den Rucksack wieder zum Fahrrad. Ob Rad und Rucksack jemals ihren Besitzer wiedersehen würden?

ZWEIUNDZWANZIG

Zuvor

Die verdammte Weste! Karl fluchte unhörbar. Warum hatte die Ärztin ihren Rucksack mit der winddichten Weste in der Gaststube liegen gelassen?

Nachdem sie die Spur an der Schlucht verloren hatten, waren Anne und Karl zum Gasthof zurückgefahren. Karls Hoffnung, Anne würde die Jagd aufgeben, hatte sich rasch zerschlagen, als sie ihm triumphierend das kleine Tourengepäckstück der Ärztin präsentiert hatte. Stattdessen standen sie jetzt wieder an derselben Stelle. Aber mit dem Ungeheuer.

Karl kannte das Tier bereits von den früheren Besuchen am Seekopf und hatte stets gehofft, dass die Laufkette nicht angerostet war. Er konnte die Rasse nicht benennen, aber der Hund war furchteinflößend. Die dunklen, mandelförmigen Augen hatten jedes Mal einen bösen, nie einen treuen Hundeblick gezeigt. Der Körper mit dem dicken Fell hatte die Größe eines Ponys und schien ausschließlich aus Muskeln zu bestehen.

Karl hatte sich die letzten Minuten übervorsichtig zurückgehalten, während Anne mit dem Hund an der Leine vorausgeeilt war. Insgeheim hatte er die zierliche Hüttenwirtin dafür bewundert, wie gut sie das Kraftpaket unter Kontrolle hatte.

Sie hielt dem Hund die Weste vor die Schnauze.

„Such, mein Guter. Such das Miststück."

Der Hund japste und sprang wie aufgezogen hoch, während Anne seine muskulöse Flanke tätschelte. Dann gab sie mehr Leine, und das Tier begann mit der Schnauze am Boden hin und her zu rennen.

Plötzlich verharrte es unbeweglich, die linke Vorderpfote angehoben. Das tiefe Bellen übertönte das Rauschen des Adratsbachs.

„Er hat ihre Spur."

„Leider", erwiderte Karl leise. Aber Anne hätte auch eine laute Antwort nicht gehört, denn sie lief schon mit dem Hund durch die Latschenkiefern. Seufzend folgte Karl den beiden.

Die Ärztin war in südliche Richtung gegangen. Immer wieder hatte sie Umwege in Kauf genommen, um freie Flächen ohne Deckung zu vermeiden. Nachdem Anne die Taktik durchschaut hatte, eilte sie auf direktem Weg zum Seekopf. Der Regen hatte eine Pause eingelegt, was das Vorwärtskommen erleichterte.

Am Fuß des Seekopfs fand der Hund die Spur wieder. Sein nervöses Verhalten verriet Anne, dass die Fährte ganz frisch sein musste. Die Ärztin war in der Nähe.

„Sitz!"

Gehorsam ließ sich der Hund auf die Hinterläufe nieder.

Sie nahm ihm das Halsband ab.

„Such!"

Das Tier schoss wie ein Blitz zum Gipfel des Seekopfs.

„Warum hast du ihm das Halsband abgenommen?", fragte Karl. Die Aussicht, das Kraftpaket ohne Leine und Halsband in der Nähe zu haben, behagte ihm nicht.

„Das ist ein Herdenschutzhund. Wenn er seine Herde gegen Wölfe verteidigen soll, könnte er sich mit dem Halsband verletzen. Deshalb nimmt man es ab. Für ihn ist es das Zeichen, dass er jetzt jagen darf."

Karl wurde übel, als er sich das Zusammentreffen des Hundes mit der Ärztin vorstellte.

***

Der Hund verharrte einen Meter vor Katharina. Die Vorderläufe gespreizt, der Kopf tief gesenkt. Die Lefzen waren hochgezogen, sodass sie die spitzen Eckzähne sehen konnte. Seiner Kehle entwich ein tiefes Knurren. Die Augen blickten sie kalt an. Katharina erstarrte. Der Hund stand ebenfalls unbeweglich.

Der Regen prasselte mit erneuter Heftigkeit auf sie ein. Wasser rann an ihrem Rückgrat entlang und kam an den Hosenbeinen wieder hervor, nur um direkt die Stiefelschäfte zu fluten. War der Hund oder das Wasser schuld an der eisigen Kälte, die ihr den Rücken hochkroch?

Sie versuchte einen Schritt nach links. Sofort wurde das Knurren bedrohlicher und der Hund bewegte sich synchron mit ihr. Sie versuchte einen vorsichtigen Schritt rückwärts, was den Hund nur dazu bewog, ihr in konstantem Abstand zu folgen.

Katharina hatte noch nie Angst vor Hunden. Bei ihren Hausbesuchen auf abgeschiedenen Höfen und einsam gelegenen Anwesen war sie immer wieder auf Wach- und Hofhunde getroffen und hatte letztlich nie Probleme gehabt. Zugegeben, der Reizgas-Spray, den sie vorsichtshalber immer mitführte, vermittelte ein Gefühl der Sicherheit. Gebraucht hatte sie ihn noch nie.

Jetzt war es anders. Das Vieh war riesig, stark und offensichtlich böse. Fast schien es, als ob der Hund seine Überlegenheit genießen würde. Er leckte sich das Maul und kam langsam näher.

„Bleib stehen und beweg dich nicht, du Schlampe. Wenn du versuchst, davonzurennen, reißt er dich in Stücke. Das ist ein Kangal, ein türkischer Herdenschutzhund. Der würde auch Bären und Wölfe angreifen."

Anne klang triumphierend, als sie mit Karl im Gefolge zwischen den Latschenkiefern heraustrat.

„Sitz!"

Katharina war sich nicht sicher, ob der Hund oder sie gemeint war. Der Kangal setzte sich folgsam hin, behielt sie aber weiter genau im Auge. Das Knurren übertönte noch immer das Donnergrollen.

Anne blieb drei Meter von Katharina entfernt stehen.

„Er tut nichts, solange ich keinen entsprechenden Befehl gebe. Aber er reißt dich in fünf Minuten in Stücke." Aus Annes Worten klang der Stolz eines Hundebesitzers.

„Nein, nicht!" Karl war einen Schritt vorgetreten. Der Hund schnappte nervös nach Katharina und verfehlte ihren linken Unterarm nur um Zentimeter. Anne verzog unwillig das Gesicht, während der Regen sie weiter durchnässte.

„Sitz!"

„Ich meine, du hast schon recht, Anne. Am liebsten würde ich selbst den Hund auf sie hetzen." Er kickte wütend einen Stein vom Pfad. „Aber wir können ihr noch nichts antun. Denk an unseren Verletzten! Vielleicht brauchen wir sie noch. Sie ist schließlich Ärztin. Die einzige, die wir haben."

Er wandte sich Katharina zu und schrie sie an. „Mach endlich das Maul auf, warum du hier draußen rumrennst, du verfluchtes Miststück! Lüg mich nicht an und glaub bloß nicht, dass ich schon mit dir fertig bin. Matthias ist mein Freund. Du hast ihn zum Krüppel getreten. Wenn das hier vorüber ist, nehme ich dich mir vor!"

Anne schaute Karl verwundert an. Der Hund zog den Schwanz ein und entfernte sich von dem tobenden Mann. Einen kurzen Augenblick glaubte Katharina, dass Karl ihr hinter Annes Rücken zuzwinkerte.

Sie zuckte resigniert die Schultern. Für den Moment hatte sie verloren; jetzt kam es nur darauf an, unverletzt zu bleiben.

„Ich habe die Leiche des Mädchens gefunden", gab sie zu. „Ihr seid keine Bergwanderer, sondern irgendwelche Verbrecher", sagte sie in Karls Richtung, „und Sie unterstützen die Schmuggler, oder was auch immer die Kerle sind." Dabei hatte sie sich auf Anne zubewegt. Der Hund knurrte warnend. Katharina blieb wieder stehen.

„Was bist du doch für ein schlaues Mädchen! Die studierte Ärztin. Das hilft dir jetzt aber auch nicht weiter. Vom echten Leben hast du in deiner Penthouse-Wohnung und in deiner stinkreichen Welt ja keine Ahnung." Hohn, Hass und Neid hielten sich in Annes Antwort die Waage. „Karl, wir nehmen sie mit und sperren sie in den Stall. Die anderen im Haus dürfen sie nicht sehen. Den Albaner bringen wir dann eben rüber zur Behandlung."

Katharina atmete erleichtert auf. Zwei Dinge hatte Anne ihr unabsichtlich verraten. Giovanni – wenn er denn überhaupt so hieß – war Albaner und in irgendeiner Weise wichtig für die Verbrecherbande. Solange sie als Ärztin nützlich war, würden sie sie also zumindest nicht töten.

DREIUNDZWANZIG

Dienstag, 20.05 Uhr

„Leg dich bäuchlings hin! Arme zur Seite gespreizt." Annes barscher Ton riss Katharina aus ihren Überlegungen.

Sie wunderte sich. Warum hatte sie plötzlich keine Angst mehr? Es war, als ob sie die Szene aus der Ferne betrachten würde. Wie der interessierte Zuschauer eines Theaterstücks auf einer Freilichtbühne. Ihr Blick strich von Anne über Karl zum Aggenstein, dessen Gipfel durch eine Wolkenlücke zu sehen war.

Gleich würde der Vorhang fallen und sie sich im Foyer einen Prosecco gönnen.

Der Hund knurrte.

„Wird's bald, oder soll ich den Hund loslassen?"

Karl stieß Katharina heftig in den Rücken, sodass sie beinahe gestolpert wäre. „Los jetzt! Glaubst du, ich habe Lust, wegen dir noch länger hier in der Nässe stehen zu bleiben?", brüllte er sie an.

Katharina legte sich wie befohlen hin. Warum hatte Karl ihr verstohlen die Hand gedrückt?

Anne kniete sich ihr ins Kreuz und drehte die Arme auf den Rücken. Katharina schrie auf.

„Karl, reich mir etwas, um die Hände zu fesseln."

Karl griff in seine Hosentaschen. „Ich habe keine Schnur."

„Zieh ihr die Schuhe aus und nimm die Schnürsenkel."

Folgsam zog Karl den rechten Schuh von Katharinas Fuß und fädelte den Schnürsenkel aus. Den Schuh schob er ihr wieder zurück auf den Fuß.

„Sie muss doch zum Gasthof gehen können. Am Ende bricht sie sich sonst noch den Knöchel, und ich kann die blöde Kuh zum Gasthof tragen."

Anne quittierte Karls lahme Erklärung mit einem verächtlichen Schnauben.

Sie fesselte Katharinas Hände gekonnt hinter dem Rücken. Die Schnürsenkel schnitten tief in die Haut ein. Ein plötzlicher Schmerz am Hinterkopf brachte sie in die Realität zurück. Anne hatte sie an den Haaren gepackt und auf die Knie hochgerissen.

„Du wirst mir nicht noch einmal davonlaufen." Mit Entsetzen verfolgte Katharina, wie Anne ihr das Dressurhalsband des Kangals um den Hals legte. Äußerlich sah es aus wie ein übliches, kräftiges Textilhalsband, aber als der Klickverschluss einschnappte, spürte sie den Unterschied. Es handelte sich um ein fieses Stachelhalsband. Durch den Textilüberzug an der Oberseite wurde lediglich verhindert, dass die Stacheln von außen sichtbar waren. Anne hakte die Leine in einen der beiden Ringe und zog probeweise daran.

Die Stacheln bohrten sich schmerzhaft in ihren Hals, und sie musste einen Schmerzensschrei unterdrücken. Auf keinen Fall wollte sie der Hüttenwirtin gegenüber Schwäche zeigen.

Ein weiterer Ruck zwang Katharina aufzustehen.

Der Fußweg zum Gasthof war schmerzhaft und demütigend. Anne ging voraus und zerrte Katharina an der Leine hinter sich her. Mit den gefesselten Händen und dem Schuh ohne Schnürsenkel stürzte sie wiederholt auf dem nassen Untergrund. Bei jedem Fehltritt bohrten sich die Stacheln schmerzhaft in die Haut, und das Halsband schnürte ihr die Kehle zu. Sie war froh, als sie endlich die gekieste Hoffläche erreichten.

Anne blieb vor dem Gebäude stehen, in dem sich die beiden Leichen und das Fahrrad befanden.

„Mach die Tür auf, Karl. Wir sperren sie in den Stall."

Karl nickte und schob den Riegel zurück.

„Was passiert mit dem Hund?", fragte er mit einem scheuen Blick auf den Kangal, der ihnen knurrend gefolgt war.

„Wir lassen ihn frei laufen. Das verhindert, dass irgendjemand hier herumstolpert und etwas findet, was er oder sie nicht finden soll." Sie warf einen gehässigen Blick auf Katharina und riss an der Leine. „Los, komm, du Miststück."

Sie zog Katharina in die hinterste Ecke des Stalls. Bis auf die beiden Leichen und das Elektrorad war das Gebäude praktisch leer. Lediglich neben dem Eingang standen einige Kästen mit Leergut und drei

Sonnenschirme. Zwischen zwei Stützbalken war eine Wäscheleine gespannt, an der einige Wäscheklammern hingen. Der Betonboden war staubig, aber trocken. Offenbar war das Dach noch gut in Schuss, auch wenn der Stall allem Anschein nach schon lange keine Tiere mehr beherbergt hatte.

An beiden Längsseiten waren in regelmäßigen Abständen Metallringe in die Wand eingelassen. Hier waren früher vermutlich die Rinder angebunden worden. Anne bedeutete Katharina, sich mit dem Rücken zu einem Ring auf den Betonboden zu kauern. Augenblicklich durchzog sie in ihrer tropfnassen Kleidung eine eisige Kälte.

„Karl, hol mir die Wäscheleine."

Karl versuchte, die Wäscheleine vom Balken zu lösen. Seine aufgeweichten Fingernägel konnten die Knoten nicht öffnen, er nahm sein Taschenmesser und schnitt die Leine ab.

Anne zog sie durch den Ring und verknotete sie mit den hinter dem Rücken gefesselten Händen. Katharina war gezwungen, in Hockstellung an der Wand zu lehnen.

„Am liebsten würde ich dir jetzt noch deine Kleidung wegnehmen. Aber ich glaube, so nass, wie du bist, ist es so auch in Ordnung. Ich wünsche dir noch einen schönen Abend. Kannst dich ja mit meiner Schwiegermutter unterhalten."

Anne lachte über ihren makabren Scherz. Sie hakte die Hundeleine aus und versuchte, das Halsband zu lösen. Der Verschluss klemmte. Wütend zerrte sie daran, und die Dornen bohrten sich in Katharinas Hals. Sie hustete, und Tränen traten in ihre Augen.

„Lass ihr doch das Halsband. Ich finde, es steht ihr gut." Karl hielt noch immer sein Taschenmesser in der Hand.

Anne zuckte mit den Schultern und zog nochmals brutal daran.

„Ach, was ist eigentlich mit deinen Schuhen? Ich glaube, du hast heute nicht mehr vor, wandern zu gehen, oder? Dann brauchst du ja auch keine Schuhe mehr."

Mit einem bösartigen Lächeln zog Anne Katharina die Wanderschuhe von den Füßen. Sie waren zwar komplett durchnässt, aber das dicke Leder hielt die feuchte Wärme fest. Nun zog eine eisige Kälte vom Fußboden über die nassen Strümpfe in ihre Füße.

„Komm, Karl, wir wollen der Frau Doktor jetzt nicht weiter die Zeit stehlen.“ Sie hatte in den Tonfall einer reizenden Hotelfachfrau gewechselt. „Einen wunderschönen Abend noch, Frau Doktor. Genießen Sie Ihren Aufenthalt auf der schönsten Seite des Aggensteins. Wenn Sie etwas brauchen, rufen Sie mich einfach.“ Spöttisch lächelnd wandte sie sich zur Tür.

Karl stellte sich ihr in den Weg. „Einen Moment noch!“

Anne schaute ihn verständnislos an.

Karl ging hinüber zur gefesselten Katharina und hockte sich vor sie hin. Der Schlag mit der Linken kam völlig überraschend. Katharinas Kopf wurde zur Seite geschleudert. Er griff in die rot-braunen Locken und zog kräftig daran. Katharina schrie auf vor Schmerzen.

Im nächsten Moment spürte sie, wie Karls rechte Hand, verdeckt von ihrem Körper, etwas in ihre gefesselten Hände schob. Was war das? Nach einem weiteren Schlag mit der Rückhand erhob Karl sich wieder.

Anne hatte erstaunt die Augen aufgerissen. „Karl, Karl, was bist du doch für ein böser Junge. Ich habe immer gedacht, du bist zu weich für dieses Geschäft.“ Ihre Stimme war voller Hochachtung. „Aber schließ jetzt den Stall zu, dass nicht noch mal jemand dort hineinstolpert.“

Sie nahm die Hundeleine und die Wanderschuhe auf und verschwand mit Karl nach draußen. Der Riegel klickte.

VIERUNDZWANZIG

Dienstag, 20.46 Uhr

Katharinas rechte Wange brannte höllisch, doch sie kümmerte sich nicht darum. Was war das, was Karl ihr in die Hand gesteckt hatte? Ihre Finger wurden schon taub. Vorsichtig tastete sie den Gegenstand ab. Etwas wie ein quadratischer Stab, ungefähr zehn Zentimeter lang und zwei Zentimeter dick. Zwei Seitenflächen waren völlig glatt, während die anderen beiden Flächen tiefe Längsrinnen hatten, zwischen die sie einen Fingernagel hineinschieben konnte. Dabei bewegten sich die Rinnen ein wenig. Nach kurzem Testen stellte sie fest, dass sie auf der unregelmäßigen Seite etwas ausklappen konnte.

Die Erkenntnis traf sie wie ein Blitz. Das Taschenmesser! Aber warum sollte der jähzornige Mann ihr ein Taschenmesser in die Hand drücken? Ihr fielen das Augenzwinkern und der Händedruck ein. War Karl in Wirklichkeit einer von den Guten und seine Aggressivität nur eine Täuschung gewesen?

Egal, sie hatte ein Taschenmesser! Der größte Schatz, den sie in ihrer augenblicklichen Situation besitzen konnte. Panik stieg in ihr auf, denn sie durfte ihn auf keinen Fall verlieren. Würde das Messer ihren kalten Händen entgleiten und auf den Boden fallen, würde sie es nie mehr in die Finger bekommen. Vorsichtig tastete sie die beiden Seitenflächen ab, die die Werkzeuge enthielten. Der Korkenzieher war leicht zu identifizieren, die anderen Klingen waren schwieriger. Ein Schraubenzieher oder eine Ahle waren wohl eher ungeeignet, ihre Fesseln zu durchtrennen.

Nach längerem Tasten hatte sie vier Klingen in die engste Auswahl genommen. Sie versuchte, eine lange Klinge auszuklappen, musste aber rasch feststellen, dass sie sie mit den zusammengebundenen Händen nicht öffnen konnte. Sie probierte eine der kleineren und förderte den Dosenöffner zu Tage. Beim Wiedereinklappen wäre ihr das Messer beinahe entglitten. Schweiß trat ihr auf die Stirn – oder waren es Wassertropfen, die von ihren Haaren herabliefen? Sie fühlte keine Kälte mehr.

Schließlich gelang es ihr, die kleine Messerklinge zu öffnen. Ein nie zuvor erlebtes Glücksgefühl durchströmte sie. Hektisch versuchte sie, den Schnürsenkel zwischen ihren beiden Handgelenken durchzuschneiden. Immer wieder musste sie absetzen und nachgreifen, denn das Messer drohte ihr zur entgleiten.

Nach endlosen und weitgehend erfolglosen fünfzehn Minuten änderte sie die Taktik. Ihrem Empfinden nach hatte sie inzwischen mehr Haut von ihren Handgelenken als Fasern vom Schnürsenkel abgeschabt. Es war erfolgversprechender und sicherer, zunächst die Wäscheleine vom Ring loszuschneiden.

Die Klinge war sehr scharf, und nach wenigen Schnitten schon riss die Leine. Katharina stolperte vorwärts und verlor das Taschenmesser. Aber das war jetzt nicht mehr schlimm, denn ihre Hände waren zwar immer noch hinter dem Rücken gefesselt, doch sie konnte sich frei bewegen. Ächzend streckte sie die gebeugten Knie wieder durch.

Das Taschenmesser war hinter ihrem Rücken zu Boden gefallen. Sie hob es auf und steckte es in Hüfthöhe in einen Schlitz im Mauerwerk, sodass nur die Klinge mit der scharfen Seite nach oben herausragte. Nun konnte sie die Fesseln über das Messer reiben. Nach weniger als zwei Minuten hatte sie den Schnürsenkel durchtrennt. Das Blut strömte wieder in ihre Finger und verursachte ein stechendes Kribbeln.

Der hakelige Verschluss widersetzte sich lange ihren Versuchen, das Halsband mit den pelzigen Fingern zu entfernen.

Geschafft! Sie warf die Fessel auf den Boden und atmete tief durch. Die Erleichterung ließ sie vorübergehend die Gefahr vergessen, in der sie noch immer schwebte. Endorphine, dachte sie. Vage erinnerte sie sich an die Pharmakologie-Vorlesung. Enkephaline seien körpereigene Peptide mit morphinähnlicher Wirkung, die im Hypothalamus und in der Hypophyse produziert würden, hatte der Professor doziert. Die Schmerzunterdrückung erkläre, warum schwer verletzte Menschen zunächst keine Schmerzen verspürten. Sie zog allerdings den Begriff „Glückshormon“ vor, weil die Stoffe auch bei positiven Ereignissen ausgeschüttet wurden. Passte das im Augenblick nicht viel besser?

Das Grollen eines Donners brachte sie in die Realität zurück: Sie war zwar frei, aber noch immer im Stall eingesperrt. Denk nach, du brauchst einen Plan, ermahnte sie sich selbst. Draußen lief der gefährliche Hund frei herum. Sie würde also eine Waffe benötigen. Und trockene Kleidung, denn inzwischen zitterte sie unkontrollierbar. Okay, Bestandsaufnahme. Sie hatte mehrere Stücke Wäscheleine und einen zerfetzten Schnürsenkel, zwölf Wäscheklammern, ein metallenes Hundehalsband und ein Taschenmesser. Ausreichend vielleicht für Angus MacGyver. Für sie nicht unbedingt die perfekte Bewaffnung gegen einen Kangal.

Neben der Tür fand sie drei Sonnenschirme, mehrere Kästen mit Bier- und Limonadeflaschen und eine Tüte mit Getränkedosen. Die Brause darin versprach, Flügel zu verleihen; eine Fähigkeit, die ihr jetzt sehr willkommen gewesen wäre. Aber die Dosen waren leer. Sie überlegte, ob eine leere Bierflasche oder der Stiel eines Sonnenschirmes eine adäquate Waffe gegen eine sechzig Kilogramm schwere Killermaschine sein könnten. Nein, beschloss sie. Das wäre quasi Selbstmord. Andererseits würde sie sowieso an einer Lungenentzündung sterben, wenn sie nicht bald aus ihren nassen Sachen herauskommen würde.

Sie suchte ihr Gefängnis erfolglos weiter ab. Keine alten Kleidungsstücke, nicht einmal eine schmuddelige Decke lagen herum.

Ihr Blick fiel auf die beiden Leichen. Die Hüttenwirtin hatte eine Strickjacke und einen Wollpulli an. Darunter noch, wie sie sich von der Untersuchung her erinnerte, ein Unterhemd. Pulli und Unterhemd wiesen auf der linken Seite ein großes Loch auf und waren hart von getrocknetem Blut. Nicht unbedingt die Kleidung, die sie sich ausleihen wollte.

Das Mädchen trug ein knappes Top und darüber eine Jacke, die outdoormäßig aussah, aber viel zu dünn war, um funktionell zu sein. Außerdem war alles Größe XS.

„Entschuldigt bitte, aber ich brauche die Kleidung dringender als ihr“, sagte sie. Ihr kam zugute, dass sie als Ärztin keine Berührungsängste mit verstorbenen Menschen hatte. Makaber. Anne hatte ihr doch empfohlen, sich mit der Wirtin zu unterhalten!

Die Leichenstarre am Rumpf hatte noch nicht eingesetzt, und so hatte Katharina keine Schwierigkeiten, dem Mädchen Jacke, Top und Hose auszuziehen. Mit Mühe zwängte sie sich in das viel zu enge Top. Der Korsetteffekt brachte ihre Brüste aufreizend zur Geltung. Nuttenhaft, dachte sie. Die Jacke konnte nichts verbergen, da der Reißverschluss nicht zuzuziehen war. Die Hose war hoffnungslos. Mindestens zehn Zentimeter zu kurz und ohne Chance, den Knopf zuzumachen.

Die Hose von Maria Huber dagegen war zu weit und roch etwas eigentümlich. Schließlich entschied sich Katharina für die Kombination aus Top und Strickjacke sowie Marias Hose. Darüber zog sie ihre rote Hardshelljacke, wieder mit dem Futter nach außen. Marias Hausschuhe mit Korksohle, mindestens zwei Nummern zu groß, komplettierten ihren neuen Look. Mit ihren nassen Kleidungsstücken bedeckte sie notdürftig die entkleideten Leichen.

Danach setzte sie die Erkundung ihres Gefängnisses fort. Viel blieb allerdings nicht mehr übrig. An der Wand lehnte noch das E-Bike mit dem Rucksack, das sie zum Hof zurückgeschoben hatte und das sie überhaupt in den ganzen Schlamassel gebracht hatte. Die Insulinspritzen lagen im Deckelfach und erinnerten sie an ihre Patientin. Wie viel Zeit war seit ihrem Verlassen der Gaststube vergangen, und wie hatte sich Andreas Gesundheitszustand inzwischen wohl verändert? Das ungute Gefühl, sie im Stich gelassen zu haben, nagte an ihr, aber sie fand keine Lösung, Andrea das Medikament zukommen zu lassen. Nicht, solange sie in diesem Stall eingesperrt war und ein aggressiver Hund frei herumlief. Ob der Kangal wohl mit Insulin zu töten wäre? Sie vermutete, prinzipiell schon. Nur würde er wohl erst dann eingehen, wenn er sie schon längst in Stücke gerissen hätte.

Sie entleerte den Rucksack auf dem Zementboden. Außer den vier Insulinspritzen enthielt er drei Müsliriegel und ein Päckchen Traubenzucker, einen Geldbeutel, einen Buff, ein billiges Fahrradschloss, eine Haarbürste und eine Tube Sonnencreme. Lauter Dinge, die in ihrer augenblicklichen Situation allenfalls von geringem Nutzen waren. Die beiden Gegenstände, die sie zuletzt zutage förderte, waren dagegen echte Schätze: ein Smartphone und eine

Spraydose. Sie erkannte die rot-schwarze Dose auf den ersten Blick. CS-Reizgas, das gleiche, das sie selbst besaß. Hochwirksam selbst gegen Triebtäter, Bären und aggressive Hunde.

Sie nahm sich das Telefon vor. Zwar wusste sie die PIN nicht, aber ein Notruf konnte mit jedem Handy auch so abgesetzt werden. Vielleicht war es möglich, gehört zu werden, auch wenn vor einigen Stunden kein Netz verfügbar gewesen war.

Ihre Hoffnung war jedoch nur von kurzer Dauer. Das Display blieb nach dem Einschalten dunkel. Offenbar hatte das Gerät die Zeit im strömenden Regen nicht überlebt.

Nachdem sie die gesamte Einrichtung ihres Gefängnisses inspiziert und nichts Brauchbares mehr gefunden hatte, widmete Katharina sich dem Ausbruchsplan. Als Erstes testete sie die Türe, wohl wissend, dass sie bei Annes und Karls Verschwinden das Klicken des Riegels gehört hatte. Erwartungsgemäß ließ sie sich nicht öffnen, und der Riegel machte einen stabilen Eindruck.

Draußen hatte inzwischen die Dämmerung eingesetzt. Die jeweils drei Fenster auf beiden Längsseiten hatten kein Glas, aber eine horizontale Eisenstange eingemauert. Der verbleibende Spalt war selbst für ein Kind zu schmal. Sie blickte zur Decke. Das Dach bestand aus Wellblech. Obwohl der Regen unverändert heftig fiel, war im Inneren des Stalls kein Prasseln zu hören. Katharina glaubte, sich zu erinnern, dass das Dach begrünt war. Also auch hier keine Chance auf einen Ausbruch.

Die Wände waren aus Steinen vom Geröllfeld hinter dem Gasthof gemauert. Vielleicht hatte sie der Großvater des Großvaters selbst aufgeschichtet. Katharina klopfte sie systematisch ab, auf der Suche nach einem losen Stein. Doch der Baumeister aus vergangenen Zeiten hatte sorgfältig gearbeitet.

Blieb nur das kleine Loch unten an der Stirnseite, zu welchem die Rinne im Betonboden hinführte. Der Ablauf für Gülle und Putzwasser, die Toilette der Rinder sozusagen. Mit vielleicht zwanzig auf zwanzig Zentimetern viel zu klein. Aber der Ammoniak der tierischen Ausscheidungen hatte über Jahrzehnte das Mauerwerk angegriffen. Mithilfe des Stiels eines Sonnenschirmes gelang es Katharina, Stein für Stein aus der Mauer auszubrechen und das Loch zu vergrößern.

Als die Öffnung groß genug war, steckte sie das Taschenmesser und die Sprayflasche in die Hosentasche und wäre fast hinausgeklettert. Im letzten Augenblick fiel ihr der Hund ein. Es wäre vermutlich nicht ratsam, mit dem Kopf voraus aus dem Stall direkt ins Maul des Kangals zu kriechen. Sie legte sich auf den Boden und scannte im letzten Tageslicht die Umgebung. Tatsächlich, am Tor zur Viehweide saß der Hund. Sie begann leise zu rufen und sah, wie die Bestie die Ohren spitzte.

„Ja, hier, du dummes Vieh. Hier bin ich. Komm und hole mich."

Der Hund näherte sich suchend. Katharina streckte den linken Arm hinaus und winkte. Der Hund nahm die Bewegung wahr und schoss auf den Stall zu.

Die Öffnung war so groß geworden, dass der Kangal sich mit Mühe hindurchzwängen konnte. Katharina wartete, bis er mitten im Loch steckte, und sprühte ihm das Reizgas in Augen und Schnauze. Die Luft anhaltend, hielt sie die Spraydose so lange in das Hundegesicht, bis sie ganz leer war. Vor Schreck und Schmerzen wand der Kangal sich und hatte Mühe, zurückzukriechen. Laut heulend und jaulend verzog er sich.

Katharina war sicher, ihn für die nächsten zwölf Stunden außer Gefecht gesetzt zu haben. Rasch schlüpfte sie ins Freie.

FÜNFUNDZWANZIG

Zuvor

Lange hatte Bernhard mit sich gerungen, schließlich aber doch einen Streifen von einem rot-weiß karierten Tischtuch abgerissen. Es hatte ihm widerstrebt, fremdes Eigentum einfach so zu zerstören, aber es war niemand mehr dagewesen, den er hätte fragen können. Den Stoff hatte er sich um die Stirn geknotet, um die Blutung aus seiner Platzwunde zu stillen.

Seine Armbanduhr piepste. In fünf Minuten würde die Tagesschau beginnen. Bis gestern hätte er sich unwohl gefühlt ohne die aktuellen Informationen des Tages. Im Moment war er Lichtjahre entfernt von den Ereignissen in Deutschland und auf der Welt. Sonst verging die Zeit so schnell. Warum nicht heute? Er beschloss, nicht mehr auf seine Uhr zu schauen. Seit dem Augenblick, als ihn die Wirtin zu Boden gestoßen und ihm die Verletzung zugefügt hatte, kroch die Zeit unendlich langsam dahin. Wie Kaugummi. Der Gedanke an Kaugummi erinnerte ihn an die schwarzhaarige Frau. Auch die war verschwunden, wie so viele aus der ehemals elfköpfigen Gesellschaft. Nur die Lehrerin war noch anwesend, deren klappernde Würfel ihn inzwischen nervten. Und natürlich seine Frau. Seine Sorge wurde immer größer. Die Ärztin hätte längst zurück sein müssen.

Er ertappte sich dabei, doch wieder die Zeit zu kontrollieren. Nur drei Minuten später.

Andrea antwortete seit etwa einer halben Stunde nicht mehr auf seine Ansprache. Die Verzweiflung über seine Ohnmacht schnürte seine Kehle zu.

Erneut räusperte er sich. Renate Voigt hatte längst aufgegeben, darauf zu reagieren.

„Was denken Sie, Frau Voigt? Die Ärztin müsste doch inzwischen mit den Spritzen zurück sein“, wandte er sich direkt an die Lehrerin.

Renate Voigt unterbrach ihr Spiel und blickte ebenfalls zur Uhr.

„Wie lange ist sie denn schon weg?“

„Mindestens zweieinhalb Stunden. Ich erinnere mich nicht genau, wann sie gegangen ist."

Renate Voigt drehte sich zu Bernhard und Andrea um und legte ihre Stirn in sorgenvolle Falten. „Wenn Sie mich fragen – die Ärztin ist längst zu Hause. Die heutige Jugend hat kein Pflichtbewusstsein mehr."

Offenbar fasste sie den Begriff „Jugend" recht weit.

Bernhard versuchte halbherzig, ihr zu widersprechen: „Das glaube ich nicht. Ihr ist bestimmt etwas passiert. Ich mache mir Vorwürfe, ich hätte zumindest mitgehen sollen."

Die Lehrerin gab einen undefinierbaren Laut von sich und setzte ihr Spiel fort.

Bernhard fühlte sich erdrückt von der fast vollkommenen Ruhe im Haus. Inzwischen wäre ihm selbst das Donnergrollen eines neuen Gewitters willkommen gewesen. Er bemühte sich, das Gespräch in Gang zu halten. Jede noch so nichtssagende Unterhaltung war besser als die Stille, die lediglich von den tiefen Atemgeräuschen seiner Frau unterbrochen wurde.

„Wir haben unsere Fahrräder noch nicht lange", erklärte er. Tatsächlich hatte er Andrea das Elektro-Mountainbike gekauft, nachdem er von seinen Kollegen ein ähnliches Bike zum Abschied aus der Kanzlei geschenkt bekommen hatte. Offenbar hatte seine Sekretärin, der gegenüber er einmal Radfahren als mögliches Hobby für sein Rentner-Dasein erwähnt hatte, den Tipp im Kollegenkreis weitergegeben.

Vor drei Monaten war Bernhard T. Momsen, wie er seine Schreiben immer unterzeichnet hatte, dann in Rente gegangen. Neununddreißig Jahre hatte er als Steuerberater für dieselbe große Kanzlei in Heilbronn, in die es ihn als jungen Mann aus Niedersachsen verschlagen hatte, gearbeitet. Seine Arbeit hatte er solide erledigt, stets zur Zufriedenheit, sozusagen. In einem Arbeitszeugnis, das er nie bekommen hatte, weil er nie Wechselabsichten hatte, wäre dies wohl eher eine mäßige Beurteilung gewesen. Deshalb hatte er Vorgesetzte kommen und gehen sehen, war aber nie als Partner vorgeschlagen worden. Sein Angebot, die vierzig Betriebszugehörigkeitsjahre voll zu machen, da er sich mit siebenundsechzig Jahren noch zu jung zum Aufhören fühlte, hatte sein zwanzig Jahre jüngerer Chef dankend abgelehnt.

Hätte er doch damals besser von einer Reise in die Toskana geschwärmt, wo er bei ihrem ersten gemeinsamen Urlaub Andrea den Heiratsantrag gemacht hatte! Die Fahrräder hatten sie in diese verzwickte Lage gebracht.

„Wir hätten uns die Dinger niemals zulegen sollen", sagte er laut. „Haben Sie eigentlich ein Elektrofahrrad?"

Irritiert sah Renate Voigt auf. Hatte sie überhaupt zugehört?

„Nein."

„Gut so. Aber unser Hausarzt war der Meinung, dass ein wenig Sport uns nicht schaden würde. Wir beide haben leider zugenommen in den letzten Jahren."

Was in Wirklichkeit nur auf Andrea zutraf, die in den vergangenen Jahrzehnten beträchtlich an Gewicht zugelegt hatte. „Jahresringe wie ein Baum", hatte Bernhard, der diszipliniert und asketisch sein Gewicht gehalten hatte, sich vertraulich und bedauernd einem Freund gegenüber geäußert.

„Deshalb haben wir uns eben fürs Radfahren entschieden. Leider ist meine Frau ein wenig aus der Übung."

Was stark untertrieben war. Andrea war als Grundschülerin zum letzten Mal auf einem Fahrrad gesessen. Bernhard hatte sie als gertenschlanke junge Frau kennengelernt, die in der Kanzlei eine Ausbildung zur Steuerfachangestellten machte. Ein Jahr später, nachdem Andrea die Ausbildung abgeschlossen hatte, hatten sie geheiratet. Die Zukunftspläne, in denen Andrea noch eine Weiterbildung als Betriebswirtin oder als Steuerfachwirtin machen würde und sie beide dann eine eigene Kanzlei im Osten eröffnen würden, waren erst an der heimatlichen Verbundenheit Andreas und dann an den drei Schwangerschaften gescheitert.

Bernhard schaute erneut auf die Uhr. Immerhin, das Gespräch, das in Wirklichkeit fast ein Monolog gewesen war, hatte ihn abgelenkt. Zehn Minuten waren vergangen.

„Ich denke, ich sollte die Ärztin suchen", bemerkte er, abrupt das Thema wechselnd.

Dieses Mal hatte Renate Voigt zugehört. „Wo wollen Sie denn mit der Suche beginnen? Finden Sie überhaupt den Pfad? Und was, wenn die Ärztin Ihre Unfallstelle nicht entdeckt oder gar nicht nach ihr gesucht hat? Sie könnte irgendwo dort draußen herumirren oder längst zu Hause sein."

Er musste gestehen, dass er daran nicht gedacht hatte.

Eine neue Welle der Verzweiflung rollte über ihn hinweg. Seine Frau war in Lebensgefahr, und er saß wartend im Gasthof. Andere Männer retteten die Welt oder zumindest schöne Frauen. Männer wie Bruce Willis und Clint Eastwood, für die Andrea schwärmte. Seine größte Heldentat war die Rettung eines verirrten Kälbchens vom Randstreifen der B 39.

Unvermittelt fasste er sich an den Kopf. Die Lösung war so einfach. Das heftige Gewitter war weitergezogen. Er musste nur ein Stück den Fahrweg hinunterlaufen, bis sein Handy ein Funknetz fand. Die Bergretter würden kommen und Andrea abholen. Alles würde gut werden.

„Ich gehe Hilfe holen", verkündete er vollmundig und stand auf. Andrea reagierte nicht, aber zumindest Renate Voigt schaute ihn, wie er fand, bewundernd an. Er musterte sich im Spiegel an der Garderobe. Warum auch nicht; mit seinem verwegenen Stirnband hatte er seiner Meinung nach Ähnlichkeit mit Sylvester Stallone als Rambo.

An der Tür blieb er schaudernd stehen. Die Temperatur war rapide gefallen und er fror in seinem dünnen Fahrradtrikot. Seine Regenjacke war noch im Rucksack, und der wiederum an der Unfallstelle.

„Nehmen Sie wenigstens meinen Anorak. Der da an der Garderobe. Ist vermutlich etwas eng, aber besser als ihr dünnes Hemdchen." Renate Voigt hatte sein Schaudern bemerkt.

Dankbar zog er die inzwischen getrocknete Jacke an.

Die tiefstehende Sonne war hinter der nächsten dunklen Wolkenwand untergegangen, aber im spärlichen Abendlicht konnte er den Fahrweg erkennen. Wie ein Teenager das Smartphone vor sich hertragend, folgte er ihm. Das Display weigerte sich beharrlich, auch nur einen Sendebalken anzuzeigen.

Mehrmals stolperte er, und einmal verlor er dabei sogar das Handy. Glücklicherweise überstand es den Sturz unversehrt und blieb mit dem Bildschirm nach oben liegen, sodass er es ohne Probleme wiederfand.

Seine Zuversicht stieg, als die Schlucht des Adratsbachs vor ihm auftauchte. Auf der anderen Seite wartete nur noch ein kurzer Gegenanstieg zur Bergstation des Sessellifts. Dort musste es ein Netz geben, denn von da drüben hatte Andrea auf dem Hinweg ein Foto an ihre beste Freundin verschickt. Ungläubig rechnete er nach, dass seither nicht einmal zehn Stunden vergangen waren.

Das Rauschen des Bachs war immer lauter geworden und schließlich zu einem bedrohlichen Donnern angeschwollen. Die holprige Straße wurde blockiert von achtlos herumliegenden Holzplanken und einigen dicken Balken.

Er rieb sich ungläubig die Augen und blickte verzweifelt den Rand der Schlucht entlang, die ihm am Vormittag kaum aufgefallen war. Seine pfadfinderischen Fähigkeiten schätzte er realistisch als begrenzt ein. Hatte er sich vielleicht verlaufen, und der Übergang befand sich ein Stück weiter oberhalb? Aber auch er als Stadtmensch konnte erkennen, dass der Weg diesseits bis zum Rand der Klamm führte und sich am gegenüberliegenden Ufer fortsetzte. Nur die Brücke dazwischen fehlte eben.

Wie betäubt stand er an der Kante und starrte auf die Wassermassen, die ins Tal rauschten. Die Erkenntnis, dass die Brücke fortgespült worden war, traf ihn wie ein Schlag.

SECHSUNDZWANZIG

Zuvor

Die Würfel zeigten eine Drei und eine Fünf für Gelb. Renate Voigt war, um das Spiel zu beschleunigen, dazu übergegangen, mit zwei Würfeln gleichzeitig zu würfeln. Mit der Drei könnte sie eine grüne Figur schlagen.

Sie blickte vom Spielbrett auf, als sich die Außentüre öffnete. Anne Huber und der sympathische Österreicher schlüpften rasch herein. Beide schienen erschöpft, wobei Renate meinte, ein zufriedenes Funkeln in den Augen der Wirtin zu sehen. Wie eine Katze, die einen Vogel verspeist hat, dachte sie. Ihr Mitarbeiter dagegen machte einen unglücklichen Eindruck. Die beiden hängten ihre nassen Jacken an die Garderobe. Sofort bildeten sich zwei Pfützen auf dem Boden. Die Jacke des Österreichers war offensichtlich von hoher Qualität, denn die Kleidung darunter war trocken geblieben. Annes Bluse dagegen wies große nasse Flecken am Rücken und an beiden Ärmeln auf.

Mit einem Seufzer ließ sich Anne am Stammtisch nieder, während der Mann ihr und sich selbst eine Flasche Bier holte und dann ihrem Beispiel folgte.

Renate beobachtete gedankenverloren, wie sich die beiden Wasserpfützen unter der Garderobe vereinigten und gemeinsam in Richtung Türschwelle flossen. Offenbar war der Boden nicht ganz eben. Sie unterdrückte den Impuls, Lappen und Putzeimer zu holen, um das Rinnsal aufzuwischen.

Die beiden hatten dem Anschein nach ihre Arbeit erledigt, denn die Wirtin zog die Schuhe aus und legte ihre Füße auf einen Stuhl. Ob sie eventuell Lust hätten mitzuspielen?, überlegte Renate. Der Herr Kurt war vorhin eigentlich recht interessiert gewesen.

Sie schaute fragend zum Stammtisch hinüber und setzte zum Sprechen an. Dabei traf sie der überhebliche Blick der Wirtin. Schnell schlug sie die Augen nieder. Nein, mit Frau Anne zu spielen, machte bestimmt keinen Spaß.

Drei und fünf für Gelb. Sie konzentrierte sich wieder auf ihr Brett. Die gelbe Figur übersprang die grüne und platzierte sich zwei Felder davor.

Erneut wurde es still in der Gaststube. Der Kühlschrank ging mit einem Knacken an. Sein Brummen übertönte Andrea Momsens tiefe Atemzüge.

Aus den Augenwinkeln bemerkte Renate Voigt, wie Anne plötzlich fröstelte und die Arme um ihren Oberkörper schlang. Mit einem Ruck stand sie auf und verschwand im Durchgang hinter der Garderobe. Herr Kurt kippte seinen Stuhl zurück, bis er mit dem Hinterkopf gegen die Wand stieß. Er schloss die Augen, und seine verkniffenen Gesichtszüge entspannten sich.

Zehn Minuten später kam die Wirtin zurück. Die nasse Bluse hatte sie durch einen Fleecepulli ersetzt. Herr Kurt öffnete die Augen und kippte mit einem ertappten Grinsen seinen Stuhl wieder in die aufrechte Position.

„Wo ist eigentlich ihr Mann?"

Steht doch in der Historie über den Gasthof, dachte Renate, während sie eine Spielfigur auf das Startfeld zog. Gestorben, bei einem Verkehrsunfall in Südamerika. Warum wusste Herr Kurt das nicht?

Die Wirtin reagierte nicht.

„Hallo, würden Sie mir bitte antworten."

Plötzlich fiel Renate Voigt auf, dass Herr Kurt die Wirtin nicht siezte. Demnach hatte er nicht mit Anne Huber geredet. Sie blickte hoch und bemerkte die stahlgrauen Augen, die auf ihr ruhten.

„Meinten Sie mich, Herr Kurt?"

„Karl", antwortete er resigniert. „Ja. Wo ist denn ihr Mann?"

„Warum möchten Sie das wissen? Ich bin seit acht Jahren Witwe."

„Quatsch. Ich meine nicht Sie, sondern die da." Er deutete mit dem Kinn in Richtung der Ecke, wo Andrea lag.

„Ach so. Gegangen."

„Herrschaftszeiten, was heißt *gegangen*?"

„Er holt Hilfe, weil sich der Zustand seiner Frau immer mehr verschlechtert."

Mit einem mühsam unterdrückten Fluch sprang Herr Kurt auf.

„Wann ist er gegangen? Wohin?"

„Woher soll ich das wissen? Vor zwanzig Minuten vielleicht. Zum Breitenberg vermutlich."

„Verdammt noch mal, warum haben Sie das nicht gleich gesagt?!"

„Sie haben mich doch gar nicht gefragt", gab Renate spitz zurück.

„Hier kann doch nicht jeder einfach so davonlaufen!", herrschte er sie an.

„Sie und Frau Anne sind doch auch einfach so gegangen. Und die junge Frau von der Zeitung fehlt im Übrigen schon viel länger. Auch die Ärztin sollte schon längst zurück sein. Warum machen Sie jetzt gerade wegen des Herrn ein solches Theater?"

Herr Kurt verzichtete auf eine Antwort und griff nach seiner Jacke.

„Stopp."

Der laute Ruf von Anne Huber ließ ihn herumfahren.

„Du gehst jetzt nicht wieder raus, um nach dem Mann zu suchen."

Erstaunt verfolgte Renate, wie Herrn Kurts gutmütiges Gesicht plötzlich einen harten Zug bekam.

„Halt deinen Mund und versuche nicht, mich aufzuhalten. Ich versuche zu retten, was noch zu retten ist. Du merkst überhaupt nicht, dass du alles immer schlimmer machst", fauchte er sie an.

Renate zog das Genick ein. Wenn ein Angestellter so mit der Chefin redete, musste das ein Donnerwetter zur Folge haben.

Nichts geschah. Verblüfft verfolgte Renate, wie Anne tief seufzte und verstohlen über ihre Augenwinkel wischte. Karl verließ eilig die Gaststube.

***

Katharina war frei, aber noch immer auf dem Plateau der Alm gefangen.

Sie ging im Kopf ihre Optionen durch. Wäre dies ein Kinofilm, würde sie jetzt in den Gasthof schleichen und im Alleingang die Verbrecher ausschalten. Wie Bruce Willis in *Die Hard*. Das reale Leben war wieder einmal anders.

Sie würde flüchten, so schnell und so weit sie konnte. Genau so, wie sie es den Teilnehmerinnen in ihren Kursen immer vermittelte.

Kämpfen war stets nur die zweitbeste Option. Nur, wohin sollte sie flüchten?

Der Regen hatte aufgehört. Wie lange, wusste sie nicht. Vielleicht war der Wasserstand des Adratsbachs schon wieder so weit gefallen, dass sie ihn durchqueren konnte. Das Risiko dabei blieb hoch. Zu hoch, entschied sie.

Erneut dachte sie darüber nach, sich irgendwo zu verstecken. Der Hund war wohl die nächsten Stunden kein Problem, und ohne ihn würde es für Anne schwer werden, sie aufzuspüren. Das Wetter klarte auf. Morgen früh würde vermutlich ein Rettungstrupp die zerstörte Brücke bemerken und irgendwie versuchen, den Gasthof zu erreichen. Eine verlockende Option.

Aber Andrea würde ohne Insulin die Nacht wahrscheinlich nicht überleben. Keine mögliche Option also.

Weit im Hinterkopf wusste Katharina schon lange, dass der einzige Weg, das Plateau zu verlassen, der war, den sie gekommen war. Zurück über den Aggenstein zur Bad Kissinger Hütte.

Zweifelnd betrachtete sie ihre Ausrüstung. Die Hose, der sie mithilfe der Kordel aus ihrer Jacke einen provisorischen Gürtel verpasst hatte, würde sie auf dem Pfad nicht behindern. Problematisch waren die Hausschuhe mit den Korksohlen. Weder die Sohlen selbst noch ihre Füße in den zu weiten Schuhen boten einen guten Halt.

Ihr Ausbruch würde irgendwann entdeckt werden. Je schneller sie sich auf den Weg machte, desto größer war ihr Vorsprung.

Vorsichtig schlich sie hinter den beiden Schuppen herum. Der Fahnenmast, der sich schwach gegen den Nachthimmel abzeichnete, wies ihr in der Dunkelheit den Weg zum Einstieg des Pfads.

***

Anne fühlte sich elend. Sie gestand sich selbst ein, dass Karl recht gehabt hatte. Die ganze Aktion entglitt ihr, und alles, was sie bisher getan hatte, hatte die Sache nur noch komplizierter gemacht. Anfangs war sie wütend gewesen, inzwischen verspürte sie nur noch eine ohnmächtige Verzweiflung. Warum hatte sich das Schicksal so gegen sie gewandt? *Dat Ljück geht mit de Doofe*, sagte man im Rheinland. Offenbar war sie nicht doof genug. Was kein Trost war, denn inzwischen stand nicht ihr Glück, sondern vielleicht sogar ihr Leben auf dem Spiel.

Verstohlen schaute sie zur Lehrerin hinüber. Die hatte den Streit zwischen ihr und Karl interessiert verfolgt. Nachdem Karl den Raum verlassen hatte, hatte sie sich wieder ihrem Würfelspiel zugewandt. Sie schürzte die Lippen und zog nach längerer Überlegung eine blaue Spielfigur in das Zielfeld.

Tränen stiegen Anne in die Augen. Tränen der Wut, aber auch Tränen der Enttäuschung. Mit einer Serviette tupfte sie sie vorsichtig ab, um die Wimperntusche nicht zu verschmieren, die sie beim Wechsel ihrer nassen Kleidung erneuert hatte.

Als die Sache in Südamerika passierte, hatte sie tatsächlich gemeint, ihre Pechsträhne habe ein Ende. Sie hatte es als Wink des Schicksals, als gutes Omen aufgefasst und wollte die Chance mit ihrer neuen Familie ergreifen.

Aber das Leben auf einem Berggasthof war hart. Zu hart. Im Sommer bedeutete es, sieben Tage in der Woche von morgens bis abends zu arbeiten. Für einen Lohn, den sie in ihrem früheren Leben mit einer einzigen Transaktion eingestrichen hatte.

Im Spätherbst und im Winter war das Leben langweilig *und* hart. Niemals zuvor hatte sie so gefroren wie im ersten Winter am Seekopf.

Ein wenig bewunderte sie die Allgäuer, die dieses Dasein ertragen konnten. Aber sie wusste, sie musste weg. Dorthin, wo Leben und Luxus, Glanz und Glamour waren. Dazu benötigte sie Geld, denn sie hatte sich geschworen, nie mehr arm zu sein. Über die Art des Geldverdienens machte sie sich dabei keine Illusionen. Ihre beruflichen Qualifikationen würden niemals ausreichen, um auf legale Weise ein Vermögen zu erwerben. Deshalb blieben für sie nur die illegalen Optionen. Wobei sie nach ihrem Ehrenkodex noch streng unterschied: Verbrechen kamen nicht in Frage. Das Opfer musste die Wahl haben. Einen Menschen zu bestehlen, der zu dumm oder zu gierig war, war in Ordnung. Jemandem etwas gegen dessen Willen wegzunehmen, war ein Verbrechen. Ein absolutes No-Go für sie.

Als sich die Chance bot, in das Unternehmen einzusteigen, hatte sie deshalb sofort zugegriffen. Gutes Geld für wenig Arbeit. Und es wurde ja niemand gezwungen, diese Art von Waren zu kaufen.

Dass Menschen zu Schaden gekommen waren, berührte sie dabei wenig. Schließlich hatte nicht sie, sondern Josef den Abzug gedrückt. Und die dicke Frau war dumm genug gewesen, ohne Erfahrung mit dem Mountainbike in die Berge zu gehen. Matthias war das schwächste Glied in der Kette. Labil und unzuverlässig. Und jetzt auch noch ein Mörder. Obwohl – Letzteres war vielleicht sogar ein Vorteil. Sie würde mit ihrem Verbindungsmann reden und darauf bestehen, dass der Salzburger abgelöst wurde. Vielleicht würde der *Bluter* ihn ganz aus dem Verkehr ziehen. Ihr Mitleid hielt sich in Grenzen.

Mit der Reporterin hingegen war es anders. Ein wenig hatte sie sie an sich selbst vor ein paar Jahren erinnert. Sie zu töten, war brutal und unnötig gewesen. Selbst wenn die Erklärung von Matthias der Wahrheit entsprach – was sie bezweifelte –, hätte das Mädchen anderweitig zum Schweigen gebracht werden können. Der Gedanke, dass der Leichnam in einer unzugänglichen Felsspalte verrotten würde, deprimierte sie. Bestimmt hatte das Mädchen Angehörige und Freunde, die sich ein Leben lang fragen würden, warum sie so plötzlich verschwunden war.

Echte Sorgen machte sie sich darüber, dass der Tod von Maria untersucht werden würde. Noch mehr Kopfzerbrechen allerdings bereitete ihr die Ware, die sich immer noch im Haus befand. Wo blieben die Abholer? Sollte mit der Ware etwas schieflaufen, war die Polizei noch ihr geringstes Problem. Der *Bluter* und seine Gefolgsleute kannten keine Gnade mit Versagern.

SIEBENUNDZWANZIG

18 Monate zuvor
Südliche Yungas-Straße/Bolivien

Mit einem lauten Knall explodierte der Motor. Das Heulen der überdrehten Zylinder verstummte schlagartig. Weißer Dampf stieg vor der Frontscheibe aus dem Kühlergrill und den Lüftungsschlitzen auf. Der Antrieb der Räder setzte aus, und das Fahrzeug rutschte wieder dem Abhang entgegen. Erneut scharrte der Unterboden über die Kante, dann kippte das Fahrzeug um und stürzte in die Tiefe.

Tine wurde in den Sicherheitsgurt gepresst, als sich der Wagen mehrfach überschlug. Ihren Oberkörper trafen Stöße aus verschiedenen Richtungen, aber die Schlafsäcke auf ihrem Schoß minderten deren Wucht. Die Kräfte waren heftiger als bei jeder Achterbahn, die sie jemals im Leben gefahren war.

Sie hatte innerlich mit ihrem Leben abgeschlossen, da kam die Höllenfahrt mit einem hässlichen Knirschen zum abrupten Stillstand. Das Fahrzeug hatte sich mit der Front voraus im buchstäblich letzten Augenblick vor dem gähnenden Abgrund zwischen zwei großen Felsen verkeilt.

Die plötzliche Stille war gespenstisch. Tine blinzelte und versuchte ihre Extremitäten zu bewegen. Ein scharfkantiges Stück war am Fahrersitz abgebrochen und hatte ihr eine blutende Schnittwunde am Schienbein zugefügt. Außerdem hatte sie Schmerzen an nahezu jeder Stelle ihres Körpers, aber es schien nichts ernsthaft verletzt oder gebrochen zu sein.

„Anne? Florian? Seid ihr okay?“

Keine Antwort.

Sie sah nach vorn zum Beifahrersitz, wo Anne zu Beginn der Fahrt noch fröhlich quasselnd gesessen hatte. Jetzt erblickte sie einen grauen Fels, der die vordere Seitenpartie des Fahrzeugs eingedrückt hatte. Sie versuchte, um die Rückenlehne des Fahrersitzes herumzuschauen.

Da war Blut. Unendlich viel Blut.

Die Übelkeit setzte ganz unvermittelt ein, und Tine erbrach die Reste ihrer Humitas. Panisch versuchte sie auszusteigen, aber der Rahmen des Wagens war verzogen und die Türe ließ sich nicht öffnen. Die Elektronik war ausgefallen, und damit war auch der elektrische Fensterheber nutzlos. Sie schlug mit der linken Faust gegen das Fenster, bis die Hand schmerzte. Das Glas hielt ihrer planlosen Aktion stand.

Bilder von abstürzenden und explodierenden Autos im Fernsehen tauchten vor ihrem geistigen Auge auf.

„Ich will hier raus!"

Sie wusste nicht, ob sie tatsächlich diesen Satz gebrüllt hatte, oder ob lediglich die überstrapazierten Synapsen in ihrem Gehirn ihn formuliert hatten.

„Bleib ruhig und denk nach", murmelte sie vor sich hin.

Der Klang ihrer eigenen Stimme hatte eine beruhigende Wirkung. Ihr Blick schweifte durch das Chaos auf der Suche nach einem harten und schweren Gegenstand, wobei sie tunlichst darauf achtete, weder die blutige Masse noch ihr Erbrochenes anzuschauen.

Das ideale Werkzeug fand sie direkt auf ihrem Schoß. Im Nylonbeutel mit dem Zelt lag ein schwerer Hammer zum Einschlagen der Heringe. Bereits mit dem ersten Hieb zersprang die Scheibe.

Als ob das Bersten des Fensters ein Signal gewesen sei, fiel plötzlich die Nervosität von ihr ab. Sorgfältig entfernte sie alle Glasreste, bevor sie sich mühsam durch die Öffnung ins Freie schlängelte. Der Sprühregen war in den für die Jahreszeit typischen Dauerregen übergegangen, und Tine, die nur ihr dünnes Top trug, war nach kürzester Zeit komplett durchnässt. Außerdem machte der Regen das lose Gestein, auf dem das Wrack zum Stillstand gekommen war, unangenehm glitschig. Nicht zum ersten Mal war Tine wieder froh über ihre wenig attraktiven, aber praktischen Bergstiefel.

Vorsichtig umrundete sie den Schrotthaufen. Der große Geländewagen steckte in einem Schlitz zwischen zwei mächtigen

Felsen. Wäre der Schlitz vielleicht achtzig Zentimeter breiter gewesen, wäre er mit seinen Insassen über eine endlos hohe Wand gestürzt. So jedoch hatten sich der Motorblock und der vordere Innenraum zwischen den Felsen verkeilt, wobei beide Seitenwände massiv eingedrückt worden waren. Tine schaute durch die Lücke, wo früher einmal die Fahrertür gewesen war.

Erneut überkam sie die Übelkeit, denn zwischen den Metallteilen, gebrochenen Armaturen und Sitzen waren Florian und Anne eingeklemmt. Ein Blick genügte ihr um zu erkennen, dass es für jede Hilfe zu spät war. Der Beifahrersitz war durch die Wucht des Aufpralls auf den Fahrersitz geschoben worden. Die Körper lagen so aufeinander, als ob sie sich noch im Tod umarmen wollten.

Oh shit! In was für eine blöde Situation war sie jetzt geraten. Vor zwei Stunden hatte alles noch so perfekt ausgesehen. Sie hätte La Paz erreicht und in der Großstadt untertauchen können. Stattdessen hing sie hier an einer Klippe neben einem Autowrack. Noch dazu mit zwei Leichen. Selbst in dieser gottverlassenen Gegend würde die Polizei aufkreuzen. Was, wenn ein übereifriger Polizist auf die Idee verfiel, ihren Pass genauer anzuschauen? Oh shit.

Selbst wenn sie nicht verhaftet würde, müsste sie irgendwie weiterkommen. Sie bezweifelte, dass das Wrack jemals geborgen werden würde. Aber alles, was sie augenblicklich besaß, lag auf dem Rücksitz des Autos. Auf ihren Rucksack konnte sie notfalls verzichten, doch ihre Tasche mit ihrem Handy, ihrem Reisepass und vor allem mit einem Restbestand an Geld war unersetzlich.

Widerwillig beugte sie sich durch das ausgeschlagene Fenster und wühlte zwischen den Schlafsäcken nach ihrer Tasche. Dabei stieß sie auf Florians kleinen Tagesrucksack, der, wie sie aus der Cafetería wusste, die Brieftasche mit den Dokumenten der beiden Verstorbenen sowie eine größere Menge an Bargeld enthielt. Die beiden würden das Geld nicht mehr brauchen, entschied sie.

Als sie der Brieftasche vierhundert amerikanische Dollar und knapp dreitausend Boliviano entnommen hatte, stieß sie auf Annes Reisepass. Eine verwegene Idee reifte in ihrem Kopf.

Das Warten dauerte stundenlang. An Rufen und Hupgeräuschen oben am Hang hatte sie erkannt, dass der Absturz bemerkt worden war. Verständlicherweise wagte jedoch niemand einen Abstieg in diesem gefährlichen Gelände.

Sie musste trotz des Regens eingenickt sein, denn sie erwachte plötzlich, als ein uniformierter Mann an einem Kletterseil neben ihr auftauchte. Verständnislos lauschte sie seinen Fragen, um ihn schließlich zu unterbrechen.

„Sprechen Sie englisch?“

Der Mann nickte.

„Ich bin Annemarie Huber, geborene Möckel. Mein Mann Florian Huber und eine Anhalterin sind noch im Auto. Sie sind beide tot.“

ACHTUNDZWANZIG

Dienstag, 21.35 Uhr

Sie hatte doch nur ein kleines Stück des großen Kuchens abhaben wollen. Von Kindesbeinen an war sie die Außenseiterin, ob im Kindergarten, in der Schule oder in der Jugendfreizeit. Das Aschenputtel. Während die Klassenkameradinnen – richtige Freundinnen hatte sie nie gehabt – von ihren Eltern das jeweils neueste Handy bekamen, hatte sie ein Festnetztelefon in der düsteren Zweizimmerwohnung, in der sie mit ihrer asozialen Mutter lebte. Sie beneidete die anderen Mädchen um ihre Handys, ihre Familien, ja sogar um ihre Zahnspangen. Alle hatten Zahnspangen, sie hatte ihre Lücke zwischen den oberen Schneidezähnen.

Niemand, nicht einmal ihre Geschäftspartner, wusste, dass sie als Jennifer Resczek in Gelsenkirchen aufgewachsen war. Ihre Mutter war Alkoholikerin und lebte von Sozialhilfe und Gelegenheitsprostitution. Ihren Vater hatte sie nie kennengelernt; vermutlich war sich nicht einmal ihre Mutter sicher über ihren Erzeuger.

Die ersten Ladendiebstähle hatten ihr noch ein schlechtes Gewissen und schlaflose Nächte bereitet. Der Schock, als sie dabei zum ersten Mal erwischt wurde, hätte sie fast auf den rechten Weg zurückgebracht. Aber sie war erst zwölf, und deshalb blieb die Tat ohne Konsequenzen. Also konnte sie ja nicht wirklich schlimm gewesen sein.

Sie war trotzdem vorsichtiger geworden und nicht mehr ins Visier der Ermittlungsbehörden geraten. Erst nach einer Schießerei, bei der ihr Freund getötet und ein Polizist schwer verletzt wurde, war ihr das Ruhrgebiet zu heiß geworden. Mit Glück hatte sie es damals geschafft, sich nach Südamerika abzusetzen. Dort hatte das Schicksal ihr mit dem Unfalltod von Anne und Florian eine zweite Chance geboten. Die Chance, die gerade in Gefahr war. Wegen des verdammten Wetters, wegen des verdammten Großvaters, des verdammten Weiberhelds Matthias und insbesondere wegen der verdammten Ärztin.

Damals, mit zwölf, hatte sie erkannt, dass sie ihrem Glück nachhelfen musste. Sie würde nie das Leben ihrer Mutter leben wollen. Die schönen Dinge des Lebens würden aber nicht so einfach zu ihr kommen, also musste sie sich diese selbst verschaffen. Mit den Ladendiebstählen und Einbrüchen hatte es begonnen. Vor der erzwungenen Pause war sie drei Jahre lang erfolgreich im Drogengeschäft zwischen den Niederlanden und Deutschland tätig gewesen und hatte sich in der Hierarchie eines Kartells im Ruhrgebiet kontinuierlich hochgearbeitet. Die Schießerei in Essen hatte ihre Karriere abrupt beendet.

Der Verkehrsunfall in Südamerika, den sie auf wundersame Weise überlebt hatte, hatte ihr einen neuen Anfang geboten und ihr ein bislang unbekanntes, angenehmes Erlebnis verschafft: die Geborgenheit im Schoß einer ehrlichen Familie.

Nachdem sie mit dem geerbten Pass problemlos und unerkannt nach Deutschland zurückgereist war, hatte sie sich zunächst im Kreis ihrer erschlichenen Familie verkrochen. Maria und Josef hatten sie wie eine verlorene Tochter herzlich aufgenommen.

Die ersten Monate waren ereignislos gewesen. Ein Zustand, der Jennifer alias Anne anfänglich beruhigt und später gelangweilt hatte. Ihre Tarnung war perfekt. Als Schwiegertochter der angesehenen Familie Huber/Ramsauer wurde sie in Pfronten geachtet. Mit jedem Tag auf dem Gasthof Seekopf wuchs ihre Selbstsicherheit. Schließlich hatte sie sich sogar getraut, beim Stadtfest in Füssen mit Albert zu tanzen. Albert war ein entfernter Verwandter von Maria und außerdem Polizist. Die Tatsache, als steckbrieflich gesuchte Kriminelle mit einem Polizisten zu tanzen, hatte sie belustigt.

An diesem Abend hatte Albert damit geprahlt, dass der Polizei an der deutsch-österreichischen Grenze immer wieder Drogenkuriere ins Netz gingen. Er hatte es so dargestellt, als ob er die Verhaftungen alle selbst vorgenommen hätte, auch wenn diese in Wirklichkeit auf das Konto von Zivilfahndern gingen. Jennifer alias Anne hatte Bewunderung geheuchelt, was Albert immer redseliger werden ließ. Nach dem Abend kannte Anne den ganzen vertraulichen Inhalt der Ermittlungsakte. Sie hatte genaue Vorstellungen davon, wie die Drogen aus Afghanistan über Ungarn nach Österreich kamen. Die großen Grenzübergänge nach Deutschland waren wegen der Grenzkontrollen für die Drogenkuriere tabu. Deshalb steuerten sie unkontrollierte Übergänge wie bei Schattwald, Grän oder Vils an. Die Ausfälle waren jedoch beachtlich, weil zivile Polizisten die Straßen im Auge behielten.

Dank ihrer früheren Kontakte war Jennifer alias Anne der erneute Einstieg ins Drogengeschäft leichtgefallen. Einige Tage nach dem Stadtfest hatte sie einen alten Bekannten angerufen, der sie über mehrere Stationen mit einer wichtigen Person im Umfeld des *Bluters* in Kontakt brachte. Der *Bluter* war eine berüchtigte Gestalt, die einen großen Teil der Drogeneinfuhr nach Deutschland kontrollierte. Jennifer alias Anne konnte dessen Vertrauensmann überzeugen, die riskanten Grenzen zu umgehen. Stattdessen sollten Kuriere auf ständig wechselnden Wegen die Ware zu Fuß über die Grenze nach Deutschland bringen. Sie bot ihren Hof als Basis an, von wo aus der Stoff über Kempten weiter verteilt werden konnte. Die Idee fand Anklang. Jennifer alias Anne war zurück im Geschäft.

***

Das Vogelnest war längst zu Asche verbrannt, aber die Fußpfette hatte wegen ihrer Stärke bislang dem Feuer widerstanden. Die weitaus dünneren Dachsparren dagegen waren ein leichteres Opfer für die Flammen gewesen. Unter den Dachplatten und von außen nicht erkennbar, arbeiteten sich diese weiter in Richtung Giebel vor.

***

Wiederholt blickte Renate Voigt auf die Uhr und war erstaunt, wie endlos langsam die Zeit verging. Zwanzig vor zehn. War wirklich erst eine halbe Stunde vergangen, seit Herr Kurt nach dem Streit mit Frau Anne aus der Gaststube geeilt war? Sie fragte sich, wie er in der Dunkelheit den Steuerberater finden wollte.

Ein langgezogenes Heulen ließ das Blut in ihren Adern gefrieren. Der Klagelaut schien direkt vom Hof zu kommen. Entsetzt blickte sie aus dem Fenster und erwartete fast, ein Wolfsrudel vor der Tür zu sehen.

„Was ist das?"

Andrea riss die Augen auf. „Indianer", verkündete sie mit überraschend fester Stimme.

Anne warf Renate und Andrea einen verächtlichen Blick zu und eilte zur Haustür. Davor stand der vormals bedrohlich wirkende dunkle Hofhund und heulte erbärmlich. Selbst aus der Entfernung konnte Renate erkennen, dass die Schnauze geschwollen war. Die Augen waren mit einem gelblichen Schleim verkrustet.

Der Hund versuchte, sich an Anne vorbei in die Gaststube zu drängen.

Angewidert beobachtete Renate, wie Anne dem inzwischen jämmerlich winselnden Tier brutal in die Flanke trat.

„Scheißköter. Was hast du jetzt schon wieder gemacht? Du solltest doch aufpassen, dass die Ärztin…" Anne unterbrach sich. Sie versetzte dem Hund einen weiteren Tritt und griff nach ihrer Jacke und einer massiven Mag-Lite-Stablampe. Der Kangal kniff seinen Stummelschwanz ein und verzog sich winselnd, als sie ihm damit einen weiteren Schlag verpasste.

***

Das Tor des ehemaligen Kuhstalls war ordnungsgemäß verschlossen. Anne zog den Riegel zurück und trat ein. Die Fenster an beiden Längswänden und ein neues, unregelmäßig begrenztes Loch am Boden der gegenüberliegenden Stirnwand ließen sich im inzwischen vollständig dunklen Raum gerade noch erahnen.

Anne fluchte und richtete den Lichtkegel auf den eisernen Ring, an welchem sie die Ärztin angebunden hatte. Der Platz war leer, und lediglich ein paar Schnipsel der Wäscheleine und eines Schnürsenkels sowie das Loch in der Wand zeugten von dem erfolgreichen Fluchtversuch.

Sie schrie ihre ganze Wut hinaus und trommelte mit der linken Faust gegen die Steinwand. Augenblicke später hatte sie sich wieder unter Kontrolle und begann, logisch zu denken. Die bislang potenzielle Gefahr für ihre Freiheit und ihr Leben war jetzt real geworden. Sollte es der Ärztin gelingen, die Polizei einzuschalten, blieb ihr nur eine erneute Flucht nach Südamerika.

Deshalb, so schwor sie sich, würde die Ärztin die nächsten Stunden nicht überleben. Sie eilte zurück in den Gasthof, um die Schrotflinte aus dem Büro zu holen.

Verärgert fiel ihr plötzlich ein, dass beide Läufe nicht mehr geladen waren. Sie hastete weiter in Josefs Zimmer und durchsuchte dessen spärliche Einrichtung nach Ersatzpatronen. Ununterbrochen fluchend, musste sie nach einigen Minuten frustriert aufgeben. Wo auch immer der Alte seine Munition versteckt hatte – in seinem Zimmer zumindest war sie nicht. An einem Haken neben der Tür hing jedoch eines von Josefs Lieblingsspielzeugen, mit dem dieser oft bei Nacht losgezogen war, um Gämsen und Hirsche zu beobachten. Anne hatte das unbestimmte Gefühl, dass ihr dieses Nachtsicht-Fernglas noch nützlich werden könnte.

Sie hängte es sich um den Hals, ließ die Flinte fallen und verließ Josefs Zimmer.

„Hätten Sie vielleicht die Freundlichkeit, mir mitzuteilen, wohin zu gehen Sie beabsichtigen?“, fragte die Lehrerin. „Vermutlich will Herr Kurt das irgendwann von mir wissen.“

Anne warf ihr einen vernichtenden Blick zu und hastete hinaus. Die Tür fiel mit einem lauten Schlag ins Schloss.

***

Renate Voigt schaute zu Andrea hinüber, die die ganze Hektik nicht bekümmert hatte.

„Da waren’s nur noch zwei. Wir zwei“, murmelte sie vor sich hin. In den Tiefen ihres Gedächtnisses kramte sie nach den letzten beiden Strophen. Wie war die Geschichte mit den zehn Afrikanern oder Afroamerikanern eigentlich ausgegangen? Hatte einer von ihnen überlebt?

Sie griff nach Lappen und Putzeimer und wischte den Boden sorgfältig trocken.

NEUNUNDZWANZIG

Zuvor

Sorgfältig suchte Bernhard Momsen das diesseitige Ufer des Adratsbachs ab. Einige Schritte abwärts hatten sich mehrere Balken der Holzkonstruktion zwischen großen Steinblöcken verkeilt. Die Balken waren noch knapp überspült und reichten nicht ganz bis zum anderen Ufer. Er versuchte, die verbleibende Strecke abzuschätzen. Maximal drei Meter, eine Entfernung, die er sich zutraute, schwimmend zurückzulegen.

Die Jacke würde ihn dabei behindern, deshalb zog er sie schweren Herzens aus. Sofort kroch die Kälte durch seine dünne Kleidung. Das Handy war nicht wasserdicht. Nach kurzem Nachdenken nahm er es in den Mund. Er würde eben mit dem Kopf über der Oberfläche bleiben müssen.

Das Ufer war unterspült, und Bernhard hatte Schwierigkeiten, einen Abstieg über die Kante zu finden. Ein morastiger Trichter von der Seite brachte ihn schließlich auf Höhe des Bachs. Aus der Nähe erwies sich das Durcheinander der Balken und Bretter als deutlich schwieriger zu übersteigen als gedacht. Bernhard setzte prüfend seinen linken Fuß auf das erste Holzstück. Der Balken war schräg und glitschig. Mit weit ausgebreiteten Armen tastete er nach einem sicheren Stand für seinen rechten Fuß. Das knöcheltiefe Wasser zerrte an seinen Füßen und brachte ihn fast aus dem Gleichgewicht. Er war erstaunt, welche Kraft die wenigen Zentimeter bereits entwickelten. In der Mitte des Bachs würde die Wucht vermutlich noch vielfach stärker sein, und die Balken schienen dort tiefer einzutauchen. Balancierend würde er die Strecke nicht bewältigen. Schaudernd ließ er sich auf beide Knie nieder und versuchte krabbelnd, den Adratsbach zu überqueren.

Auf halber Strecke griff er in einen unter der Wasseroberfläche unsichtbaren Nagel. Die Spitze bohrte sich in die Handfläche und trat am Handrücken wieder aus. Der Schmerz war vernichtend. Bernhard schrie laut auf, und das Handy versank in der schäumenden Gischt. Er ließ unwillkürlich los und verlor dabei den Halt auf dem Balken.

Die Wucht der Strömung riss ihn sofort mit. Endlos lange Sekunden wurde er zwischen den Felsen herumgewirbelt. Schmerzhaft prallte er gegen die Wände der Schlucht.

Die rasende Achterbahnfahrt hatte ein Ende, als er in ein Kehrwasser gespült wurde. Der Strudel hatte nur einen Durchmesser von etwa vier Metern, in dem schon eine Planke der ehemaligen Brücke trieb.

Bernhard versuchte einzuatmen, aber das Wasser drang in Nase und Rachen. Er hustete und spuckte aus. Die Luft wurde knapp. Der nächste Atemzug war nicht besser. Seine Lippen öffneten sich weit auf der Suche nach ein wenig Sauerstoff. Todesangst überfiel ihn. Er bemühte sich, durch Schwimmbewegungen an der Oberfläche zu bleiben. Das gischtende, stark luftdurchsetzte Wasser bot jedoch wenig Auftrieb, und der Sog im Inneren des Strudels zog ihn wiederholt sekundenlang in die Tiefe. Sein Kopf dröhnte, und er spuckte einen neuen Schwall aus.

Als er schon meinte, ersticken zu müssen, gab der Strudel ihn frei. Mit der frischen Atemluft kehrte die Zuversicht zurück. Er hielt sich für einen guten Schwimmer. Jahrelang war er im Sommer vor der Arbeit eine halbe Stunde lang ins Freibad gegangen. Morgens, wenn er fast alleine seine Bahnen ziehen konnte.

Das Wasser bewegte sich mit einer ungeheuren Geschwindigkeit gegen den Uhrzeigersinn und packte ihn erneut. Die lebensgefährliche Schwimmpartie ging weiter. Heftig prallte er mit dem linken Oberschenkel gegen einen Felsen. Der explosionsartige Schmerz war unbeschreiblich. Nach Luft schnappend wurde er weiter im Kreis gespült. Runde um Runde im brodelnden Hexenkessel drehend, stieß er immer wieder schmerzhaft mit Armen und Beinen gegen die immer gleichen Hindernisse. Er versuchte, sich im Vorbeischwimmen an einem der Felsen festzuhalten, aber die Strömung war zu stark. Die rauen Felsen rissen die Haut an seinen aufgeweichten Fingerkuppen auf.

Mit jedem Atemzug atmete er das schmutzig-braune Wasser ein und kämpfte mit zunehmend hektischen Bewegungen gegen das drohende Ertrinken an. Seine Lungen lechzten nach Sauerstoff, stattdessen füllte sich sein Magen immer mehr mit der sandigen Brühe.

Die Planke kam ihm zu Hilfe. Er konnte sich an ihr festklammern und sein Kinn auf das raue Holz legen. Ohne die wiederholten Tauchgänge fiel das Atmen wieder leichter, und er hustete und würgte die Flüssigkeit aus Magen und Luftröhre.

Krampfhaft hielt er den lebensrettenden Balken mit Händen und Armen umschlungen. Längst hatte er eingesehen, gegen die Gewalt der Strömung nichts ausrichten zu können. Erst recht nicht mehr, seit er sein linkes Bein nicht mehr bewegen konnte. Er verzichtete auf weitere Schwimmbewegungen und vertraute darauf, irgendwann ans Ufer gespült zu werden.

Der Bach war eisig. Im ersten Augenblick hatte er sie nicht gespürt, aber nun durchzog die Kälte seinen Körper. Seine Zähne begannen, unkontrolliert zu klappern. Irgendwo hatte er einmal gelesen, Erfrieren sei ein angenehmer Tod. Der Autor hatte keine Ahnung. Nicht im kalten Wasser zumindest. Andererseits betäubten die Temperaturen die Schmerzen, was insbesondere seinem verletztem Oberschenkel guttat.

Nach endlosen Minuten in dem tobenden Strudel ließ auch die Kraft in seinen Armen nach. Er versuchte, sich mit dem rechten Bein festzuhalten, wobei der Kopf wieder unter Wasser geriet.

Er biss auf die Zähne und begann langsam zu zählen. Noch fünf Minuten würde er sich festhalten und gegen das Ertrinken wehren, schwor er sich. Fünf Minuten, in denen vielleicht ein Wunder geschehen würde. Sollte bis dahin das Wunder nicht eingetreten sein, würde er loslassen und sich auf den Grund ziehen lassen.

Das Rechnen fiel ihm schwer. Schließlich kam er zu dem Schluss, dass er für fünf Minuten auf dreihundert zu zählen hatte.

Sein eigener Tod ängstigte ihn nicht mehr, aber er bedauerte, Andreas Leben nicht retten zu können. Sie würde nicht mehr erfahren, dass er es zumindest versucht hatte. Länger als bis dreihundert hätte auch Chuck Norris nicht durchgehalten, tröstete er sich selbst.

Die fremde Hand umschloss sein Handgelenk, als er bei zweihundertzwölf angelangt war.

„Lass das Brett los. Ich kann dich nicht mit ihm zusammen herausziehen."

Bernhard benötigte mehrere Sekunden, um zu erkennen, dass ein Mensch bäuchlings am Ufer lag und seine Hand ergriffen hatte. Sein Selbsterhaltungstrieb weigerte sich, die lebensrettende Planke loszulassen.

„Mach schon! Ich kann dich nicht mehr lange halten."

Er ließ die Planke los. Sofort tauchte sein Kopf in den braunen Fluten unter, aber die fremde Hand hielt sein Handgelenk eisern fest. Langsam zog sie ihn ans sichere Ufer. Sein Kopf tauchte aus dem Wasser auf, und er blickte in Karls vor Anstrengung verzerrtes Gesicht.

„Hilf ein bisschen mit. Ich schaffe es nicht alleine, dich herauszuziehen."

Bernhard griff mit der anderen Hand nach Karls Jacke und zog sich an ihr mit dem Oberkörper auf eine Steinplatte knapp über der Wasserlinie. Mit beiden Händen krallte er sich weiter an der Jacke fest, während er keuchend Wasser aushustete.

Karl war von der Rettung ebenfalls erschöpft und gezeichnet. Minutenlang blieben sie heftig atmend Kopf an Kopf am Ufer liegen.

„Du musst noch weiter hinaus, sonst kann dich eine Welle wieder in den Strudel hineinziehen", warnte Karl schließlich, als er wieder zu Atem gekommen war.

Erstaunt schaute Bernhard an sich herunter. Er hatte überhaupt nicht bemerkt, dass er von der Hüfte abwärts noch im Wasser hing.

Als er versuchte, das linke Bein zu bewegen, durchzog ihn erneut ein vernichtender Schmerz.

„Ich schaffe es nicht! Mein Bein ist vermutlich gebrochen."

Karl kniete sich vorsichtig an der Wasserlinie nieder und schob Bernhard langsam weiter ans Ufer. Bernhard stöhnte vor Schmerzen, half aber mit dem unverletzten Bein und beiden Armen nach, so gut er konnte. Kurze Zeit später lag er schließlich sicher außerhalb der Reichweite der immer noch schäumenden Wassermassen.

Die Anspannung fiel von Bernhard ab, und das Klappern seiner Zähne ging in ein heftiges Zittern seines ganzen Körpers über. Tränen der Erleichterung und der Erschöpfung füllten seine Augen. Der klebrige Dreck unter ihm erschien ihm bequemer als jedes Bett, in dem er jemals geschlafen hatte. Wäre nicht die eisige Kälte, würde er nie mehr aufstehen.

Er drehte sich auf den Rücken, und der Schmerz explodierte in seinem linken Oberschenkel. Sein Schrei übertönte sogar das laute Donnern des Adratsbachs. Mit tränenverschleiertem Blick betrachtete er seinen Unterkörper. Das linke Bein war plötzlich gut zehn Zentimeter kürzer und der Fuß zeigte grotesk weit nach außen.

Karl richtete sich bei Bernhards Schmerzensschrei stöhnend auf. Unvermittelt kippte die unterspülte Steinplatte um. Karl versuchte, sich mit einem hastigen Sprung in Sicherheit zu bringen. Sein linker Fuß erreichte das Ufer, aber der rechte trat in das Loch, wo Augenblicke zuvor noch die Steinplatte gelegen hatte. Bernhard fuhr herum, als er Karls panischen Schrei vernahm, und sah, wie dieser mit beiden Armen rudernd rückwärts in den Strudel stürzte, aus dem er ihn gerettet hatte.

Ohnmächtig musste Bernhard mit ansehen, wie Karl von den brodelnden Fluten ergriffen wurde. Anders als bei ihm spuckte das Kehrwasser sein neues Opfer sofort in die Strömung aus. Geschockt folgte Bernhards Blick dem in den Wellen hüpfenden Kopf, bis dieser zwischen den Schluchtwänden verschwunden war.

DREISSIG

Dienstag, 21.40 Uhr

Die ersten Schritte waren schwierig. Der schmale Weg war in der Dunkelheit kaum zu erkennen, und Katharina musste ihre Füße in den untauglichen Hausschuhen vorsichtig aufsetzen, um nicht im Knöchel umzuknicken. Wiederholt verpasste sie eine Kehre des steil ansteigenden Pfads und stand unvermittelt im losen Geröll. Die dadurch ausgelösten Steinschläge klangen in ihren Ohren erschreckend laut, auch wenn sie wusste, dass polternde Steine im Gebirge ständig vorkamen.

Sie stellte fest, dass es günstig war, die Füße um neunzig Grad nach außen zu drehen, da die Schuhe beim steilen Bergaufgehen nach hinten keinen Halt boten. Langsam fand sie trotz der seltsamen Fußstellung ihren Rhythmus. Die Erbauer des Pfads hatten die Serpentinen in regelmäßigen Abständen angelegt, sodass sie allmählich ein Gefühl für die nächste Kehre entwickelte und immer seltener im Geröll umdrehen musste.

Die Wolken verzogen sich, und nach und nach waren mehr Sterne am Himmel zu sehen. Ihr schwaches Licht verbesserte die Sicht, und Katharina kam schneller voran. Nachdem sie ihrer Schätzung nach die Hälfte des Anstiegs hinter sich gebracht hatte, legte sie eine kurze Pause ein. Die Muskeln waren von der ungewohnten Fußhaltung verspannt, und sie machte einige Dehnungsübungen.

Vom Gasthof drang ein Geräusch an ihr Ohr. Sie versuchte, dessen Ursache herauszufinden, aber die Dunkelheit dort unten war noch immer undurchdringlich. Sie glaubte nicht, dass ihre Flucht schon bemerkt worden war. Anne hatte vermutlich andere Sorgen, als in kurzen Abständen nach ihrer Gefangenen zu sehen. Trotzdem entschied sie sich, ihre Schritte ein wenig zu beschleunigen.

Der Sattel zeichnete sich gegen den inzwischen fast wolkenlosen Nachthimmel ab. Rechts davon erhob sich der Gipfel des Aggensteins, der in der Dunkelheit noch mächtiger und bedrohlicher wirkte. Katharina begann zu rechnen. Für die letzten Meter im Anstieg würde sie vielleicht noch zehn Minuten benötigen. Der Abstieg auf der anderen Seite zur Bad Kissinger Hütte dauerte bei Tageslicht und mit guten Schuhen keine halbe Stunde. Selbst wenn sie die doppelte Zeit veranschlagte, sollte sie in gut einer Stunde an der Hütte und damit in Sicherheit sein.

Plötzlich hörte sie, wie hinter ihr ein großer Stein polternd über eine Geröllhalde zu Tal rollte. Ihre Nackenhaare sträubten sich und sie drehte sich rasch um. Der Gasthof lag noch immer in vollkommener Dunkelheit, aber am Rand ihres Gesichtsfelds meinte sie im Anstieg eine Bewegung erkannt zu haben. Sollte Anne ihre Flucht tatsächlich schon entdeckt und ihr bereits so weit nach oben gefolgt sein? Dann würde das tödliche Rennen knapp werden.

Zehn Minuten später hatte sie den Sattel erreicht. Ihr Gefühl sagte ihr, dass Anne dicht hinter ihr war, auch wenn sie sie bislang nicht zu Gesicht bekommen hatte. Erneut legte sich die Angst wie ein Stein auf ihre Brust.

Die aufkommende Panik lähmte sie und verhinderte logisches Denken. Die Hüttenwirtin folgte ihr in mörderischer Absicht. Sie war besser ausgerüstet und vermutlich mit der Schrotflinte bewaffnet. Also würde sie beim Abstieg nur nahe genug aufschließen müssen, um Katharina wie ein hilfloses Kaninchen erschießen zu können.

Sie beschloss, Anne auszutricksen und sich stattdessen am Gipfel des Aggensteins zu verstecken.

***

Zuvor

Anne stand auf der gekiesten Hoffläche und blickte sich suchend um. Die Ärztin hatte sich irgendwie befreien können und war aus dem Stall ausgebrochen. Dass sie dabei den Hund ausgeschaltet hatte, bereitete Anne am meisten Kopfzerbrechen. Ohne ihn konnte sie der Spur nicht folgen.

Sie versuchte, sich in die Situation der Ärztin zu versetzen. Wohin würde sie selbst an deren Stelle flüchten? Ohne Schuhe und ohne trockene Kleidung?

Die Brücke war zerstört, der Bach nach wie vor ein unüberwindliches Hindernis. Sie kam zu dem Schluss, dass die Ärztin sich entweder irgendwo auf der Alm verstecken würde oder versuchte, über den Sattel des Aggensteins die Bad Kissinger Hütte zu erreichen.

Der Regen hatte aufgehört, die Wolken lösten sich auf und einzelne Sterne beleuchteten schwach die Landschaft. Sollte die Ärztin sich verbergen, würde der Kangal spätestens morgen früh ihre Witterung aufnehmen und sie stellen können. Keine unmittelbare Bedrohung also. Gefährlich, nein, aussichtslos würde es werden, sollte ihr die Flucht zur Bad Kissinger Hütte gelingen.

Meter für Meter scannte Anne mit Josefs Nachtsichtglas den Verlauf des Pfads von der Hütte zum Sattel. Sie war überrascht, wie hell und gestochen scharf das grünliche Bild war. Der sonst so geizige Josef hatte für dieses Gerät offenbar tief in die Tasche gegriffen, konstatierte sie.

Nach ungefähr einem Drittel der Strecke wurde sie fündig. Eine flüchtige Bewegung weckte ihre Aufmerksamkeit. Sie fokussierte und erkannte die Ärztin, die erstaunlich rasch den Pfad hochstieg. Ein Blick auf die Füße verriet ihr, dass sie sich irgendwelche Sandalen organisiert hatte.

Mit einem zufriedenen Lächeln machte sie sich an den Aufstieg. Sie wusste, dass die Ärztin mit den Schuhen zwar schneller als geplant vorankommen würde. Trotzdem war sie sich sicher, Katharina noch vor der Bad Kissinger Hütte einholen zu können.

Mit gleichmäßigen, zügigen Schritten folgte sie der Flüchtenden. Immer mehr Sterne erschienen am Himmel, was das Gehen auf dem steinigen und rutschigen Untergrund erleichterte.

Nach einigen Minuten blieb Anne stehen, um im Fernglas ihre Fortschritte zu kontrollieren. Der Abstand war bereits deutlich geschrumpft, und die Ärztin schien ihre Verfolgerin noch nicht bemerkt zu haben.

Als Anne die Hälfte des Anstiegs hinter sich gebracht hatte, war die Ärztin nur noch ein kurzes Stück vom Sattel entfernt. Sie merkte, dass das Rennen knapp werden könnte, und beschleunigte ihre Schritte. Dabei trat sie einen großen Stein los, der polternd über eine Geröllhalde zu Tal rollte. Durch das Fernglas sah sie, wie die Ärztin erstarrte und sich suchend umdrehte. Anne war sich sicher, dass sie in der Dunkelheit gegen die Schwärze des Tals nicht auszumachen war, aber die Ärztin schien ihre Verfolgerin zu spüren, denn sie hastete eiliger voran.

Schwer atmend erreichte Anne kurze Zeit später den Sattel. Vor ihr erstreckte sich die Fortsetzung des Pfads, der über ein breites Geröllfeld und Almwiesen zur Bad Kissinger Hütte führte. Im Osten färbte sich der Himmel heller. In wenigen Minuten würde der Mond aufgehen.

Von ihrem Standpunkt aus konnte Anne fast den gesamten Verlauf des Pfads bis zur Hütte mit dem Nachtsichtglas einsehen. Verwundert stellte sie fest, dass die Ärztin nirgendwo mehr zu erkennen war. Hatte sie tatsächlich den schwierigen Abstieg in den Sandalen so schnell meistern können?

Ein leises Klirren von rechts löste das Rätsel. Das Glas herumschwenkend, erkannte sie gerade noch, wie die Ärztin hinter einem Felsvorsprung auf dem Weg zum Gipfel verschwand. Anne lächelte zufrieden. Aus einem nicht nachvollziehbaren Grund hatte Katharina nicht den Weg abwärts zur Hütte, sondern aufwärts zum Gipfel des Aggensteins gewählt. Eine Sackgasse, aus der es kein Entrinnen gab. Vorsichtig begann Anne, sich am ersten Stahlseil über die Felsplatten hochzuziehen.

EINUNDDREISSIG

Zuvor

Die beiden Kerzen flackerten leicht im Luftzug, der vom Eingang der Höhle hereinwehte, und tauchten die Wände in ein warmes Licht. Josef Ramsauer hatte aus einer sicheren Entfernung sein Feuer und die Löscharbeiten verfolgt. Nachdem klar war, dass seine Aktion ein Fehlschlag geworden war, hatte er sich frustriert in sein Versteck zurückgezogen.

Er stützte sein Kinn in beide Hände und starrte blicklos in die Flammen. Sein Zigarillo war ausgegangen und lag seit Minuten unberührt auf der Steinbank neben ihm. Nicht einmal der milde Rauch mit dem nussigen Anklang auf der Zunge schmeckte ihm heute.

Tränen rannen über seine Wangen. Er vergoss sie um seinen Enkel, seine Tochter und auch um seine vor Jahren verstorbene Frau. Ein wenig Selbstmitleid mischte sich in seine Trauer.

Warum musste er, der älteste von allen, alle anderen überleben? Erneut haderte er mit der himmlischen Gerechtigkeit. Warum hatte er nicht in seinem Feuer sterben dürfen?

Ein warmer Körper strich an seinem Bein entlang, und eine feuchte Schnauze schob sich in seine geballte Faust. Der Kangal verlangte wieder nach Streicheleinheiten.

„Na, *Hund*? Du und ich, wir sind von der derselben Sorte. Böse, hässlich und niemand mag uns."

Der Hund schaute ihn mit seinen dunklen Augen an. Josef bemerkte die verkrusteten Schleimspuren.

„Hast du etwa auch geweint?"

Fast schien es, als ob der Hund ihn verstanden habe. Er winselte leise und leckte das Gesicht des alten Mannes. Josef tätschelte seine Flanke und schlang einen Arm um den kräftigen Hals. Der Hund seufzte tief.

Josef spürte den Puls des Hundes durch seinen Poncho. Etwa sechzig Schläge pro Minute, fast genau seine eigene Frequenz. Hund und er waren Seelenverwandte.

Der Hund erstarrte und knurrte leise. Offenbar hatte er etwas gehört oder gewittert. Anstatt anzugreifen, drängte er sich jedoch noch enger an den Großvater. Josef löschte die Kerzen und lauschte angestrengt. Ob Anne, Karl und Matthias Jagd auf ihn machten?

Von draußen hörte er schlurfende Schritte auf dem Kies des Bergpfads. Er stand auf, um die Umgebung durch den Spalt zu beobachten, aber die Dunkelheit war undurchdringlich.

Ohne ein verräterisches Geräusch zu verursachen, tastete er die Ablage hinter seiner Sitzfläche ab. Neben seinen Zigarillos, den Kerzen und allerlei anderen kleinen Utensilien musste dort noch sein altes Nachtsichtglas stehen. Bevor er sich das hochwertige Nighthunter-Fernglas der fränkischen Firma Steiner zugelegt hatte, war das kompakte Monokular sein ständiger Begleiter auf seinen Pirschgängen gewesen.

Die Bildschärfe reichte bei Weitem nicht an sein Nighthunter heran, aber die Aufhellung war gut. Beim Blick durch das Okular erkannte er hinter dem typischen grünen Schleier die Person. Es war nur die Ärztin, die offenbar versuchte, geräuschlos den Steig zum Aggenstein aufzusteigen. Er fragte sich, was inzwischen im Gasthof geschehen war. Möglicherweise hatte die Frau Doktor Anne durchschaut und versuchte, die Polizei zu holen. Ihm sollte es recht sein. Er würde sich vor keinem irdischen Gericht mehr verantworten, aber die Verräterin sollte zur Rechenschaft gezogen werden.

In der Dunkelheit gelang die Flucht der Ärztin nicht ganz geräuschlos. Immer wieder rollten Steine den Abhang hinunter, begleitet vom leisen Knurren des Kangals. Josef folgte ihr mit dem Auge, bis sie durch den Felsspalt nicht mehr zu sehen war. Er grübelte, warum sie aufwärts zum Sattel oder Gipfel des Aggensteins stieg, statt den Fahrweg nach Pfronten zu nehmen, und erwog, ihr zu folgen. Aber wofür? Plötzlich fühlte er sich unendlich müde.

Einige Zeit später spitzte Hund die Ohren. Josef hätte nicht sagen können, ob inzwischen Minuten oder Stunden vergangen waren. Er hatte keine Uhr, denn Zeit spielte für ihn keine Rolle mehr. Wieder knirschte der Kies. Bei Fremden knurrte der Hund. Also musste dort draußen eine ihm bekannte Person vorbeigehen.

Er griff nach seinem Nachtsichtglas und bezog erneut seinen Posten.

Seine verhasste Schwiegerenkelin stand so dicht vor ihm, dass er sie mit einem Stock fast hätte berühren können. Im Stillen verfluchte er sich, dass er bei seiner überhasteten Flucht aus der Gaststube die Schrotflinte hatte fallen lassen. Anne war sich seiner Nähe nicht bewusst. Ein tödlicher Schuss wäre ein Kinderspiel gewesen.

Der Hund hatte sich in die hinterste Ecke der Höhle verkrochen.

Anne blieb stehen und hob ein Fernglas vor ihre Augen. Verärgert erkannte Josef sein Nighthunter-Glas. Seine Schwiegerenkelin schien systematisch die Gegend abzusuchen. Josef brauchte nicht lange zu überlegen, nach wem oder was. Entweder war er selbst oder viel wahrscheinlicher die Ärztin das Objekt ihrer Suche.

Anne hängte das Fernglas über ihre Schulter und ging weiter. Im grünen Bild des Nachtglases machte sie einen zufriedenen Eindruck.

„Was soll ich tun, Hund?“, fragte er leise den Kangal. „Es sieht so aus, als ob dein Frauchen die Ärztin verfolgt. Meinst du, die Frau Doktor braucht Hilfe?“

Das Tier stupste ihn mit der Schnauze an.

„Kluger Hund“, lobte er den Kangal. „Aber du bleibst hier. Bleib!“

In der Dunkelheit der Höhle konnte er das Tier nicht erkennen, aber er glaubte zu spüren, wie der Hund ihm mit traurigen Augen nachblickte.

ZWEIUNDDREISSIG

Dienstag, 22.01 Uhr

Im Gasthof war es absolut still. Totenstill, dachte Renate Voigt und erschrak, als ihr der wörtliche Sinn ihres Gedankens bewusst wurde. Andrea Momsen, die einzige außer ihr verbliebene Person in der Gaststube, war offenbar eingeschlafen. Zumindest waren ihre tiefen Atemgeräusche ebenso wie das Brummen des Kühlschranks und das Grollen des letzten Gewitters verstummt. Totenstille.

Mit einer nachlässigen Handbewegung schob Renate die *Mensch ärgere dich nicht*-Figuren zusammen. Das Spiel langweilte sie. Drei Runden hatte sie gegen sich selbst gespielt, und immer hatte Grün gewonnen.

Mithilfe ihrer Finger versuchte sie abzuzählen, wie viele Einheimische und Gäste hier im Gasthof festsaßen. Wo waren sie denn alle geblieben?

Der nette, wenn auch ziemlich gestresste Herr Kurt war vor einer knappen Stunde gegangen, um den Steuerberater zu suchen. Die junge Hüttenwirtin suchte offenbar ebenfalls etwas oder jemanden. Vielleicht den Großvater, der nach dem tödlichen Schuss auf seine Tochter verschwunden war.

Der unsympathische Österreicher vergnügte sich wohl immer noch irgendwo in einem der Zimmer mit dem Flittchen. Die Ärztin hatte vermutlich dem Gasthof den Rücken gekehrt und saß längst gemütlich zu Hause.

Renate war beim kleinen Finger der zweiten Hand angelangt. Tatsächlich, sie waren anfangs zehn Personen gewesen.

„Und jetzt waren's nur noch zwei“, murmelte sie erneut. Erschrocken schaute sie auf. Möglicherweise war die Frau dort drüben in der Ecke ohne das notwendige Insulin schon gestorben.

Sie stand rasch auf und kniff Andrea in die dicke Backe. Andrea gab ein unwilliges Grunzen von sich und drehte den Kopf zur Seite. Renate atmete erleichtert auf.

Ihr Blick streifte die Wand neben der Theke, wo die Schrotkügelchen pockennarbige Spuren hinterlassen hatten. Dabei fiel ihr ein, dass sie den verletzten Ausländer vergessen hatte mitzuzählen. Elf Personen, also kein schlechtes Omen.

Plötzlich unterbrach ein Hupton die Stille. Noch während Renate versuchte, den Ursprung des Lärms zu lokalisieren, fiel ein zweiter Rauchmelder in das wenig melodiöse Konzert ein. Sofort war Renate klar, dass der Brand im Gasthof erneut ausgebrochen sein musste.

Unschlüssig stand sie auf. Die verbleibende Löschmannschaft war unterbesetzt und unterqualifiziert. Sie eilte zur Haustür, in der Hoffnung, auf dem Hof auf weitere Personen zu treffen.

Der Regen hatte aufgehört, und zwischen den Wolken waren einzelne Sterne zu erkennen. Aber der Hof war menschenleer.

„Herr Kurt, sind Sie irgendwo hier in der Nähe?“, rief sie in die Nacht hinaus. „Herr Kurt, ich glaube, es brennt wieder.“

Keine Antwort.

Sie formte aus ihren beiden Händen einen Trichter. „Frau Anne, hören Sie mich? Hört mich sonst irgendjemand?“

Nach einigen Minuten erfolglosen Rufens ging sie zurück in die Gaststube. Dort herrschte inzwischen ein ohrenbetäubender Lärm. Mindestens ein Dutzend Rauchmelder mussten angesprungen sein. Andrea saß verschüchtert in ihrer Ecke und hielt sich beide Ohren zu.

Die Gaststube war weiterhin rauchfrei, aber als Renate sich der Treppe ins Obergeschoss näherte, meinte sie, einen leichten Rauchgeruch wahrzunehmen. Ein Blick auf Andrea verriet ihr, dass sie von dieser Seite keine Hilfe zu erwarten hatte. Sie würde den Kampf mit dem Feuer alleine aufnehmen müssen.

Halb die Treppe hoch, wurde der Rauchgeruch intensiver. Zögernd blieb sie stehen und betrachtete ihre leeren Hände. Irgendwo in diesem Holzhaus mussten doch Feuerlöscher stehen.

Zurück im Erdgeschoss fand sie eine entsprechende rote Flasche hinter der Theke. Zwar hatte sie noch nie einen Feuerlöscher benutzt, aber die Bedienung erschien ihr nicht kompliziert. Oben befanden sich ein Griff, ähnlich einem Fahrradbremshebel, und ein schwarzer Trichter. Beim Druck auf den Griff würde der Löschschaum aus dem Trichter strömen und das Feuer ersticken.

Probehalber versuchte sie, den Griff herunterzudrücken. Er bewegte sich keinen Millimeter. Hatte sie etwas übersehen? Oder war das Gerät kaputt?

Ernüchtert stellte sie den Feuerlöscher wieder zurück. Dabei erblickte sie ihren Putzeimer. Zehn Liter Wasser waren vermutlich genauso effektiv wie drei Liter Löschschaum.

Sie füllte den Eimer bis zum Rand mit kaltem Wasser und schleppte ihn unter Ächzen und Stöhnen in den ersten Stock. Der Rauchgeruch wurde intensiver, und aus dem zweiten Stock waberten erste Schwaden die Treppe herunter. Zweifel überfielen Renate, ob ihre zehn Liter Wasser ausreichend waren, den Brand zu löschen. Sie beschloss, zunächst die Lage zu sondieren.

Der ohrenbetäubende Lärm hatte sich noch weiter gesteigert.

Am oberen Ende der Treppe angelangt, versuchte sie sich zu orientieren. Auf der linken Seite waren mehrere Türen, die mit Männern in Bundhosen, Frauen in Dirndln und Duschbrausen bemalt waren. Die gegenüberliegende Türe kam ohne Bemalung aus. Dahinter konnte sie jedoch schon das Prasseln und Knistern des Feuers hören.

Vorsichtig öffnete sie die Tür einen Spaltbreit. Sengende Hitze schlug ihr entgegen. Entsetzt stellte sie fest, dass der gesamte Schlafsaal lichterloh in Flammen stand. Die Matratzen und Decken hatten dem Feuer gute Nahrung geboten.

Geistesgegenwärtig warf sie die Türe wieder ins Schloss, auch wenn sie wusste, dass diese dem Feuer nicht lange standhalten würde. Schlagartig wurde ihr klar, dass der Gasthof nicht mehr zu retten war.

Sie eilte die Treppe hinunter, um sich draußen in Sicherheit zu bringen. Im ersten Stock fiel ihr Blick auf die zwölf Türen der zwölf Gästezimmer und sie erinnerte sich, dass hier oben der schwer verletzte Ausländer mit den Goldzähnen liegen musste.

Ein prüfender Blick die Treppe hoch ergab, dass das Feuer die Tür zum Schlafsaal noch nicht übersprungen hatte. Ihr blieben noch ein paar Minuten, den Mann zu finden und mit in Sicherheit zu bringen.

Sie zwang sich zu einer systematischen Suche. Beginnend mit Zimmer 1, wurde sie sofort fündig. Der Mann lag schnarchend auf dem Rücken im Bett. Erfreut stellte Renate fest, dass sich niemand die Mühe gemacht hatte, ihm die Kleidung und insbesondere die Schuhe auszuziehen.

Sie rüttelte ihn an seiner unverletzten Schulter. Der Mann rührte sich nicht.

Ihr fiel ein, dass die Wirtin erwähnt hatte, er sei Italiener. Giovanni, wie der Inhaber ihres italienischen Lieblingslokals zu Hause.

„Attenzione, signore Giovanni!“ So weit reichten ihre Italienischkenntnisse. Krampfhaft suchte sie nach dem italienischen Wort für Feuer. Feuer war allerdings nie auf der Speisekarte aufgetaucht. *Al forno* kam der Sache vielleicht am nächsten. Andererseits waren Latein, welches sie fünfunddreißig Jahre lang unterrichtet hatte, und Italienisch eng verwandte Sprachen. Feuer hieß *ignis*. In allen Texten über Nero war das Wort wiederholt aufgetaucht.

„Attenzione, signore! Grande ignis!“

Der kräftige Mann rührte sich immer noch nicht. Renate bewunderte die Wirksamkeit der Schmerzmittelmischung, die die Ärztin zusammengestellt hatte. Sie versuchte, ihn anzuheben. Der Mann war mindestens doppelt so schwer wie sie selbst und ihr Versuch zum Scheitern verurteilt.

Sie kniff ihm erfolglos in die Wangen und in die Brust, und selbst ein kräftiger Zug an der Nase führte lediglich zu einem widerwilligen Grunzen.

Das Konzert der Feuermelder wurde leiser. Vermutlich waren die ersten von ihnen schon verschmort.

Verzweiflung überkam sie. Sie würde den Mann hier verbrennen lassen müssen. Durch die Tür konnte sie im Treppenabgang schon den Feuerschein erkennen. Das Feuer war auf dem Weg nach unten! Ihr Blick streifte den Putzeimer. Rasch eilte sie hinaus und ergriff den schweren Eimer.

Die zehn Liter eiskalten Wassers weckten den Italiener schlagartig auf. Prustend setzte er sich auf und starrte die Lehrerin verwirrt an.

„Attenzione, signore! Grande ignis“, wiederholte sie ihre Erklärung. Der Mann blickte sie weiterhin verständnislos an.

Renate ergriff seinen gesunden Arm und versuchte, ihn aus dem Bett zu zerren.

Der Mann mit den Bürstenhaaren entzog sich mit Leichtigkeit ihrer Umklammerung und begann ungeschickt, mit einer Hand sein nasses Hemd aufzuknöpfen.

„Nein. No, no. Bitte lassen Sie das! Pericolo. Grande pericolo. Avanti, avanti", kramte Renate ihre Italienischkenntnisse zusammen. Der Mann mit den Goldzähnen antwortete mit einem Schwall von Worten, von denen sie kein einziges verstand. Nach Italienisch klang das überhaupt nicht. Nicht melodiös, sondern barsch und abgehackt. Entweder der Mann fluchte fürchterlich, oder er redete in einer anderen Sprache.

„Look. Vedere. Ignis." Der Mann schien ihr englisch-italienisch-lateinisches Mischmasch nicht zu verstehen. Er machte keine Anstalten aufzustehen, sondern drehte sich auf die Seite. Renate war der Panik nahe. Sie hatten bestenfalls noch zwei oder drei Minuten Zeit.

Die ersten Rauchschwaden krochen ins Zimmer. Der Mann, der offenbar doch kein Italiener war, sog die Luft ein und begann zu husten. Plötzlich schien ihm eine Erkenntnis zu dämmern, denn er riss die Augen weit auf und sprang mit einem Satz aus dem Bett.

Schwankend stand er in dem kleinen Zimmer und hielt sich mit der gesunden Hand an der Rückenlehne des wackeligen Stuhls fest. Renate roch seine Alkoholfahne. Ihr fiel ein, dass ein großer Teil des Schmerzmittelcocktails aus Alkohol bestanden hatte. Prima! Wie sollte sie ein volltrunkenes, verletztes Schwergewicht eine steile Treppe hinunterschaffen? Sie versuchte ihn zu stützen und umklammerte seine Hüfte, aber er hatte wenigstens wieder das Gleichgewicht gefunden.

Erneut ergriff sie seinen Arm, und dieses Mal folgte er ihr bereitwillig durch das Zimmer auf den Flur. Der inzwischen intensive Rauchgeruch und die auf der Treppe erkennbaren Flammen schienen ihn zu ängstigen. Hastig zwängte er sich an ihr vorbei und schwankte die Treppe hinunter ins Erdgeschoss.

In der Gaststube stießen die beiden auf Andrea, die ihren Stammplatz in der Ecke verlassen hatte und verstört umherlief. Renate nahm sowohl den Mann mit den Goldzähnen als auch Andrea an die Hand und führte beide zur Eingangstür. Kurz überlegte sie, noch nach dem Österreicher und der Reporterin zu suchen. Aber die Flammen hatten mittlerweile das erste Obergeschoss erreicht. Sie entschied, dass die beiden selbst bei intensivem Körperkontakt den Lärm der Rauchmelder vernommen haben mussten und vermutlich schon längst das Weite gesucht hatten.

Sie schob ihre beiden Patienten auf den gekiesten Hof und blickte sich suchend um. In der dunklen Nacht loderten die Flammen hell aus dem Dachstuhl. Die Temperaturen waren deutlich gefallen. Sie würden eine warme und trockene Zuflucht brauchen, auch wenn der Regen aufgehört hatte. Ihr Blick fiel auf das lang gestreckte Gebäude. Es war komplett aus groben Steinen erbaut und das Dach mit Gras bewachsen. Sie entschied, dass ein Überspringen der Flammen auf dieses Gebäude nicht zu befürchten war.

Das Tor stand offen, und sie zog ihre bereitwillig folgenden Schützlinge ins Innere.

Im Gebäude war es stockdunkel, aber Renates Nase nahm einen ganz diskreten Geruch nach Kühen wahr. Ein ehemaliger Rinderstall, schlussfolgerte sie. Ohne Licht konnte sie sich mit ihren beiden hilflosen Begleitern hier nicht zurechtfinden. Ihr bislang nutzloses Handy bekam wieder einen Sinn.

Sie schaltete es ein, und der schwache Schein des Displays erhellte zumindest die unmittelbare Umgebung. Sicherheitshalber kontrollierte sie die Anzeige, aber der Bildschirm zeigte weiterhin kein Mobilfunknetz an.

Um das Handy einzuschalten, hatte Renate die Hände von Andrea und dem schwergewichtigen Mann loslassen müssen. Als sie sich schließlich orientiert hatte, waren ihre beiden Schäfchen verschwunden.

„Giovanni, Frau Andrea, wo sind Sie?“

Sie antworteten nicht. Renate befürchtete, dass sie wieder in den Gasthof zurückkehren wollten.

Hinter sich vernahm sie ein Husten. Der Mann mit den Goldzähnen hatte sich auf den trockenen Zementboden gesetzt. Renate leuchtete ihm ins Gesicht. Er sah blass aus.

„Giovanni, Sie bleiben hier und rühren sich nicht von der Stelle. Haben Sie mich verstanden?"

Er blickte sie verständnislos an. Sie hockte sich vor ihn hin und beleuchtete ihr eigenes Gesicht.

„Sie – bleiben – hier – sitzen – und – warten – auf – mich. Verstanden?", erklärte sie nachdrücklich. Dabei zeigte sie auf den Boden und klopfte mit der flachen Hand auf den Beton. Der Mann verzog sein Gesicht zu einem breiten Grinsen, dass die Goldzähne im Licht des Handys aufblitzten, und klopfte ebenfalls auf den Boden. Renate bezweifelte, dass er ihre Anweisung verstanden hatte, aber sie hatte keine andere Wahl, als ihn alleine zu lassen. Zumindest, stellte sie erleichtert fest, schien er keine starken Schmerzen zu haben.

„Frau Andrea, wo sind Sie denn?", rief sie erneut.

Andrea war wie vom Erdboden verschwunden. Renate lief zum Gasthof zurück und öffnete die Haustür. Sofort schlug ihr eine Hitzewelle entgegen. Das Feuer hatte innerhalb der wenigen Minuten die Gaststube in Brand gesetzt. Entsetzt prallte sie zurück. Sollte Andrea in den Gasthof gegangen sein, hatte sie keine Chance mehr.

Renate wusste, dass sie für Andrea nichts mehr tun konnte. Sie musste sich selbst und den verletzten Ausländer in Sicherheit bringen. Also eilte sie über den Hof zurück, der inzwischen von den hoch lodernden Flammen in ein gespenstisches Licht getaucht wurde.

Der Mann hatte sich tatsächlich nicht von der Stelle gerührt. Renate ergriff die Hand seines unverletzten Arms und zog ihn im Schein des Handys hinter sich her.

Tiefer drinnen im Stall am äußersten Rand des schwachen Lichtscheins nahm sie eine Bewegung wahr. Ratten, schoss ihr durch den Kopf. Sie schrie entsetzt auf, machte einen Schritt zur Seite und stieß gegen den verletzten Arm. Der Mann schrie ebenfalls.

Die Bewegung auf dem Boden wurde heftiger, und als sie die Stelle vorsichtig beleuchtete, erkannte sie Andrea, die sich auf einem undefinierbaren Haufen aus Stoffen und Kleidungsstücken niedergelassen hatte. Erleichtert trat Renate näher.

„Hier sind Sie ja, Frau Andrea. Und ein einigermaßen bequemes Plätzchen haben Sie auch gefunden. Dürfen Herr Giovanni und ich uns zu Ihnen setzen?"

Andrea rückte höflich ein Stück zur Seite und gab den Blick frei auf zwei leblose Gestalten. Renate erschrak furchtbar, als sie das Gesicht der toten Maria sah. Was sie jedoch noch mehr entsetzte, war der Anblick der gebrochenen Augen der barbusigen Reporterin.

Sie griff nach der Hand ihrer beiden Schützlinge und zog sie in die entfernteste Ecke des Stalls.

DREIUNDDREISSIG

Dienstag, 23.03 Uhr

Katharina blickte sich gehetzt um. Hinter ihr und zu beiden Seiten fiel das Gipfelplateau des Aggensteins über Felswände steil ab. Der einzige Weg vom Gipfel führte über den Steig, den Anne gerade hochstieg. Was für eine bescheuerte Idee, sich auf dem Gipfel zu verstecken!

Anne hatte die letzten Stufen genommen. Ein zufriedenes Lächeln überzog ihr Gesicht, als sie Katharina erblickte.

„Lange nicht mehr gesehen, Frau Doktor. Hat es dir im Stall nicht gefallen?", fragte sie freundlich. Dann änderte sich schlagartig ihr Gesichtsausdruck. „Du hättest dort drin bleiben sollen, dann hätte ich dich am Leben gelassen. Jetzt muss ich dich töten!"

Katharina wusste, dass Anne log. Erleichtert bemerkte sie, dass sie offenbar keine Waffe trug. Ihre Chancen, lebend vom Berg zu kommen, waren sprunghaft gestiegen.

Sie antwortete: „Noch kann die Sache glimpflich für Sie ausgehen, wenn Sie aufgeben. Machen Sie es nicht schlimmer, als es bisher ist. Oder haben Sie das Zeitungsmädchen getötet? Und was läuft eigentlich im Gasthof?"

Anne lachte höhnisch und machte einige schnelle Schritte nach vorn. Mit einem Kung-Fu-Tritt versuchte sie, Katharina an der Brust zu treffen und über den Rand zu stoßen. Katharina wich dem Fuß mit Leichtigkeit aus. Ihre Gegnerin war allenfalls eine drittklassige Straßenkämpferin. Profis vermieden Tritte über Hüfthöhe.

Sie stieß einen lauten Schrei aus und versetzte Anne ihrerseits einen Tritt in die Kniekehle des Standbeines. Das Gelenk gab nach und Anne kam aus dem Gleichgewicht. Sie fiel hart auf den Rücken. Der Sturz auf die Felsen musste schmerzhaft gewesen sein, aber die Hüttenwirtin brüllte nur einen ordinären Fluch. Katharina konnte allerdings die Verwunderung in ihrem Gesicht erkennen.

„Letzte Chance. Was wird hier geschmuggelt? Drogen? Geben Sie auf. Das bringt Ihnen ein paar Jahre. In fünf Jahren könnten Sie wieder raus sein." Was ich nicht hoffe, fügte sie in Gedanken hinzu. „Mord dagegen gibt lebenslänglich. Hören Sie auf und ziehen Sie Ihre Schuhe aus."

„Nur wenn sie mich erwischen. Aber das passiert nicht, denn du machst gleich den Abflug vom Gipfel." Anne sprang auf und entnahm ihrer Tasche einen gut dreißig Zentimeter langen, schwarzen Metallstab. Ihr nächster Angriff würde langsamer vorgetragen werden.

Vorsichtig umkreisten die beiden Kontrahentinnen einander. Anne wechselte fortlaufend die schwere Stablampe von einer Hand in die andere. Billiger Versuch! Katharina wusste, dass die Hüttenwirtin Rechtshänderin war. Folglich würde sie die nächste Attacke ausführen, wenn sie das Teil in ihrer rechten Hand hatte. Sie lächelte verstohlen und stolperte absichtlich. Anne reagierte sofort. Sie täuschte einen linken Haken an, um gleich darauf einen Schlag mit dem schweren Metall gegen Katharinas Niere zu führen.

Der Trick war ja sooo uralt! Vermutlich hatte schon Ötzi ihn mit einem Stein versucht.

Katharina ignorierte Annes linke Faust und blockte den Schlag gegen ihre Niere mit ihrem linken Unterarm. Gleichzeitig stieß sie ihre eigene Faust in Annes Solarplexus und ließ einen Tritt mit dem Knie in den Unterbauch folgen. Die Technik war bei männlichen Gegnern naturgemäß effektiver, aber auch bei Anne zeigte sie Wirkung.

Sie stieß einen Schrei aus und ging nach Luft schnappend zu Boden. Die Stablampe fiel polternd runter und rollte über die Kante. Katharina setzte nach und verpasste Anne einen Tritt in den Oberbauch, der wegen der Sandale mit der Korksohle allerdings wenig effektiv war.

Anne drehte sich blitzschnell zur Seite und kam geschmeidig wieder auf die Beine.

„Nicht schlecht", meinte sie anerkennend. Mit locker herunterhängenden Armen machte sie ein paar Schritte in Katharinas Richtung. „Ich habe dich tatsächlich unterschätzt. Okay, lass uns reden! Wir könnten uns doch darauf einigen, das …"

Mitten im Satz spuckte sie aus. Der Speichel traf Katharina ins linke Auge.

Der folgende Kopfstoß hätte Katharina ausgeknockt, wenn er sie überrascht hätte, aber sie hatte mit irgendeinem hinterhältigen Trick gerechnet.

Angespuckt zu werden, war eklig. Als Ärztin war sie allerdings an Blut, Schleim, Stuhl und Speichel gewohnt. Sie verzichtete darauf, über ihr Gesicht zu wischen, und drehte sich stattdessen zur Seite. Annes gesenkte Stirn verfehlte ihr Kinn um Haaresbreite. Der Nacken ihrer Kontrahentin war durch die Aktion ungeschützt, und sie versetzte ihm einen heftigen Schlag mit dem Ellenbogen. Anne ging mit einem Grunzen zu Boden und stürzte hart mit dem Bauch auf den felsigen Untergrund.

„Okay, ich ergebe mich!" Stöhnend und eine Hand auf ihren Solarplexus gepresst, richtete sie sich auf, halb von Katharina abgewandt. Die Gegendrehung mit ausgestellten Ellenbogen erfolgte blitzschnell und hätte Katharina den Kiefer gebrochen, wenn der Schlag getroffen hätte.

Katharina hatte auch damit gerechnet. Straßenkämpfer gaben nicht so schnell auf. Ihre Reaktion war vernichtend. Nachdem sie Annes Ellenbogen ausgewichen war, hatte sie ihren ungeschützten Rücken vor sich. Zwei kräftige Nierenhaken, gefolgt von einem erneuten Tritt in die Kniekehle ließen Anne wie einen gefällten Baum auf Bauch und Gesicht stürzen.

„Stopp jetzt", kommandierte Katharina. „Bleib auf dem Bauch liegen und breite beide Arme und Beine seitwärts aus." Die Technik hatte sie schließlich erst vor Kurzem kennengelernt.

Die Trefferserie und der harte Aufprall hatten Anne offensichtlich angezählt. Folgsam tat sie, was Katharina von ihr verlangte.

„Ich werde dir jetzt deine Hände hinter dem Rücken zusammenbinden. Du weißt, dass ich ein Taschenmesser habe. Eine falsche Bewegung, und ich steche es in deine rechte Niere, verstanden?"

Anne versuchte zu nicken, was in der Bauchlage misslang.

Jetzt ging es darum, sie glaubhaft einzuschüchtern. Katharina wusste, dass sie niemals auf ihre Gegnerin würde einstechen können. Wichtig war bloß, dass Anne ihre Drohung glaubte.

Sie trat ihr mit der Fußspitze in die Rippen, was für sie in den Sandalen vermutlich schmerzhafter war als für das Opfer.

„Ob du mich verstanden hast, habe ich gefragt“, wiederholte sie mit lauter Stimme. Hoffentlich nahm Anne ihr die Brutalität ab.

„Ja“, krächzte diese kaum verständlich.

Sie ließ sich Zeit. Das Fesseln der Gegnerin war ein kritischer Augenblick. Je länger Anne in der unbequemen Position lag, umso weniger Gefahr würde von ihr ausgehen.

„Erkläre mir, was im Gasthof abläuft“, forderte sie sie auf.

Anne schwieg.

Katharina klappte das Taschenmesser hörbar auf.

„Du ...“, Anne räusperte sich, „du hattest recht. Eine albanische Bande hat sich auf unserem Gasthof eingenistet. Als Zwischenstation zum Schmuggeln von Tabletten und Amphetaminen. Das Ganze läuft schon seit Jahren. Meine Schwiegermutter und der Großvater hatten Schulden gemacht, weil sie meinem Mann ein Studium in den USA ermöglichen wollten.“

Sie verstummte.

„Wer hat das Zeitungsmädchen umgebracht?“

„Matthias. Die Tusse hat etwas herausgefunden. Was, weiß ich nicht. Karl hat entschieden, dass sie deswegen sterben musste. Aber er macht sich natürlich seine Finger selbst nicht mehr schmutzig. Ich glaube, er ist ein ziemlich hohes Tier in der Organisation.“

Verlogenes Biest, dachte Katharina. Sie fragte sich, was Anne mit dem Märchen bezweckte.

„Und weiter?“

„Die Schulden hatten sie nicht bei einer Bank, sondern bei einem Kredithai. Als sie die Zinsen nicht mehr bezahlen konnten, kamen ein paar Schläger.“

Sie verstummte erneut, fuhr aber unaufgefordert fort: „Als ich als junge Witwe zum ersten Mal auf den Hof kam, hatten mir die Kerle gerade unsere Küche und die Hälfte der Gästezimmer verwüstet.“

Sie schwieg, und Katharina vernahm ein Schluchzen.

Sie wurde wütend. Mit Ausnahme der Drogen war die Geschichte vermutlich von vorn bis hinten erlogen. Das Biest versuchte die Mitleidsmasche und stellte sich als Opfer dar. Vielleicht würde sie vor Gericht damit sogar durchkommen.

Tabletten und Amphetamine! So hatte es bei den Jungs in ihrer WG auch begonnen. Abschaum wie Anne und Matthias waren daran schuld. Sie hatten Julie auf dem Gewissen!

Anne setzte ihr Märchen fort: „Beim nächsten Besuch machten sie uns einen Vorschlag. Sie würden auf ihre Forderungen verzichten, wenn …“

Der faustgroße Stein, den Anne heimlich ergriffen hatte und aus einer schnellen Drehung warf, streifte Katharina an der linken Wange. Sie stolperte zwei Schritte rückwärts – und verlor den Boden unter den Füßen! Im letzten Augenblick konnte sie sich an einem Felsvorsprung festklammern, während ihre Beine über dem Abgrund baumelten.

Anne schnellte aus der Bauchlage hoch und schaute sich überrascht um, da sie Katharina nicht mehr sah. Als sie erkannte, dass die Ärztin an den Händen über dem Abgrund hing, lachte sie höhnisch. „Wie schnell sich doch das Blatt wenden kann. Respekt übrigens. Ich hätte dir einen solchen Kampf nicht zugetraut. Unter anderen Umständen hätte ich von dir noch etwas lernen können.“

Katharina blickte entsetzt in die Tiefe. Unter sich konnte sie die ersten Meter einer senkrechten Felswand erkennen. Der Rest des Abgrunds verschwamm in tiefer Dunkelheit.

„Hilfe! Ich kann mich nicht mehr halten. Bitte!“, flehte sie Anne an.

Anne trat an die Kante vor und betrachtete interessiert Katharinas Füße, die in den unpraktischen Hausschuhen verzweifelt nach einem Halt tasteten.

„Ich denke gar nicht daran. Du würdest mich mit in den Tod reißen.“ Spöttisch fuhr sie fort: „Aber wenn du dich lange genug festhalten kannst, erfülle ich dir deinen Wunsch und erzähle die Geschichte weiter. Dieses Mal die wahre Geschichte.“

Katharinas Finger krallten sich in den rissigen Fels. Blut tropfte von der Risswunde unterhalb des Jochbogens, aber sie fühlte keinen Schmerz. Es gelang ihr, nacheinander beide Sandalen abzustreifen und mit den Zehen Halt auf einem kleinen Vorsprung zu finden. Die Schmerzen in den Fingerkuppen ließen nach.

„Soll ich?“ Sie schaute Katharina erwartungsvoll an.

Unaufgefordert fuhr sie fort: „Eigentlich bin ich gar nicht Annemarie Huber. Mein richtiger Name tut nichts zur Sache. Ich war damals bei dem Verkehrsunfall in Bolivien als Anhalterin mit im Auto.“

„Was?“ Katharina entfuhr ein überraschter Ausruf.

Anne beachtete ihn nicht. „Ich war auf der Flucht vor der deutschen Polizei und hatte mich nach Südamerika abgesetzt. Es war wirklich ein Unfall, und ich habe ihn als Einzige überlebt.“

Sie dachte einige Augenblicke nach. Katharinas Füße tasteten die Felswand nach einem besseren Stand ab.

„Anne sah mir ziemlich ähnlich. Zumindest vor dem Unfall.“ Sie lachte zynisch. „Danach brauchte sie weder das Geld in Florians Rucksack noch den Pass. Ich dagegen hatte für beides Verwendung.“

Katharina hatte einen breiteren Absatz gefunden, auf den sie ihren ganzen rechten Fuß aufstellen konnte.

„Es lief glatter, als ich es mir jemals zu erträumen gewagt hätte. Die deutsche Botschaft in La Paz hat sich rührend um mich, die junge Witwe, gekümmert. Niemand kam auf die Idee, meine Identität zu überprüfen.“

Katharinas linke Großzehe begann zu schmerzen, weil sie sich weiterhin in einem schmalen Spalt festkrallte.

„Nachdem ich auf Staatskosten nach Deutschland zurückgeflogen war, hatte ich keinen Plan, aber plötzlich eine Familie.“

Anne verzog spöttisch das Gesicht. „Die beiden Idioten haben überhaupt nichts gemerkt. Wenn es um Florian ging, musste ich bei Maria nur nachplappern, was diese irgendwann zuvor einmal gesagt hatte. Und Josef war total vernarrt in seinen Enkel. Ich habe ihm immer wieder vorgeschwärmt, welch großartiger Mensch mein verstorbener Ehemann gewesen war. Er hat mir alles geglaubt.“ Sie lachte.

Katharina war fassungslos.

„Aber das Leben im Allgäu und vor allem auf dem Seekopf war furchtbar. Ich wollte lieber heute als morgen weg, aber dazu brauchte ich Geld. Deshalb habe ich den Drogenschmuggel mit dem Gasthof als Zwischenstation aufgezogen.“

Katharina hatte auch einen stabilen Stand für ihren linken Fuß gefunden. Sie wagte eine Zwischenfrage: „Also handelt es sich bei der Ware wirklich um Rauschgift, und es befindet sich immer noch im Gasthof?"

Anne nickte und fuhr fort: „Das einzige Problem war, die beiden Alten zum Mitmachen zu bewegen. Vor ihnen hätte ich das Geschäft nicht verbergen können."

Sie lachte erneut humorlos. „Ich habe ihnen verklickert, dass ihr vergötterter Florian in Amerika gedealt und mich naives junges Mädchen hineingezogen hat. Meine Drohung, das öffentlich zu machen, hat gewirkt. Sie hätten alles getan, um diese Schande von ihrem Florian abzuwenden. Deshalb haben sie stillgehalten."

Mit unverhohlenem Stolz berichtete Anne weiter, wie sie die Kontakte geknüpft und das Geschäft aufgebaut hatte. Sie war so sehr in ihre Geschichte vertieft, dass es Katharina unbemerkt gelungen war, ihre Position so weit zu verändern, dass sie sicher stehen konnte. Dabei achtete sie darauf, weiterhin den Eindruck zu erwecken, als ob lediglich der Griff ihrer beiden Hände sie von einem tödlichen Sturz in die Tiefe bewahrte.

Die letzten Wolken waren am östlichen Himmel verschwunden. Der Vollmond hatte sich über die Flanke des benachbarten Brentenjochs erhoben und tauchte den Gipfel des Aggensteins in ein fahles Licht.

„Das Geschäft hat sich gelohnt. Vielleicht ziehe ich noch fünf oder sechs Lieferungen durch und verkaufe danach den Gasthof. Das Problem mit dem lebenslangen Wohnrecht für meine Schwiegermutter hat Josef ja freundlicherweise gelöst."

Katharina machte eine erneute Bewegung und versuchte, sich nach oben zu ziehen. Dieses Mal bemerkte Anne ihre Anstrengungen.

„Lass das", herrschte sie sie an. „Aber ich glaube, wir haben lange genug geplaudert. Ich muss mich jetzt leider wieder um meine anderen Gäste kümmern", fuhr sie in der Art einer freundlichen Hüttenwirtin fort. „Das war's dann wohl! Fahr zur Hölle, Schlampe, und nimm dein Wissen mit in den Tod!"

Mit einem hässlichen Lächeln trat Anne mit dem Absatz ihres schweren Bergschuhs auf Katharinas Finger der linken Hand.

***

Zuvor

Vor dreißig Jahren hätte Josef seine Schwiegerenkelin binnen kürzester Zeit eingeholt. Als junger Mann konnte er ohne größere Anstrengung achthundert Höhenmeter in der Stunde zurücklegen. Mit über Achtzig fiel ihm das Gehen immer schwerer. Durch sein Nachtglas sah er, wie sich sein Abstand immer mehr vergrößerte. Andererseits war es auch ein Vorteil, denn er wollte von Anne nicht entdeckt werden.

Als er den Sattel erreichte, blieb er zögernd stehen. Der Himmel hatte aufgeklart, und er konnte den Schein des bald aufgehenden Monds erkennen. Um sich nicht gegen den helleren Nachthimmel abzuzeichnen, machte er einen Umweg und schlich geduckt weiter. Dabei fiel sein Blick zurück auf die Alm. Die Landschaft war noch in tiefe Dunkelheit gehüllt, aber der Gasthof erstrahlte in einem flackernd-orangeroten Licht. Aus dem Dach züngelten meterhohe Flammen.

Er blieb abrupt stehen und kniff die Augen zusammen. Kein Zweifel, der Hof seiner Schwiegerenkelin brannte lichterloh. Unrettbar, soweit er aus der Entfernung beurteilen konnte. Die Gerechtigkeit hatte also letzten Endes doch gesiegt.

„Gelobt sei Jesus Christus“, murmelte er und bekreuzigte sich.

Plötzlich hörte er etwas. Er lauschte und erkannte die Stimmen von Anne und der Ärztin. Die beiden schienen zu streiten, und Anne klang kläglich. Die Stimmen kamen aber nicht vom weiteren Verlauf des Pfads her, sondern aus Richtung des Gipfels.

Vorsichtig schlich Josef nach rechts und wählte eine Route über mehrere steile Felsplatten. Um kein Geräusch zu verursachen, vermied er die Seilsicherung, was den Aufstieg erschwerte. Aber klettern konnte er immer noch.

Nach einigen kräfteraubenden Minuten hatte er fast das Gipfelplateau erreicht. Langsam hob er seinen Kopf über die Kante. Jenseits des Gipfelkreuzes erkannte er im fahlen Mondlicht die Ärztin, die auf seine am Boden liegende Schwiegerenkelin hinabschaute.

Plötzlich taumelte die Ärztin rückwärts und stürzte über den Rand des Gipfelplateaus. Der Alte unterdrückte einen entsetzten Schrei, während Anne blitzschnell aufsprang.

Aus seiner Position konnte Josef das Plateau nicht überblicken, aber er hörte, wie Anne erneut etwas sagte. Die Ärztin musst also noch irgendwo sein, und dann hörte er auch ihre Stimme. Gott sei Dank, sie war nicht abgestürzt!

Vorsichtig schob er sich weiter. Einige große Felsen, auf denen tagsüber unzählige Wanderer ihre Gipfeljause zu sich nahmen, boten ihm Deckung. Anne hatte offenbar gerade angefangen, ihre Lebensgeschichte zu erzählen.

Josefs Welt brach zusammen. Fassungslos erfuhr er, dass die Person, die er für seine Schwiegerenkelin gehalten hatte, nie mit seinem Enkel verheiratet gewesen war. Sie hatte eine falsche Identität angenommen und seine und Marias Hilfsbereitschaft aufs Übelste missbraucht. Am schlimmsten aber war, dass sie Florians Namen in den Dreck gezogen hatte! Er verfluchte sich für seine Gutgläubigkeit. Der Leibhaftige lauerte eben überall, und Weiber wie diese waren dem Bösen schon immer zugetan.

Wut und Hass loderten in ihm auf und ließen ihn jegliche Vorsicht vergessen. Er wollte sich blindlings auf diese verdammte Frau stürzen, die gar nicht Annemarie Huber hieß. Sie hatte nicht nur sein eigenes Leben, sondern das seiner ganzen Familie zerstört!

Im letzten Augenblick rief er sich zur Besonnenheit. Erst würde er die Geschichte zu Ende hören.

Benommen lauschte er dem lockeren Plauderton der Frau, deren Namen er nicht kannte. Ungläubig schüttelte er den Kopf, als er erfuhr, wie Maria und er für die kriminellen Geschäfte missbraucht worden waren. Die selbstgefällige und triumphierende Erzählung versetzte ihm einen Stich.

Karl hatte also recht gehabt. Florian war kein Krimineller und nie mit diesem verfluchten Weibsstück verheiratet gewesen. Er bedauerte, die richtige Anne nie kennengelernt zu haben.

Mit einem Mal registrierte er, wie sich der Tonfall der Frau, die er als Anne gekannt hatte, schlagartig änderte. Ihre plötzlichen Stimmungsschwankungen waren ihm wohlbekannt.

„Das war's dann wohl! Fahr zur Hölle, Schlampe, und nimm dein Wissen mit in den Tod", fauchte sie die Ärztin an. Gleich darauf vernahm er deren Schmerzensschrei. Die Ärztin schien in Lebensgefahr zu schweben.

Schlagartig kam ihm die Erkenntnis. Wie hatte er so verblendet sein und an der himmlischen Gerechtigkeit zweifeln können? Er hatte nicht im Feuer sterben dürfen, weil er für eine andere Aufgabe auserwählt worden war. Seine Bestimmung war, das Leben der Ärztin zu retten.

Er richtete sich zur vollen Größe auf. All sein Leiden, seine Wut und seine Trauer entwichen in einem gequälten Schrei. Er stürzte sich mit ausgebreiteten Armen auf die Frau, die ihn derart belogen hatte.

VIERUNDDREISSIG

Dienstag, 23.22 Uhr

Die nächsten Sekunden erlebte Katharina wie in Zeitlupe. Den Schmerz, als ihr Mittelfinger unter dem schweren Bergstiefel brach, spürte sie kaum, denn hinter Annes Rücken erhob sich eine dunkle Gestalt. Ihre Augen weiteten sich vor Überraschung, was Anne im Mondlicht offenbar nicht verborgen blieb. Sie drehte sich um. Ein geisterhafter Schatten zeichnete sich dunkel gegen den Vollmond ab. Dann erkannte Katharina: Es war der alte Mann!

Josef, in einen weiten Poncho gehüllt, stieß einen Schrei aus, der das Blut in den Adern gefrieren ließ. Mit ausgebreiteten Armen stürmte er auf Anne zu. Nach wenigen Schritten hatte er seine schreckensstarre falsche Schwiegerenkelin erreicht, umschlang sie und stürzte sich mit ihr über die Kante der Felswand.

Katharina hatte den Atem angehalten und instinktiv den Kopf eingezogen, als die beiden Körper über sie hinwegsprangen. Josefs wildes Gebrüll wurde übertönt von Annes Schrei in Todesangst. Katharina drehte sich vorsichtig um und verfolgte den Absturz, bis ein Fels ihr die Sicht nahm. Sekundenbruchteile später meinte sie, das Geräusch von fallenden Steinen zu vernehmen. Die beiden Schreie waren verstummt.

An die folgende Zeit konnte Katharina sich später kaum mehr erinnern. Trotz der Schmerzen in der linken Hand hatte sie es geschafft, sich über die Kante auf das Gipfelplateau des Aggensteins zu ziehen. Von Anstrengung und Entsetzen gelähmt, war sie minutenlang auf dem Bauch liegen geblieben, während der Mond sich hinter dem Gipfelkreuz erhob.

Ihre Fingerkuppen und Zehen bluteten und der Mittelfinger der linken Hand schwoll bereits an. Das Reiben der Knochenenden ließ sie sofort an einen Bruch denken.

Schließlich trennte sie mühsam mit dem Taschenmesser die beiden Ärmel der Strickjacke ab, um damit ihre bloßen Füße zu umwickeln. Das kalte Mondlicht tauchte den Gipfel in ein fahles Blau, während die umgebenden Täler noch in tiefer Dunkelheit lagen. Lediglich jenseits des Vorgipfels im Westen bemerkte Katharina einen roten Lichtschein, den sie sich nicht erklären konnte.

Der Weg vom Plateau hinunter zum Sattel war beschwerlich, da sie ohne Schuhe und mit nur einer gesunden Hand auf dem mit Stahlseilen und Ketten versicherten Steig kaum Halt fand.

Die improvisierten Bandagen hatten sich schon wieder gelockert und Katharina blieb stehen. Das rote Licht im Westen war intensiver geworden. Sie folgte dem Pfad einige Schritte zurück und plötzlich sah sie den brennenden Gasthof. Entsetzt registrierte sie, dass die Löschversuche vor sieben Stunden letztlich doch erfolglos geblieben waren. Das Gebäude stand lichterloh in Flammen. Selbst mit einer perfekten Straßenanbindung für Löschfahrzeuge wäre es nicht mehr zu retten. Sie vertraute darauf, dass Karl und Bernhard Momsen sich um Andrea gekümmert hatten. Die Lehrerin war den dreien hoffentlich gefolgt. Aber was war wohl aus dem schwer verletzten Ausländer und dem ebenfalls verletzten Matthias geworden, für dessen Zustand sie selbst verantwortlich zeichnete?

Ohnmächtig betrachtete sie das Inferno. Sie konnte weder für die Personen noch für das Haus etwas unternehmen. Die Hilfe hing ab vom Telefon auf der Bad Kissinger Hütte. Sie verknotete die Ärmel neu und machte sich so schnell wie möglich an den weiteren Abstieg. Spät nach Mitternacht erreichte sie schließlich die Hütte, wo die Wirtin ihr nach langem Klopfen verschlafen öffnete.

***

Die Bergrettung Nesselwängle / Grän nahm den Notruf der Hüttenwirtin der Bad Kissinger Hütte entgegen. Der Bericht der Ärztin bestätigte die Beobachtung eines Autofahrers, der gegen 23 Uhr auf Höhe des Wanderparkplatzes an der Gräner Landstraße einen Feuerschein an der Flanke des Aggensteins wahrgenommen haben wollte. Die Wehren in Pfronten und im Tannheimer Tal waren daraufhin zwar alarmiert worden, hatten aber keine Bestätigung eines Brandes erhalten. Der Gasthof Seekopf, welcher sich als einziges Anwesen im potenziellen Bereich befand, war telefonisch nicht erreichbar gewesen.

Wegen der Lage des Gasthofs in Deutschland erfolgte umgehend die Alarmierung der bayerischen Polizei und der Bergwachten in Pfronten und Nesselwang. Das Mobile Einsatzkommando München koordinierte die Aktion. Da die Ärztin über zwei Tote, den Gebrauch von Schusswaffen und einen Kampfhund berichtet hatte, wurden die Rettungsdienste trotz mehrerer verletzter Personen zur vorläufigen Zurückhaltung aufgefordert. Das unwegsame und unübersichtliche Gelände schloss einen Nachtflugeinsatz der Spezialeinheit der Polizei aus. Die Ankunft der Einsatzhubschrauber wurde deshalb auf die erste Morgendämmerung terminiert.

FÜNFUNDDREISSIG

Mittwoch, 5.47 Uhr

Das Mobile Einsatzkommando der Polizeiinspektion Südbayern rückte bei Tagesanbruch mit zwei Hubschraubern an. Das unübersichtliche Gelände war schwer zu sichern. Weder aus dem niedergebrannten Gasthof noch aus den angrenzenden Gebäuden stießen die Beamten auf Widerstand. Ein Polizist wurde jedoch von einem Hund attackiert und erlitt Verletzungen an Armen und Beinen. Der Hund – dem Vernehmen nach ein Kangal – war in Bayern nicht als Kampfhund eingestuft, aber da eine lebensbedrohliche Gefährdung bestand und die Hunderasse in einigen Bundesländern zudem als gefährlich aufgeführt war, war der finale Rettungsschuss eines Kollegen gerechtfertigt.

Bei der systematischen Durchsuchung des Geländes wurden in einem Stallgebäude fünf Leichen entdeckt. Kurze Zeit später wurde die Meldung revidiert, nachdem sich herausgestellt hatte, dass die drei Personen, die sich im hinteren Teil des Gebäudes aufgehalten hatten, noch lebten.

Eine komatöse Patientin wurde mit dem Rettungshubschrauber Christoph 17 zur Behandlung ins Klinikum Kempten geflogen. Da der Notarzt vor Ort auch eine dringliche Behandlungsnotwendigkeit eines schwer verletzten Mannes feststellte, wurde ein weiterer Rettungshubschrauber aus Ulm nachgefordert.

Die dritte angetroffene Person wurde von den Beamten des Mobilen Einsatzkommandos als eine 72-jährige Lehrerin aus Heppenheim in Hessen identifiziert. Sie wies keine schwerwiegenden gesundheitlichen Beeinträchtigungen auf und konnte auf die ehrenamtlichen Mitglieder der Bergwacht Pfronten warten, die wegen der fortgespülten Adratsbach-Brücke über den Sattel des Aggensteins aufsteigen mussten.

Die noch schwelenden Überreste des ehemaligen Hauptgebäudes sowie die Nebengebäude wurden großflächig abgesperrt, nachdem keine weiteren Personen mehr aufgefunden worden waren. Die

Spurensicherung stieß am folgenden Tag in einem der ausgebrannten Zimmer auf Reste von Heroin.

Eine Gruppe des Technischen Hilfswerks Kempten, die am Zufahrtsweg zum Gasthof Seekopf an der Stelle der zerstörten eine provisorische Brücke errichtete, entdeckte unmittelbar am Ufer einen stark unterkühlten älteren Mann. Er konnte trotz eines Oberschenkelbruches, einer komplizierten Handverletzung, einer Kopfplatzwunde und vielfacher Prellungen mit einem Rettungsfahrzeug über die neue Brücke zur Behandlung ins Klinikum Kempten transportiert werden.

Die Bergwachten aus Pfronten und Nesselwang hatten die undankbare Aufgabe, die Leichen von Josef Ramsauer und Annemarie Huber zu bergen. Die beteiligten Personen berichteten später übereinstimmend, dass die junge Frau mit einem entsetzten Gesichtsausdruck gestorben war. Der alte Mann hingegen wirkte entspannt.

Nach einem Hinweis von Dr. Katharina Schiller wurde eine groß angelegte Suche nach zwei vermissten Personen gestartet. Dabei konnte der österreichische Bergführer Karl Borek in der Schlucht des Adratsbachs aufgefunden werden. Er wies schwere Verletzungen und Knochenbrüche auf. Sein Zustand wurde als kritisch, aber stabil beschrieben.

Die letzte fehlende Person, von der die Ärztin nur den Vornamen Matthias nennen konnte, war flüchtig.

***

Die Allgäuer Neue Presse berichtete tagelang über die Ereignisse am Gasthof Seekopf. In einem Kommentar würdigte der Chefredakteur den journalistischen Einsatz der Volontärin Sina Holzenberger und brachte seine tief empfundene Trauer über den Verlust der hervorragenden und beliebten Mitarbeiterin zum Ausdruck. Die Notizen, die Frau Holzenberger während der dramatischen Stunden gemacht hatte und die auf wundersame Weise in den Besitz des Chefredakteurs gelangt waren, zeugten von den beklemmenden Momenten in dieser Zeit. Sie bildeten die Grundlage für eine mehrtägige Serie, die in Teilen auch von der Boulevard-Presse übernommen wurde.

Die Allgemeinpraxis Dr. Katharina Schiller in Wertach blieb für einige Tage geschlossen, da der gebrochene Finger der Praxisinhaberin operativ versorgt werden musste. Ein bekannter Münchner Schönheitschirurg, der mit der Ärztin dem Vernehmen nach persönlich bekannt war, äußerte die Befürchtung, dass von den Verletzungen an der Wange und am Hals kosmetisch beeinträchtigende Narben zurückbleiben könnten.

In mehreren Zeitungen wurde über die Rolle der Ärztin in den dramatischen Stunden am Gasthof Seekopf bei der Behandlung der erkrankten und verletzten Personen berichtet. Die Berichterstattung veranlasste die Ärztekammer zu Vorermittlungen wegen unterlassener Hilfeleistung und nicht leitliniengerechter medikamentöser Behandlung. In der Begründung wurde ausgeführt, dass die Ärztin einer Diabetikerin die Behandlung vorenthalten habe, obwohl sie im Besitz von Insulinspritzen war. Ferner wurde der Einsatz einer ungeprüften Medikamentenkombination zur Schmerztherapie bemängelt.

Die Ermittlungen wurden stillschweigend eingestellt, nachdem eine Boulevard-Zeitung in großen Lettern getitelt hatte: ÄRZTIN RETTET 5 MENSCHENLEBEN – ÄRZTEKAMMER ERHEBT ANKLAGE.

Andrea Momsen konnte sich lediglich noch an den Kuchen auf der Terrasse der Hochalphütte erinnern, als sie in der Inneren Abteilung des Klinikums Kempten aufwachte. Ihr Mann Bernhard wurde in derselben Klinik behandelt, weil er sich einen Schenkelhalsbruch des linken Oberschenkels mit Zertrümmerung der Hüftpfanne und eine komplizierte Handverletzung zugezogen hatte. Er teilte sein Zimmer mit einem Andrea unbekannten Österreicher, der während des Unwetters in einen Bach gestürzt war und sich dabei zahlreiche Brüche und Verletzungen zugezogen hatte. Bernhard und sein Zimmernachbar schienen schon ziemlich vertraut zu sein, als Andrea ihren Mann zum ersten Mal besuchte.

In einer mehrstündigen Operation waren bei Karl Borek etliche gebrochene Knochen verschraubt und mehrere tiefe Wunden chirurgisch versorgt worden. Die Staatsanwaltschaft hatte ihn unter Anklage gestellt, den Haftbefehl aber außer Kraft gesetzt, da keine Fluchtgefahr bestand. Aufgrund der bisherigen Ermittlungen und der Aussagen der Allgemeinärztin wurde ihm ein mildes Urteil in Aussicht gestellt.

Im Universitätsklinikum Ulm wurde ein schwer verletzter Mann behandelt, mit dem weder auf Deutsch noch Englisch eine Verständigung möglich war. Durch eine Schrotschussverletzung und die verzögerte stationäre Einlieferung war der linke Arm irreversibel geschädigt. Die Amputation erfolgte oberhalb des Ellenbogens.

Der Mann war schließlich als Saimir Bojanxhiu, albanischer Staatsbürger, identifiziert worden. Unbestätigten Informationen zufolge war er ein Neffe des Oberhaupts einer kriminellen Vereinigung, der in Insiderkreisen *Bluter* genannt wurde. Gesetzesverstöße waren der verletzten Person nicht zuzuordnen. Da er weder im Besitz eines gültigen Visums noch eines biometrischen Passes war, war seine Abschiebung nach Albanien angeordnet worden. Die Abschiebung wurde bis zum Abschluss der medizinischen Behandlung außer Vollzug gesetzt.

Die Wirtin des Gasthofs Seekopf, Maria Huber, war mit einem Schrotschussgewehr aus nächster Nähe ermordet worden. Die Kriminaltechnik hatte die Waffe bislang nicht finden können. Die Zeugenaussagen der Ärztin und der Oberstudienrätin aus Heppenheim zum Tathergang waren in Teilen widersprüchlich. Die übereinstimmende Aussage, Josef Ramsauer habe die Tat begangen, wurde von den ermittelnden Beamten angezweifelt, da kein Tatmotiv zu erkennen war. Die weiteren Augenzeugen waren noch nicht vernehmungsfähig.

Unter den Fingernägeln der ermordeten Zeitungsreporterin waren Hautpartikel sichergestellt worden. Die DNA war identisch mit weiteren Spuren in der Ruine des abgebrannten Gasthofs. Das österreichische Bundeskriminalamt konnte die DNA einem Salzburger Kleinkriminellen zuordnen, der bislang vor allem durch Rauschgiftdelikte aufgefallen war.

Die entsprechende Person war am Aggenstein nicht aufgegriffen worden, weshalb sie international zur Fahndung ausgeschrieben wurde.

Renate Voigt hatte die Erlebnisse erstaunlich gut verarbeitet. Über ihre Rolle während der Ereignisse hatte sie der lokalen Tageszeitung in Heppenheim berichtet, wobei sie ihren Beitrag etwas ausgeschmückt hatte. Der neue Heldenstatus verschaffte ihr Einladungen in bislang verwehrt gebliebene Kreise.

Nach der Rückkehr von einem Kaffeekränzchen fand sie auf dem Couchtisch in ihrer Wohnung einen braunen Briefumschlag mit ihrem Namen, aber ohne Absender. Sie konnte sich nicht erklären, wie dieser dorthin gelangt war. Jemand musste bei ihr eingebrochen sein, hatte aber allem Anschein nach nichts entwendet. Neugierig riss sie den Umschlag auf. Er enthielt ein Bündel mit fünfzig Zweihundert-Euro-Scheinen. Der oberste Geldschein war mit ungelenken schwarzen Buchstaben beschriftet: „Danke für retten Saimir von Feuer“. Renates Hausbank tauschte den beschmierten Schein anstandslos gegen einen neuen aus.

EPILOG

Die Brücke war neu und roch nach frischem Holz. Katharina blieb in ihrer Mitte stehen und schaute über das Geländer in die Tiefe. Die Schlucht war schätzungsweise zehn Meter tief, und am Grund plätscherte ein schmales Rinnsal. Hätte sie nicht vor wenigen Wochen die gewaltigen Wassermassen mit eigenen Augen gesehen, sie hätte den Schilderungen des Unwetters nicht geglaubt.

Das Fundament war erhöht worden, um die Brücke vor dem nächsten Hochwasser besser zu schützen. Offenbar schenkten die Erbauer den Meteorologen keinen Glauben, die von einem einmaligen Ereignis ausgingen.

Eine Familie mit zwei Kindern im Grundschulalter kam ihr entgegen.

„Schaut mal her. Diese Brücke hat das Hochwasser vor vier Wochen einfach mitgerissen. Könnt ihr euch vorstellen, welche Kraft da gewirkt haben muss?“ Der Vater war im Gegensatz zum Rest seiner Familie sichtlich beeindruckt. Mutter und Tochter unterhielten sich weiter über Pferde, während der Sohn auf sein Smartphone starrend hinterherstolperte. Katharina fing den Blick des Mannes auf, der resignierend mit den Schultern zuckte.

Eine Gruppe Mountainbiker raste über die Brücke und rief der Familie im letzten Augenblick eine Warnung zu. Der in sein Handyspiel vertiefte Junge zuckte erschrocken zusammen. Hinter ihr warfen Kinder Steine über das Geländer in den Adratsbach. Eine Gruppe zünftig gekleideter Wanderer mit Vesperrucksäcken, Ferngläsern und Fotoapparaten zog an ihr vorbei. Katharina nickte dem Mann an der Spitze grüßend zu. Franzl Irgendwie, der im Sommer im Auftrag des Tourismusverbands fünfmal pro Woche Touristen zu den „Geheimtipps“ in den Bergen führte.

Der heutige Geheimtipp war offenbar nicht mehr so ganz geheim. Katharina schüttelte ungläubig den Kopf. So ging es schon seit Stunden zu. Der Parkplatz an der Talstation der Gondelbahn war bis auf den letzten Platz belegt gewesen, und die später gekommenen Autofahrer hatten rücksichtslos den Radweg zugeparkt.

Die letzten vier Tage hatte sie im Universitätsklinikum München verbracht. Ihr gebrochener Mittelfinger war schon vor Wochen mit zwei kleinen Metallplättchen verschraubt worden und heilte gut. Ihre durch das Halsband verursachten Verletzungen hingegen hatten sich übel entzündet. Der den Infekt verursachende Keim war gegen nahezu alle Antibiotika resistent gewesen, weshalb ihr ehemaliger Chef sie stationär aufgenommen und mit Infusionen behandelt hatte. Inzwischen waren das Fieber und die Schwellung abgeklungen, aber eine schönheitschirurgische Operation würde noch folgen müssen, um die entstehenden Narben zu korrigieren.

Zurück aus München, hatte sie beschlossen, den sonnigen Sommertag für eine Wanderung zum Aggenstein zu nutzen. Sie musste den Ort des Schreckens aufsuchen, um mit dem Berg Frieden zu schließen. Dabei hatte sie allerdings nicht bedacht, dass mittlerweile in ganz Deutschland die Sommerferien begonnen hatten. Wobei selbst für diese Zeit ungewöhnlich viele Menschen am Breitenberg unterwegs waren.

Von ferne konnte sie das Brummen eines Dieselgenerators und das Kreischen von Kindern hören. Es klang, als ob ein Freibad an der Stelle des Gasthofs Seekopf erbaut worden wäre.

Unterwegs wurde der Lärm immer lauter, und nach wenigen Minuten erreichte Katharina das Gelände des ehemaligen Gasthofs. Sie schauderte unwillkürlich, als sie das Hauptgebäude erblickte. Lediglich das aus Steinen erbaute Erdgeschoss war hinter dem Bauzaun zu erkennen, der inzwischen aufgestellt worden war. Den benachbarten Bauten hatte der Brand offenbar keinen Schaden zugefügt.

Ein intensiver Brandgeruch lag noch immer in der Luft.

Und der Geruch nach Grillwürsten, Käsespätzle und gebrannten Mandeln!

Katharina wollte ihren Augen nicht trauen. Die Tische und Stühle der Außenbestuhlung, die das Feuer in einem der Stadel überstanden hatten, waren auf dem gekiesten Platz aufgestellt worden. Aus mehreren Imbisswägen, von denen sie sich fragte, wie sie die Steigung hier herauf bewältigt hatten, wurden Speisen und Getränke verkauft. Hinter dem Hof entdeckte sie eine Hüpfburg für Kinder. Von dort kam das Geschrei.

„Grieß di, Kathi!"

Katharina zuckte zusammen und fuhr herum. Hinter ihr stand ein untersetzter Mann, den sie nicht gleich erkannte. Bislang hatte sie Polizeiobermeister Ramsauer fast immer in seiner Uniform getroffen.

„Servus, Albert. Ich glaube es einfach nicht! Das ist ja der glatte Wahnsinn, was hier abgeht."

Albert nickte lächelnd. „Gell, da schaust, was?"

Katharina ließ ihren Blick über den Hof schweifen. Mindestens einhundert Menschen waren hier versammelt.

„Was tun die alle hier oben?", wollte sie wissen.

„Sensationstourismus", entgegnete er. „Wir sind mit der Geschichte ganz groß rausgekommen. Du weißt schon. Bild-Zeitung, RTL, sogar die Tagesthemen. Neulich war ein Fernsehteam aus Japan da. Jetzt wollen alle den Ort sehen, wo es sich ereignet hat. Hast du nicht vielleicht Lust, für die Leute eine Führung zu machen? Die berühmte Ärztin zeigt die Schauplätze?" Er sah sie erwartungsvoll an.

Katharina schüttelte ungläubig den Kopf. „Schlechter Scherz. Aber sag mal, ist tatsächlich so viel los, dass du hier Dienst schieben musst?"

Albert breitete beide Arme aus. „Siehst du etwa eine Uniform an mir?"

Katharina hob fragend eine Augenbraue.

„Ich bin nicht mehr bei der Polizei. Habe den Dienst quittiert. Hat mir in letzter Zeit sowieso keinen Spaß mehr gemacht. Gott sei Dank brauche ich den Job jetzt nicht mehr, denn ich habe ganz gut geerbt. Ich war nämlich der nächste Angehörige von Josef und Maria."

Mit einer weit ausholenden Handbewegung beschrieb er einen Kreis. „Gehört jetzt alles mir. Ich denke, ich werde den Gasthof wieder aufbauen. Du siehst ja, aus dem Anwesen kann man echt was machen. Die Werbung war klasse und vor allem ganz umsonst. Soll dann aber Brandhof heißen. Vielleicht auch Feuerhof. Mit Wellness und Whirlpools und so. Zu blöd, dass ich zurzeit keine Handwerker bekomme. Diesen Sommer muss ich mir eben noch mit den Imbissständen behelfen. Kann ich dich auf einen Drink einladen? Mountainfire, zum Beispiel? Echt lecker, mit Himbeeren, Gin und Kräutern."

Eine junge Frau in einem sehr kurzen Dirndl begehrte dringend, den Chef zu sprechen. Katharina nutzte die Gelegenheit, sich sowohl der Einladung als auch dem Jobangebot zu entziehen, und verabschiedete sich mit einem kurzen Nicken. Albert hatte seinen Blick sowieso schon von ihr abgewendet.

Das pinkfarbene Mountainbike, das an der Wand des Kuhstalls lehnte, sprang ihr ins Auge. Eine Menschentraube hatte sich um eine korpulente Frau geschart, die etwas erklärte. Katharina stutzte und trat näher. Die Stimme klang vertraut.

„Da drüba", alle Köpfe drehten sich gleichzeitig in eine Richtung, „isch die Ruine vom Gasthof. Sehet ihr des zwoite Fenschter von rechts?"

Einige Köpfe nickten.

„Des war amol des Büro, un da drin isch die Zeitungsreporterin umgebracht worden. Schaurig, gell?" Ein entsetztes Raunen ging durch die Menge.

Nein, dachte Katharina. Das Büro war drei Fenster weiter links gewesen. Sie fragte sich sowieso, woher Andrea Momsen überhaupt eine Erinnerung an das Geschehen haben wollte. Oder war sie ein bezahlter *Augenzeuge* auf Alberts Lohnliste?

„Des war übrigens der brutale Österreicher, der wo no flüchtig isch. Also passet bloß gut uff, vielleicht steht er grad hinter eich. Noi, des war bloß a Späßle. So, jetzt ganga mir da nüber zum Stall, in dem wo die Verbrecher die Frau Doktor eingesperrt hen."

Die Frau bahnte sich ihren Weg aus der Menschentraube und eilte ihrer Besuchergruppe voraus über den Hof. Dabei passierte sie Katharina und blickte sie irritiert an.

Katharina bemerkte das Zögern der älteren Frau, die in den letzten Wochen etliche Kilogramm Gewicht verloren zu haben schien. Auch die neue Sportbekleidung war eleganter. Steht ihr gut, dachte sie.

„Hallo Andrea, wie geht es Ihnen inzwischen?"

„Scho wieder ganz gut“, kam die automatische Antwort. Dann stutzte die korpulente Frau. „Kennen mir uns?“

„Erinnern Sie sich nicht?“

„Noi, net wirklich. Irgendwie kommet Sie mir bekannt vor. Send Sie von der Bergwacht?“

Die Menschentraube machte Anstalten, sich um sie und Andrea erneut zu formieren. Katharina nahm die geflüsterten Bemerkungen und die verstohlenen Fingerzeige wahr. Einige der Umstehenden schienen sie erkannt zu haben.

Sie schüttelte den Kopf. „Nein, ich wohne nur hier in der Gegend. Deshalb weiß ich, wer Sie sind. Sie sind doch berühmt.“

Andrea lächelte geschmeichelt.

„Ha noi, da werd i ja ganz rot. I täd mi gern no a Weile mit Ihne unterhalte, aber i muss leider glei weiter. En schöne Tag no. Trinket Se hier oben doch no was. Der Mountainfire isch echt lecker. Mit Himbeeren un Kräuter. Saget Se eifach, Sie hättet die Führung mitgmacht. Na koschts weniger. Also, jetzt muss i aber weiter. Ade.“

Katharina blickte der Gruppe nach, die mit Andrea an der Spitze den Kuhstall ansteuerte. Sie hätte sich nicht gewundert, wenn Andrea dabei einen Regenschirm hochgehalten hätte. In Pink vielleicht.

Da kein Tisch mehr frei gewesen war, hatte Katharina sich mit dem Teller auf den Oberschenkeln an einen Fels gesetzt. Abseits vom Trubel, hinter dem abgebrannten Gasthof. Und abseits von der Hüpfburg.

Direkt vor ihren Füßen begann der Pfad zum Sattel des Aggensteins. Gedankenverloren folgte sie mit den Augen den engen Serpentinen. Denselben Serpentinen, die sie vor einigen Wochen in der Finsternis kaum hatte erkennen können.

Der Apfelstrudel, den sie sich widerstrebend an einem der Imbissstände gegönnt hatte, war erstaunlicherweise ausgezeichnet.

Ein Bergwanderer passierte sie mit einem grüßenden Nicken. Katharina blickte auf seine soliden Bergstiefel. Würde er die Tour auch in Hausschuhen angehen?

Das Gipfelkreuz des Aggensteins glitzerte in der Nachmittagssonne. Ob sie wohl irgendwann wieder einem Pfad würde folgen können ohne einen verstohlenen Blick über ihre Schulter? Ob sie jemals wieder dort oben am Gipfelkreuz stehen würde ohne beklemmende Erinnerungen?

Die warme Sonne machte sie schläfrig. Sie überlegte, dass möglicherweise ihre Kondition unter der medikamentösen Behandlung und der Narkose gelitten hatte, und entschied, noch ein paar Minuten sitzen zu bleiben.

Eine dunkle Wolke schob sich unvermittelt vor den hellen Vollmond. Ohne seine wärmenden Strahlen fiel die Temperatur schlagartig ab. Katharina blickte sich irritiert um. Immer mehr dichte Wolken zogen über den Himmel, sodass sie kaum mehr die Kante des Gipfelplateaus erkennen konnte. Plötzlich wurde ihr bewusst, dass die Gewitterwolken in Wirklichkeit Rauchschwaden des brennenden Gasthofs waren. Die Kinder in der Hüpfburg hatten das Feuer inzwischen ebenfalls bemerkt und rannten laut schreiend davon. Ihre Eltern waren nirgendwo zu sehen. Katharina sprang auf, um ihnen zu Hilfe zu eilen, aber sie konnte ihre Füße nicht bewegen. Das Gewitter hatte eine Schlammlawine ausgelöst, ihre Beine bis zu den Oberschenkeln begraben und ihre Beinschlagader verletzt. Sie spürte, wie das warme Blut zwischen ihren Beinen herunterfloss. Der Schmerz würde bald einsetzen.

Die Kinder kreischten panisch weiter, und aus den Augenwinkeln konnte Katharina erkennen, dass Anne, die Schrotflinte locker in der Ellenbeuge haltend, die Kinder vor sich her trieb. Schlagartig wurde ihr klar, dass sie die ganze Gruppe vom Gipfel in den Tod schicken wollte.

„Nein!“ Unwillkürlich entfuhr ihr ein entsetzter Schrei. Dabei wusste sie, dass sie in ihrer hilflosen Lage besser unbemerkt bleiben sollte, und versuchte rasch, ihren Oberkörper weiter in die Höhle zu schieben. Aber die Höhle war zu klein und der harte Fels drückte gegen ihren Rücken.

Anne hatte den Ausruf vernommen und drehte sich suchend um. Die Mündung der Flinte zeigte auf Katharinas Bauch. Ein dämonisches Grinsen überzog ihr Gesicht, als sie Katharina erkannte.

„Kathi!“

Katharina wunderte sich. Wie kam Anne darauf, sie mit „Kathi" anzusprechen? Nur ihre Freunde nannten sie so.

Wie eine Raubkatze auf der Jagd bewegte Anne sich über den pfützenübersäten Platz. Dabei wechselte sie ständig das Gewehr von einer Hand in die andere. Katharina konzentrierte sich auf den Abzug. Solange sich die Waffe in Annes linker Hand befand, war sie in Sicherheit.

Inzwischen hatte Anne die Entfernung zwischen ihnen zurückgelegt und beugte sich über sie. Katharina spürte ihren Atem im Gesicht und versuchte zurückzuweichen, aber die Schlammlawine hielt sie eisern fest. Anne griff nach ihrer Schulter und schüttelte sie heftig. In ihrer Hand blitzte ein blutiges Dornenhalsband auf.

Katharina blinzelte.

„Lass gut sein, Chef! Ich glaube, sie wacht auf."

Die Nebelschwaden des Schlafs lichteten sich. Katharina versuchte, sich zu orientieren. Die Nachwirkungen des Albtraums, aus welchem sie langsam auftauchte, beeinträchtigten ihr Denkvermögen. Hatte sie sich nicht mit einem Apfelstrudel an einen warmen Felsen gelehnt? Offenbar waren ihr die Augen zugefallen. Der Teller mit dem halb aufgegessenen Strudel stand noch auf ihrem Schoß, aber die warme Vanillesoße hatte sich über ihre Oberschenkel ergossen.

Die Kinder lärmten weiter vergnügt in der Hüpfburg. Ein Mann mit einer verschmierten Schürze stand vor ihr und verdeckte die Sonne. Sie erinnerte sich, dass er ihr an einem Imbisswagen den Apfelstrudel verkauft hatte.

„Ja, sie ist jetzt wach. Gut, dass ich mitbekommen habe, wo sie sich hingesetzt hat, gell?" Der Mann blickte sie dabei nicht an, sondern schaute Beifall heischend an ihr vorbei.

Katharina drehte den Kopf nach rechts. Albert kniete neben ihr. Seine Hand hielt ihre Schulter umklammert.

„Endlich, Kathi. Gut, dass du noch hier oben bist." Seine Stimme zitterte vor Aufregung. „Kannst du rasch mitkommen? Du bist doch Ärztin. Es hat nämlich einen kleinen Unfall gegeben. Andrea Momsen ist eben direkt vor dem Kuhstall mit ihrem Fahrrad gestürzt."

Katharina schüttelte benommen den Kopf. Nein, bitte nicht schon wieder! War sie denn Andrea Momsens Leibärztin?

Steifbeinig erhob sie sich und drückte dem Apfelstrudelbäcker den verschmierten Teller in die Hand. Ihre Hose klebte an den Oberschenkeln.

„Ist sie ansprechbar und zeitlich orientiert?", fragte sie in Alberts Richtung.

„Ja, das schon." Albert druckste herum. „Aber du solltest vielleicht ihre Schulter ansehen. Die schaut irgendwie komisch aus."

DANKSAGUNG

Beim Reichwerden heißt es, die erste Million sei die schwierigste. Ob das tatsächlich so ist, kann ich nicht beurteilen, weil ich noch nicht an der zweiten bin. Für das Schreiben eines Romans kann ich die analoge These bestätigen. Die ersten einhundert Seiten sind eindeutig die schwierigsten. Mein Erstlingswerk wäre deshalb nie zustande gekommen, wenn mir nicht viele Menschen hilfreich zur Seite gestanden hätten.

Zuallererst möchte ich meinen Lektor Carlos Westerkamp erwähnen. Er hat mich mit positiven Kommentaren motiviert, in akribischer Kleinarbeit meine unzähligen Fehler aufgespürt und ausgemerzt und auch viele wichtige Anregungen gegeben, die dem Buch letztlich zur logischen und runden Darstellung verholfen haben. Durch ihn und seinen Einsatz ist mir klar geworden, warum viele Autoren im Nachwort ihren Lektoren zu Recht überschwänglich danken. Ich kann mich all diesen Aussagen nur anschließen. Mein zweiter, ganz großer Dank geht an Herrn Klaus Wolfsperger vom Rother Bergverlag. Ich bin ihm sehr dankbar dafür, dass er trotz meiner anfänglichen dilettantischen Exposés an mich geglaubt und mir die Chance gegeben hat, diesen Bergroman zu veröffentlichen.

Ferner möchte ich Frau Barbara Wickenburg nennen, die akribisch und mit viel Einfühlungsvermögen das Zweitlektorat übernommen hat. Ich verdanke ihr weitere wichtige Hinweise und Anregungen.

Einen Krimi zu verfassen, ist keine einfache Sache. Viele Personen haben wertvolle Ideen und Ratschläge beigesteuert. Sei es in geographischer Hinsicht, bei sprachlichen Anmerkungen oder in medizinischen Fragen. Sie haben sich dafür zum Teil mehrfach durch das Konzept gelesen. Mein besonderer Dank geht an meinen Vater Wolf Compter, meine Frau Anni Mai-Compter und an meine Schwester Irina Dölz. Außerdem danke ich meinen aus dem Allgäu stammenden Kollegen für ihre medizinischen und sprachlichen Anregungen.

Die Handlung dieses Romans ist frei erfunden. Ähnlichkeiten der Figuren mit lebenden oder toten Personen wären rein zufällig und natürlich nicht von mir beabsichtigt.

Um das Buch möglichst authentisch zu gestalten, habe ich die Handlung in eine reale Umgebung am Aggenstein bei Pfronten eingebettet. Viele der erwähnten Orte existieren tatsächlich. Sollte ich in irgendeinem Fall damit jemanden verärgert haben, möchte ich mich ganz herzlich entschuldigen. Eine böse Absicht liegt mir absolut fern.

Dagegen sind der Gasthof Seekopf und die Wegverbindungen dorthin genauso wie die Handlung vollständig fiktiv. Ich möchte ausdrücklich betonen, dass mir keiner der Gasthöfe im Allgäu als Vorlage für einen Drogenumschlagplatz gedient hat.

Ortskundige Leser mögen Ungereimtheiten in der Beschreibung der fiktiven Alpe zwischen Adratsbach, Aggenstein und Seekopf entdecken. In vielen Wanderungen und Mountainbiketouren am Aggenstein und Breitenberg habe ich versucht, die Gegend so gründlich wie möglich zu erkunden. Mögliche Fehler sind trotzdem auf mich zurückzuführen, andere Abweichungen aber auch als schriftstellerische Freiheit zur Steigerung der Spannung zu sehen.

Mein letzter, aber keinesfalls geringster Dank gilt der namenlosen Katze, die mir in unzähligen Stunden am Computer geduldig, wenn auch meist verschlafen, Gesellschaft geleistet hat.

Rother Bergkrimi – zuletzt erschienen:

ISBN 978-3-7633-7082-5

ISBN 978-3-7633-7080-1

ISBN 978-3-7633-7071-9

ISBN 978-3-7633-7078-8